人力资源管理丛书

人力资源战略管理

李中斌 董 燕 郑文智等 编著

中国社会科学出版社

图书在版编目（CIP）数据

人力资源战略管理/李中斌，董燕，郑文智等编著．—北京：中国社会科学出版社，2008.11
（人力资源管理丛书）
ISBN 978 - 7 - 5004 - 7327 - 5

Ⅰ．人… Ⅱ．①李…②董…③郑… Ⅲ．企业管理—劳动力资源—资源管理 Ⅳ．F272.92

中国版本图书馆 CIP 数据核字（2008）第 162616 号

策划编辑　卢小生（E - mail：georgelu@ vip. sina. com）
责任编辑　卢小生
责任校对　修广平
封面设计　高丽琴
技术编辑　李　建

出版发行　中国社会科学出版社
社　　址　北京鼓楼西大街甲 158 号　　　邮　编　100720
电　　话　010 - 84029450（邮购）
网　　址　http：//www. csspw. cn
经　　销　新华书店
印　　刷　北京新魏印刷厂　　　　　装　订　丰华装订厂
版　　次　2008 年 11 月第 1 版　　　印　次　2008 年 11 月第 1 次印刷
开　　本　787×960　1/16　　　　　插　页　2
印　　张　17.75　　　　　　　　　印　数　1—6000 册
字　　数　326 千字
定　　价　28.00 元

序　言

世界上唯一不变的就是变化，企业经营环境的不确定性，导致人力资源战略管理在人力资源管理中日益凸显出特殊的重要性，因为人力资源战略管理为企业如何提升核心竞争力提供了远景和方向。战略管理与人力资源的紧密结合，无疑为企业从战略全局出发，为适应不断变化的环境，在树立人力资源战略管理理念与实施战略管理运作上，以及在制定人力资源战略和人力资源规划等方面构建了一系列的决策过程，也为企业管理带来了新的机遇。

本书结合实际，阐述了人力资源战略管理的理论、内容、主体和基本运作，深入地总结了人力资源战略管理的相关内容。同时，本书还分析和研究了国际企业人力资源战略管理以及公共部门人力资源规划，并专门介绍了人力资源管理信息系统及其在人力资源管理和人力资源战略管理中的应用，比较全面、系统地介绍了人力资源战略管理的相关理论与实务。

第一章介绍了人力资源战略管理概要、理论、内容和主体；第二章至第三章阐述了人力资源战略管理的运作（包括人力资源战略管理的背景、流程和组织变革），以及组织结构设计与人力资源规划的相关内容；第四章至第八章分别介绍了人力资源需求预测、人力资源供给预测、人力资源规划制定、人力资源管理信息系统及其应用、国际企业人力资源战略管理的相关内容；第九章至第十章分别介绍了公共部门人力资源规划和人力资源战略管理制度范例。

本书实用性强。每章之前编写了学习目标，于每章结尾编写了一定数量的复习思考题，以便于对相关章节内容的学习和把握；对所有重要的概念在内容中都有提示，以便学生随着课程的学习进度巩固旧知识，接受新知识。

本书是集体劳动的结晶，参加编写的人员有李中斌、董燕、郑文智、万文海、陈初升、卢冰、黄丽薇等，亓英强、吴元民、姚碧莲、陈怡安、李文芳也做了部分章节的整理和编写工作，最后由李中斌统稿完成。本书在写作过程中，参考和借鉴了许多学者的著作及相关文献资料，并得到中国社会科学出版社卢小生编审的大力支持，在此一并表示衷心感谢。书中还有许多不足之处，望有关人士多多指正。

本书是为普通高等学校经济管理类专业的教学编写的，主要作为大学专科、本科层次授课教材，也可作为相关专业研究生阅读用书。同时，也适合从事人力资源管理理论和实践研究的人士以及相关人员阅读。

作 者

2008 年 10 月

目　　录

第一章　导论

学习目标

- 了解战略与企业战略的内涵
- 掌握人力资源战略及其与企业战略的关系
- 了解人力资源管理战略管理理论与评析
- 掌握影响人力资源战略管理的因素
- 掌握人力资源战略管理的结构
- 掌握人力资源战略管理的内容
- 掌握人力资源战略管理的主体

本章导读

对战略更需要进行管理

战略原来是指军事上的指导战争全局的计划和策略。与战术相对而言。战术则是指应用于具体战斗中的原则和方法，或者是解决局部问题的方法。因此，可以认为，战略是大战术，属于整体性、全局性的决策范畴，在时间序列上有长期性的特征。正因如此，对战略的管理才显得尤为重要。原因如下：

其一，战略统领着企业各种经营管理活动，是现代企业实施经营管理活动的基础。战略一旦出现偏差，将使整个企业的发展出现问题。因此，战略必须依托企业核心竞争力，建立在企业现有基础上，而不能好高骛远、遥不可及。目前，中国兼具新兴市场和转轨经济的双重特点，不同行业的开放和成熟程度差异巨大，政府在社会经济的很多领域仍然处于主导地位，这种情况下制定企业战略时更要充分考虑到社会和经济大环境的差异和影响。这就需要对企业所处环境进行全面系统的分析，对企业现有资源进行全面系统的分析，对企业经营管理活动各个环节进行分析，进而制定出切实可行的战略。

由于战略具有长期性，在战略执行过程中，战略制定的环境可能会发生明显甚至根本性的变化。这时，就需要及时调整原来的战略，以便适应新的形势和环境。

其二，战略的制定很重要，战略的执行则更重要。没有执行，一切都是空谈。没有执行，战略就成了空中楼阁，永远无法落实，也就成了自娱自乐的玩具。而战略的执行就需要对战略进行有效分解和落实，需要及时纠正偏离战略的经营管理行为，需要企业各个环节的人员参与进来。

其三，战略仅仅执行了还不够，还需要及时进行反馈。及时有效的反馈不仅可以提高战略推进的效率，还可以及时发现并改进战略中存在的不足，使战略能够适应不断变化的外部环境。没有有效反馈的战略是无效战略。这就需要建立有效反馈的机制，形成一个闭环控制。

不管是战略的制定还是战略的改进和调整，不管是战略的执行还是战略的反馈，都需要进行科学的管理和系统的策划。因此，更需要对战略进行管理。

第一节　人力资源战略管理概述

一、战略的含义和作用

（一）战略的含义

关于企业战略，由于其含义丰富，因而在西方战略管理文献中尚没有一个统一的定义，不同的学者与管理人员赋予企业战略以不同的含义。从经营和管理战略的角度来讲，人们把战略定义为企业在长期内的经营方向和范围，使组织与不断变化的环境相适应，尤其是市场、顾客相适应，从而使股东的期望得到满足。战略是按照自上而下过程制定的，即企业战略是由决策层决定的，然后一层一层向下贯穿到组织中。除了这一观点之外，下面介绍一些西方有代表性的有关企业战略的定义。

1. 安德鲁斯的定义

美国哈佛商学院教授安德鲁斯认为，企业总体战略是一种决策模式，它决定和揭示企业的目的，提出实现目的的重大方针与计划，确定企业应该从事的经营业务，明确企业的经济类型与人文组织类型，以及决定企业应对员工、顾客和社会做出的经济与非经济的贡献。战略是要通过一种模式，把企业的目的、方针、政策和经营活动有机地结合起来，使企业形成自己的特殊战略属性和竞争优势，将不确定的环境具体化，以便较容易地着手解决这些问题。

2. 魁因的定义

美国达梯莱斯学院管理学教授魁因认为，战略是一种模式或计划，它将一个组织的主要目的、政策与活动按照一定的顺序结合成一个紧密的整体。一个制定完善的战略有助于企业组织根据自己的优势和劣势，环境中的预期变化，以及竞争对手可能采取的行动而合理地配置自己的资源。有效的正式战略包括三个基本因素：目的（或目标）、政策、实现预定目标的主要活动程序或项目。不同的战略概念与推动力会使企业的战略产生不同的凝聚力、均衡性和侧重点。战略不仅要预测不可知事件，而且还要处理不可知事件。在大型组织里，每一个管理层次都应有自己的战略，这种分战略必须在一定程度上实现自我完善，并与其他分战略相互沟通、互相支持。

3. 安索夫的定义

美国著名战略学家安索夫指出，企业在制定战略时，有必要先确定自己的经营性质。企业的产品和市场与未来的产品和市场之间存在着一种内在的联系，即"共同的经营主线"。通过分析企业的"共同的经营主线"可以把握企业的方向，同时企业也可以正确地运用这条主线，恰当地指导自己的内部管理。经济发展的现实对管理学家和总经理人员提出了客观的要求，即企业的战略必须既能够指导企业的生产经营活动，又能够为企业的发展提供空间。

4. 明茨伯格的定义

加拿大麦吉尔大学管理学教授明茨伯格指出，在生产经营活动中，人们在不同的经营条件下以不同的方式赋予企业战略不同的内涵，说明人们可以根据需要接受各种不同的战略定义。提出了企业战略是由五种规范的定义阐明的，即战略是一种计划；战略是一种计策；战略是一种模式；战略是一种定位；战略是一种观念。

（二）战略的构成要素

企业战略由经营范围、资源配置、竞争优势和协同作用四个要素组成。

1. 经营范围

经营范围是指企业从事生产经营活动的领域，它反映出企业与其外部环境相互作用的程度，也反映出企业计划与外部环境发生作用的要求。企业应该根据自己所处的行业、自己的产品和市场来确定自己的经营范围。

2. 资源配置

资源配置是指企业过去和目前的资源和技能配置的水平和模式。资源配置的效率直接影响企业实现自己目标的程度。当企业根据外部环境的变化采取战略行动时，一般应对现有的资源配置模式加以调整，以支持企业的战略实施。

3. 竞争优势

竞争优势是指企业通过其资源配置模式与经营范围的决策,在市场上所形成的不同于其他竞争对手的竞争地位。竞争优势既可以来自企业在产品和市场上的地位,也可以来自企业对特殊资源的合理配置。

4. 协同作用

协同作用是指企业从资源配置和经营范围的决策中所能获得的综合效果。协同作用可以分为投资协同作用、作业协同作用、销售协同作用和管理协同作用。

(三) 战略管理的作用

(1) 企业战略可以促使企业时刻关注自身未来,不断审视当前决策对企业未来营运所产生的影响。努力寻求业务发展最具潜力的领域,不断通过各种方案的比较来做出最具价值的选择。

(2) 企业战略可以促进企业改进决策方法,优化组织结构,把日常管理建立在系统有序的基础上,并增强企业的协调、沟通与控制职能,不断提高管理的效率和水平。

(3) 企业战略可以促使管理者不断检查与评估目前战略的价值与合理性,及时构筑新的战略。将内部资源条件与外部环境因素结合起来,而一旦一些不利情况出现,则可以马上处置。

(4) 企业战略规定了企业经营范围、组织结构和资金运作以及资源在企业内部不同部门的分配。

(5) 战略管理可以促使企业加强资源的合理配置,优化资源结构,最大限度地利用和发挥资源效能。必要时及时追加新的资源投入,推进企业整体规模的扩大和效益的提高。

(6) 企业战略可以促使企业增强凝聚力,影响人力资源的发展,通过让员工参与战略酝酿、决策与实施过程,最大限度地激发员工的感情与智慧,从而确保战略目标的实现。

总之,企业战略是根据企业所处环境的特点,对管理部门实现企业目标的方法和途径进行说明。它告诉全体人员如何最大限度地利用环境所提供的机会,同时使环境对企业的威胁降到最低。可见,企业战略强调的基本内容是强化企业的地位。

二、企业战略主要理论

(一) 经营战略和公司战略

钱德勒认为,组织结构服从于其成长战略,"战略"这一术语意味着,企业采取的行动应该具有明确的目的,能使企业构成一体,并且在本质上应该能够在本企业长期运作。约翰森和绍易斯将战略定义为："组织的长期经营方向和领域：企业据此配置其资源，以适应变化的环境，特别是市场、顾客或客户的变化，从而满足股东的期望。"从这一角度来看，战略可以分为三个层次：与组织的总体经营领域、组织结构及财力、各个部门的资源分配有关的公司战略。经营或竞争战略，是指一个组织如何在特定的市场上、在产品和顾客开发方面展开竞争。职能战略考虑的是像营销、财务、制造部门等各种次级单位如何促进高层战略的实现。人力资源管理与开发应该被视作第三层次的一个要素。

（二）惠廷顿战略模型

很多关于战略的出版物都认为战略主要是以"自上而下"的方式制定。这种观点认为，战略是由董事会制定，然后依次从企业高层贯彻到整个组织。但是，惠廷顿认为，战略并不仅仅存在这种"古典"型。惠廷顿设计了一个具有四种战略类型的模型，这一模型选择了战略表现出的结果趋向和战略形成方式这两个维度考察区分组织的战略，其中第一个维度从利润最大化或多元化的角度考察，第二个维度从组织的战略模式究竟是由组织有意设置还是自发形成的角度考察。由此组合形成以下四种战略类型：

1. 古典类型（利润最大化，有意设置）

在这种类型中，战略被看做是企业谨慎的计算和分析的理性过程，由高层经理们负责，通过综合分析考察组织的外部环境，寻求利润最大化和获得竞争优势的途径。它是非政治化、诚实努力的产物，是由那些只考虑组织利益而别无他顾、历经各种冲突摩擦的职业经理们制定的。

2. 进化型（利润最大化，自发形成）

从这个角度来说，战略被视为是各种市场力量相互作用的产物，其中，最有效和最富有成果性的组织能够获得最终胜利。根据生态学的观点，"在特定市场上作为竞争方法而出现的最合适的战略，可以使执行相对好的组织存活而差的执行者则会被挤出该领域并处处碰壁"。换个角度来说，人们认为，既然赢家和输家都将被超出组织行动者影响之外的力量"挑中"，那么组织预先设计一种战略就没有什么意义了。

3. 过程型（多元化，自发形成）

这种观点来自这样一种假设：由于人们理解力有限、注意力不集中、行动粗心，所以往往不能在实施过程中团结一致，也不能实施一个精确计算的方案（Whittington，1993）。这种类型的战略至少有以下两个特征。首先战略常常是在组织中不同层次的管理者的讨论和冲突中形成。在某些情况下，管理者直到事件发生后才能指明"战略是什么"。奎恩（Quinn）认为，战略以一种分裂的、纯粹直觉的方式形成，是从内部讨论和外部事件的结合中发展起来的。过程型观点的第二个本质特征是它在微观政治角度占优势，认为组织常被紧张和矛盾、竞争和冲突的目标以及专注于实现个人或部门目标的行为所困扰。

4. 系统型（多元性，有意设置）

这种观点认为，战略是由包括像阶级、性别和民族文化等因素在内的社会系统所形成。这种观点认为，战略选择与其说是受有关行动者的思想认识的局限性所制约，还不如说受广泛的社会文化和不同机构利益的制约；日本、德国和法国等干预主义国家对政府干预的可接受性显然有别于英国和美国等更典型的非干预主义国家。

在古典型观点中，战略被视为是一件简单的事，仅仅是组织做出正确的决定，并通过管理等级制度将其传递给商场或办公室职员，然后由他们采取行动从而实现组织目标。进化型观点使这种情况变得稍微复杂化一些，因为这种观点把市场力量和组织迅速有效地反映顾客需求的领悟能力置于首位，而且，为了反对被认为是支持古典观点的客观事实，它把强制、权力和灵活性的观念引进了等式里面。两种多元化观点都表明了组织生活的冲突性质，强调实践中存在对纵向一体化的障碍。

三、人力资源战略管理的含义与结构

（一）人力资源战略管理的含义

由于战略概念的不同，导致人力资源战略管理存在着多种不同的观点。亨德里和佩蒂格鲁德的人力资源战略管理主要关注环境因素与人力资源管理政策间的关系，把人力资源管理政策视为因变量，认为它由如何更好地适应外部环境来决定；舒勒和杰克逊的人力资源战略管理强调每一种不同的竞争战略需要不同的人力资源政策组合；德利瑞和多蒂的人力资源战略管理指出一些人力资源管理工作具有战略性，其中包括内部职业计划、正规培训系统、结果导向的评估、利润共享、雇用保证、员工参与和工作描述；更多的人力资源战略管理研究者则关心各种人力资源管理实践与组织绩效间的关系，并认为由于这一关系对组织的生存与发展是比较重要的，因而这一关系是战略性的。

综合各种观点，人力资源战略管理就是指人力资源管理与企业战略性目标紧密联系起来，以此改进人力资源管理部门的管理方式，发展组织文化，提高管理绩效的人力资源活动方式。人力资源战略管理是统一性和适应性相结合的人力资源管理，要求组织的人力资源管理一定要和组织的战略和战略需求完全统一，人力资源政策在组织中的各个层面要完全一致，组织内各个部门的负责

人和员工要把人力资源政策的调整、接受和应用作为每天工作的一部分。

（二）影响人力资源战略管理的因素

1. 竞争环境

市场经济的重要机制之一就是竞争机制，或者说，竞争机制是市场经济得以维持和运转的不可缺少的重要因素。市场经济的资源配置和利益分配功能都是在竞争中实现的，没有竞争就没有真正意义的市场经济。从我国近些年的实践经验看，市场竞争促进了竞争性行业效率和效益的提高，生产开始向优势企业集中，而一些劣势企业已被或将被淘汰、兼并，规模经济正在形成。在分析竞争环境时，必须正确定义自己的竞争空间，不能只局限于现有竞争者，必须将潜在和新生的竞争者纳入视野。其次，必须构建一个行之有效的竞争信息系统，保证相关信息在组织内部的畅通，并使其能得到妥善的处置应用，能为经营战略的正确制定提供可靠有效的信息平台。

21世纪全球企业面临着新的竞争环境，非连贯性为新竞争环境的主要特征。而这种特征是由下列原因造成的：迅速变化的和差异化的顾客需求、技术创新以及经济全球化的发展。消费者的需求推动着企业不断改善产品与服务的质量，使得市场上产品的品种日益丰富多样、质优价廉。电视和互联网对信息的快速传递，使消费者有更多的机会参与企业产品与服务的设计与开发，并影响着制造商的生产过程。企业必须追随顾客，因为他们掌握更多的市场信息，他们不断进行新的需求选择。因此，越是能够满足不同消费者需求的企业，就越能够在竞争中获得更多的利润。

置身于当今复杂多变的竞争环境中，企业的人力资源管理面临着巨大的挑战，企业的战略也对人力资源管理产生影响，而有效的人力资源管理的流程再造则为企业的成功奠定了基础。

2. 技术的发展

传统的专业的分界线正变得越来越模糊，各学科互相渗透已是大势所趋；同时，同一领域的技术更新也更为迅速，从而导致产品系列内部更新换代的速度越来越快，生命周期越来越短，这些特性特别地体现在了计算机、通信等领域。这些变化要求员工掌握的知识面比过去更为全面和宽泛，要求员工在工作中具有较强的判断力，也要求员工主动地、不断地学习本领域知识或为适应企业转型而学习新的知识。同时，也要求企业作为一个整体要不断地增强自己的弹性和适应性、增加员工的参与、加强分权、加强目标管理下的团队的工作效率和工作效果，等等。人力资源管理部门将处于帮助企业进行必要变革的先锋地位。

　　大量智能化机器和设备的出现将导致"无人生产线"的普遍存在；同时，办公自动化将继续而更为彻底地改变办公室的面貌。这一切的后果是：劳动密集性的蓝领工作和一般事务性的工作将会被削弱，而技术类、管理类等专业化的工作将会得到强化。通信技术和网络技术的发展和相应设备（远程电视会议系统、公司局域网、互联网等）的普及将会带来工作状况的改变，如许多人可以在家中工作，实现远程会议和远程共同办公，同事之间缺少面对面的交流，各级管理人员的管理幅度增加，出现虚拟组织。这些变化使得战略人力资源管理在企业组织中的地位将越来越重要，其自身领域将面临全面的更新，目标管理将是管理的主要模式，任务小组将成为企业的主要组织单位。

　　3. 劳动力市场

　　在英国，近20年来劳工市场与就业结构发生了重大调整，特别是就业部门的转移，以及根据被称为"非标准化"合同而受雇的工人的比率在增大。失业率则居高不下；罢工的规模也在这一时期发生了改变。所有这一切都对人力资源开发产生了重大影响。很多这类问题都与柔性企业的增多有关，划分核心工人与辅助工人的界限也越来越明显。在分析英国柔性企业的性质和数量之前，需要先简述一下经济与劳工市场的主要因素。

　　这20年来，劳动力就业的部门结构正在从制造业和公共部门转向更加非正式的、工会力量弱的、就业比例低的服务行业。就业的性质也发生了很大变化。全日制职工大量减少，非标准就业（零工、临时工、个体户）则大量增加。

　　劳动力市场建设的一个直接的结果，使人们在地域间的流动也随着劳动力市场的建设变得更加频繁。目前，流动人口在城市人口中已经占据了相当的比例。同时，职业流动总量增加和职业流动频率加快。个人的职业流动在很大程度上受到劳动力市场化程度的影响。在改革开放前，我国通过特定的工资和社会保障制度以及严格的行政控制手段，对劳动力在不同工作单位和经济部门之间的流动进行了严格的控制，因此，个人的职业流动率是很低的，在20世纪80年代前，从事一份工作后，大约需要15—20年左右才会有一次工作变动。而这一间隔时间在80年代缩短为10年，90年代更缩短到5年左右。这意味着人们的流动频率大大地加快了；劳动就业市场化改革所导致的一个直接结果是计划经济时代的"隐性失业"变得"显性化"了。女性职工下岗比例均高于男性。从以上对下岗人员的基本情况的描述中，我们可以明显地感觉到这一群体在劳动力市场的竞争中所处的不利境地，尽管政府不断出台帮助和推动下岗职工再就业的政策与措施，但再就业问题依然十分严峻。

4. 企业文化

在传统的社会中，员工对所工作的组织的依附程度和忠诚度较高，工作流动性较小；现在，知识工作者凭借他们自己的专业知识、能力和业已建立的声誉，拥有了很高的职业流动性，对组织的忠诚度较低。企业文化建设的作用表现在：提供共同奋斗目标，为各个专业领域的工作人员之间和专业人员同管理人员之间的良好沟通建立平台；满足员工强烈的个人发展和自我实现的需要。

5. 员工状况与结构

20 世纪 70 年代以来就业结构的变化，女工越来越多，男工则日益减少。在零工中女性将超过男性。估计在下一个 30 年中，由于人口老龄化的发展，这种对劳动力市场的压力将有增无减。可能会提出把退休年龄提高到 65 岁以上的要求。这将对领取养老金的规定以及社会最近解决提前退休的办法产生重大影响。

在企业的人力资源管理领域，出现了一个严峻的挑战。一方面，各种新型的工作要求从业者具有越来越高的受教育水平；另一方面，有可能从事这些工作的人员却越来越多地来源于少数民族人口，而这些人又可能不具备工作所要求的基本教育水平和必要技能。这样，在今后的若干年中，基于培训潜力进行的雇员甄选、基本技能培训、鼓励员工接受继续教育的计划等，就具有越来越明显的重要性。

6. 培训的影响

当今世界各国无论是政府还是私营部门都在采取各种措施来改善员工技能不足的状况。企业组织学习、员工培训已成为人力资源管理的一项重要职能。在劳动力培训方面的注意力应该主要集中在："瓶颈效应"的技术领域培训、新兴领域的劳动力培训、下岗人员的再就业培训、对社会"弱势群体"进行的培训，配合国家经济结构调整而进行的劳动力培训。在劳动力培训方面的具体参与形式最好采用政府、社会机构和企业的三方机制。

培训可以发展员工的职业能力，可以增强员工就业能力，促进职业发展；员工发展是提高经济效益的重要手段。职工通过参加培训提高技能，获得新知识之后，可以提高企业的劳动生产率；员工发展与培训活动有利于塑造企业文化。

(三) 人力资源战略管理的结构

人力资源战略管理具有内在结构。作为一种总体性谋划，它从企业使命的高度定义了人力资源管理工作的落脚点，并为完成这一使命做出了规划。人力资源战略管理的指导意义通过人力资源管理工作的整体结构发挥作用，一个完整的人力资源战略管理包括以下内容：

1. 人力资源战略管理目标

人力资源战略管理目标，往往是企业人才观念的集中体现。微软公司奉行的是"以最丰厚的政策吸引最优秀的人才"；宝洁公司强调与员工共同成长和健康的生活，这些目标都反映了企业如何从根本上评价员工的价值，并根据这样的价值观来确定管理的方向。

2. 人力资源战略管理原则

人力资源战略管理原则是实现战略目标的行动方向。对应于员工价值的不同评价方式，会有不同的战略原则出现。常见的人力资源战略原则有：

（1）成本约束原则。认为对员工付出所给予的报酬是经营成本，要通过控制和约束机制进行管理，以达到成本领先的优势。

（2）相对效应原则。认为对员工的投入要在成本和利润之间进行平衡，要对应于不同的状况做出调整。

（3）合理利润原则。认为对员工的投入是企业与员工共享成果的一部分，员工利益的增长能够带来企业利益的持续增长，企业不应该追求利润最大化，而应该追求利润合理化。

3. 人力资源战略管理途径

战略管理途径是落实战略目标和实施战略原则的具体措施。常见的人力资源战略管理措施有：

（1）组织设计。部门设置和工作设计，对职权、流程等科学安排。

（2）职务分析。划分职类、职种、职级，确定任职资格。

（3）甄选开发。包括对人员的聘任选拔、指导培训和职业指导，进行人力资本投资。

（4）绩效评估。对战略目标进行分解，设定从部门到个人的绩效指标；对绩效进行评估和反馈，确立相关制度以提高绩效。

（5）薪酬分配。确定价值分配原则和工资政策；确定职务价值等级、工资结构和水平，以及员工薪酬的支付方式。

4. 人力资源战略管理过程

战略管理必须在实践中展开，表现为一个根据实际情况进行协调、变革的过程。

（1）根据企业战略，对内外环境进行分析，确定人力资源战略。

（2）根据战略，确定三个方面的内容：首先，根据人力资源战略确定人力管理政策；其次，通过战略目标分解形成关键绩效指标，并通过绩效指标分解获得部门指标和个人指标;最后,按照战略要求设定所需要的部门和相应岗位。

(3)在人力资源政策指导下进行员工开发工作,产生相应的员工素质结构,素质结构的状况由绩效管理来评价,并通过绩效沟通来促进素质进一步提高。

(4)以员工素质表现和绩效评价为依据进行薪酬管理,这种追求内部公平性和外部竞争性的激励活动,是影响员工状况的最直接的因素。在这个管理框架内,会出现人员流动率、员工满意度、人工费用率、劳动纠纷率等衡量员工状况的指标。

(5)根据人员流动率、员工满意度、人工费用率等的状况分析,可以看出企业人力资源状况,为人力资源战略的调整提供依据。

(四)人力资源战略管理对企业战略的作用

企业战略必须包括所有人力资源发展战略,使人力资源问题不再被视为处于组织的边缘,而是处于组织的核心。人力资源发展战略是企业成功必不可少的因素。关于人力资源问题是否要纳入企业计划决策考虑,存在各种不同的观点。最常见的一种观点,把人力资源因素视为是企业战略的延伸,是处于第二位且对经营有重要意义的因素。第二种观点是人力资源的重要性是根据将要产生的问题变化的,在危急时刻或当要做出在何处建新厂的决定时越来越成为管理部门考虑的中心问题。第二种观点认为人力资源因素(尤其是对劳方控制的需要)在管理观念系统中是不明确的,要由那些期待他们的企业平稳运行和没有麻烦,而且运行秩序得到维持的主管们在声明中表达出来。人力资源战略管理对企业战略的作用具体如下:

(1)人力资源战略管理是根据内外部条件变化的需要而产生的,因此,进行人力资源战略管理时首先要考虑的问题是内外部的环境。

(2)人力资源战略管理是组织发展战略的组成部分,或者说是组织发展战略的实施与保障分解战略,较组织发展战略更具体,因此,人力资源战略管理的目标应尽可能具体、现实。

(3)人力资源战略管理是组织长期稳定发展的具体保障,即它必须保障组织有一支稳定、高素质的员工队伍。要做到这一点,就必须在组织的发展过程中让员工得到应得的利益,让员工得到发展和提高。所以,人力资源战略管理在制定过程中应将员工的期望与组织发展的目标有机地结合起来。

(4)由于信息的不完备性,以及人力资源战略管理制定者认识的水平的限制,造成现实与理论的差距,因此,人力资源战略管理的评价与反馈是必不可少的。

（5）由于内外环境不断变化，人力资源战略管理也需不断地调整与修改，它是一个"制定—调整—再制定—再调整"的过程。

第二节 人力资源战略管理理论

一、人力资源战略管理理论概述

（一）汤姆逊：波士顿（环境矩阵）模型

波士顿矩阵是关于公司的经营、竞争性战略的学说，由汤姆逊提出，珀塞尔等人进一步发展，用于企业不同管理环境下的人力资源战略和政策方面。

1. 问题型

问题型的企业也称为幼童型和野猫型。该类型企业处于一个快速增长的产品市场中，其产品占有较小的市场份额。通常为了获得市场份额，企业的规范较少而采取官僚主义的方法，以灵活的、变动的和非正式的形式来管理企业。相应的，人力资源管理的特征就是团队的灵活性、强调非正式的和开放的管理风格，鼓励雇员在合同之外做额外工作，组织的人力资源管理与开发较少。直线经理从事较多的人力资源管理工作，但他们缺乏人力资源管理的业务指导。

2. 明星型

明星型企业在快速增长的产品市场中拥有较高的份额。它们设有人力资源职能部门从事比较规范的人力资源管理活动，人力资源部门也有较高的地位。人力资源管理的首要职责可能掌握在直线经理手中。通过谨慎的招聘和甄选以挑出最合适的候选人；实施内部培训和发展方案以培养雇员的忠诚；与个人绩效相关的工资系统；定期和系统的评价以及雇员参与。

3. 金牛型

金牛型企业在低速增长甚至停滞的市场上占有很高的份额。它们具有秩序性、稳定性、可预测性和正式化的特点；其组织结构可能呈现高耸的形态，组织内部人员的等级层次多。由于任务和绩效之间的预期变动很小，所以运作缺乏灵活性。该类型企业一般已经建立了比较完善的薪酬系统。人力资源管理的职能是使人员配置优化，高度强调专业性和在一定领域的超前发展。由于企业具有较高的收益，能够从事高成本的人力资源管理活动。

4. 瘦狗型

瘦狗型企业增长速度缓慢或是正在衰退，在市场中只占有少量份额，最缺乏竞争优势。由于企业处于这种十分不利的经营状况，其人力资源管理工作就要注重降低人工成本，这就要进行缩小规模、裁员、招聘短期员工、强化内部监督管理等。如果人力资源管理部门进行企业转型的工作，还可能导致与一些部门和员工冲突，并招致指责。

（二）斯多利—西森：生命周期职能模型

许多美国的战略研究专家很早就把企业和产品生命周期战略模型应用到人力资源管理上。斯多利和西森则把这个模型和英国的雇用背景联系起来。他们采用四阶段划分法：

1. 导入期

在企业成长的早期，人力资源管理致力于灵活的工作方式、招聘和留住雇员，激励雇员努力工作和自我开发。雇主的目标是使雇员忠诚于企业。

2. 成长期

在成长期阶段，企业开始出现正式的政策和方法。这时，企业需要保持专业技能，并确保早期形成的雇员忠诚状态能够继续维持下去。这一阶段的人力资源管理是为企业战略的各个方面引入更加先进的方法和体制。

3. 成熟期

随着市场的逐渐成熟，企业盈余达到最高峰，这个阶段的企业就需要评价和进一步完善自己的活动了。在这一阶段，企业很可能形成一系列正式化的方案，这些方案往往具体到企业管理的每一环节。这一时期的人力资源管理，集中体现在组织对劳动成本的控制上。

4. 衰退期

在企业的衰退过程中会引发一系列的问题，一些原有的问题也变得明显起来。在这一时期，企业人力资源管理的重点转到组织合理化和裁员增效方面。

（三）舒乐—杰克逊：竞争优势模型

这种模型寻求发展波特关于竞争战略的思想从而将其运用到人力资源管理风格上。波特（1985）指出，雇主想要获得竞争优势的话，有三种战略可以选择：成本缩减化、质量增进和创新。舒乐和杰克逊描述了这些战略在人力资源方面的含义。

1. 成本缩减化

雇主追求生产出比竞争对手更便宜的商品和服务。企业在这一过程中的每个阶段始终强调使企业成本最小化——包括人员管理。这种战略体现在人力资源管理上，是使招聘和甄选非正式化；尤其对于低层次的任务，赋予工作很低的自主决策权；最低水平的培训和发展；较少强调雇员参与；低水平的工资；最低限度的健康和安全标准以及几乎不关心雇员面临的问题。很可能存在非工会主义。即使有人事与发展专业机构，它很可能也是微不足道的，而且在企业内几乎没有任何影响。

2. 质量增进

在这种战略选择中，雇主追求生产尽可能高质量的商品和服务，目的是在一定基础上将自己与市场中其他企业区分开来。这种竞争战略的人事与发展含义与上面所强调的几乎完全相反，而与"最佳实践"的人力资源管理形成共鸣：谨慎控制的招聘和甄选；全面化的就职程序；授权和高度自由决策的工作；高水平的雇员参与；广泛且持续的培训和发展；和谐；高竞争力的报酬和福利体系；绩效评价发挥核心作用。如果工会被承认的话，那么很可能双方都会渴望维持合作关系。人力资源管理的职能主要是全面充分的员工发展、适当的雇员配备以及积极帮助形成组织文化和变革方案。人力资源管理部门和直线经理之间的紧密合作关系可能有助于企业获得并保持竞争优势。

3. 创新

这里，经过良好训练的专家团队紧密合作，设计并生产出复杂的、快速变化或适应性强的产品和服务，以使本企业处于竞争领先地位。创新型战略的人事与发展政策在某些方面与上面强调的质量增进模式相似，但是前者更强调非正式化、问题解决小组、对董事会和松散定义的目标保持忠诚以及灵活性。雇员发展很可能被视作是个人的责任而不是雇主的义务。基本报酬率可能低，但是通过分享所有权的配置可以促使雇员将他们自己的命运和雇主的命运连在一起，工会不可能在组织中占据主要地位。

（四）泰森—费尔斯：建筑现场模型

泰森和费尔斯根据人力资源管理的角色，总结出"建筑现场"模型，把人力资源管理工作分成三种模式：

1. 行政工作人员模式

这种模式，人力资源管理人员的权限最小，人力资源有关工作的权力基本上都归直线经理。人力资源管理人员所做的工作主要是行政方面和办公方面的，包括保存有关记录和存档、福利待遇、应聘者的初试工作和发布工资信息等，也不大需要专业性人员干。

2. 合同经理模式

合同经理在拥有大型工会的行业中较多，因为那里的劳资关系已经高度规范化，人力资源工作的重点是控制局面、解决问题和消除对抗。在这种模式中，直线经理和人力资源管理人员之间有着紧密的关系，以确保政策与实际做法的一致性。在该模式下，直线经理仍然负责许多基本的人事管理职能。

3. 建筑师模式

这种模式是人力资源部门担任组织高层面的设计，通过创造方法和革新方法，把人力资源问题纳入更宽广的企业计划之中。在这种格局下，人力资源管理人员能够影响组织的变革，并被领导者期望去创造组织的正确文化和思想。建筑师可能被看做是业务经理，也被当做人力资源管理的专业人员。

（五）斯多利：管理功能模型

斯多利使用纵横相交的两个坐标轴，提出一个四象限图形。其横坐标表示人力资源管理人员从事工作的层次——战略或战术；纵坐标表示其对组织的影响程度和贡献的大小。斯多利的工作者职能类型主要有以下几类：

1. 顾问

人力资源管理人员的操作处于企业的战略层面，而不管其他具体的职能，这些具体职能当然就由直线经理从事。人力资源管理人员在需要时为直线经理提供技术支持，并经常是在现场的背后协助直线经理完成政策的制定与具体操作，换言之，直线经理对劳动管理问题有更多的自由和权威。因此，人力资源管理人员的这一功能被看做是"幕后的说客"。

2. 管家

人力资源管理在这里属于战术性和非干涉型的，其工作主要是受他们的"顾客"——直线经理的需要所左右；他们是办事员，从事行政性的工作，例如保管考勤记录以及偶尔参与福利工作并提供建议。人事部门与直线经理的关系是服从性的、隶属的、"随从"式的，只对直线经理的短期要求做出反应，而不能改变或影响组织的发展方向，因此，他们也被看做是"侍女"。在一定程度上，他们被看做是斡旋于管理者与被管理者之间的"中立的代理人"。

3. 监控者

人力资源管理人员的操作，还会在战术层面上充当监督和干预者的角色。他们与工会代表合作密切，共同处理问题，并且到现场解决问题，安抚车间工人的情绪，在减少劳资纠纷和减少停工等方面具有重要作用。尽管他们与直线经理的工作关系密切和接近，但监控者仍然需要通过建立一套明确的人力资源管理目标和做出努力，来保持自身的独立性和专长。

4. 变革者

最后一种类型是变革者。他们致力于在新的基础上与雇员建立关系，设法引导员工做出承诺并鼓励员工的工作"再迈进一步"。在 20 世纪 80 年代以来的管理改革中，人力资源开发的战略角色受到了广泛的关注。斯多利认为，变革者既支持软性人力资源管理，又支持硬性人力资源管理。前者在于突出了人力资源开发所做出的贡献，后者则通过经营管理的方法说明了他们的价值。与斯多利的这一学说相近似的，还有威金斯和马金顿的多角色模型。

（六）利格：人力资源策略模型

利格模型提出，人事经理为了获得权力和影响力，需要在其服务的组织中从事工作时，采用一系列的管理策略。

1. 常规创新策略

人力资源管理人员应主要致力于满足高层管理者的要求，试图把他们的工作和努力与组织的主要价值观和准则清晰地联系起来。在劳动成本受严格控制的领域，如奖惩、裁员和雇员关系等领域，可以看到这一做法。

2. 非常规创新策略

人力资源管理专业人员要接受完全不同的一套准则，并为那些不是根据组织的标准提出来的想法，寻求组织的信任和支持。例如，有关工作压力、工作时间过长或授权等的社会价值观，或对残疾、种族或性别平等的法律。

3. 担任解决问题者策略

这是一种待机而动的角色。人力资源管理部门的价值要看他们为高层决策者确定并解决问题的能力有多大而定。

（七）康乃尔大学：战略特征模型

1. 诱引战略

诱引战略是通过高工资薪酬来吸引人才和培养人才，以形成一支高素质的人才队伍。在薪酬制度方面常采用的措施有利润分享计划、员工持股计划、奖励政策、绩效工资制、企业高福利，等等。但是，由于企业支付的薪酬较高，为了控制增长人工成本的势头，往往要严格控制员工数量，所吸引的员工通常是高技能的、专业化的人才，招聘费用和培训费用相对较低；在日常管理上则采取以利益交换为基础的严密的科学管理模式。

2. 投资战略

投资战略是指为保证企业发展所需人才，通过聘用数量较多的员工，形成一个备用人才库。这种战略注重对员工各种技能的培训，并注意培养雇主与员工间良好的劳动关系。在这种战略的指导下，人力资源管理人员担负了较重的责任，要保证员工得到所需的资源、培训和支持。采取该战略的目的是要与员工建立长期的工作关系，因此，企业重视员工，使员工感到有较高的工作保障。

3. 参与战略

参与战略是指企业在战略决策中给予员工较多的决策参与机会和较大的参

与权力，使员工在工作中有更多的自主权。企业采取这一战略，注重团队的建设、员工的自我管理和授权管理，重视与员工沟通的技巧，采取易被员工接受的解决问题的方法。为此，人力资源管理人员必须为管理者和员工提供必要的咨询和帮助。

（八）史戴斯和顿菲：变革模型

史戴斯和顿菲的战略模型指出，人力资源管理可能因组织变革的程度不同而采取以下四种战略（见表1-1）。

表1-1　　　　　　史戴斯和顿菲的战略性人力资源管理的分类表

变革程度	管理方式	战略分类
基本稳定，微小调整	指令式管理为主	家长式
循序渐进，不断变革	咨询式管理为主，指令式管理为辅	发展式
局部变革	指令式管理为主，咨询式管理为辅	任务式
整体变革	指令式管理，高压式管理并用	转型式

1. 家长式战略

家长式战略主要运用于避免变革式的企业，采取这种战略是为了提高组织的稳定性，强调良好的秩序和行动的一致性。在这一战略下的管理，采取集中控制的形式和硬性规定的职位任免制度，重视操作规程与监督，注重规范的组织结构与管理方法。人力资源管理工作的基础是奖惩结合与协议合同。

2. 发展式战略

为适应环境的变化，有的企业采用渐进式变革的模式，其主要特点是：注重发展个人潜力和培养团队协作精神，重视绩效管理，对员工的激励多"内在激励"而少"外在激励"，通过强调组织的整体文化建设实现企业的总体发展目标。对员工的招聘大多来自企业内部，通过培训计划来帮助员工实现职业生涯的发展。

3. 任务式战略

组织面对局部性变革，多采用任务式战略。其管理是通过自上而下的指令发布任务，依赖有效的制度来实施。任务式战略非常注重业绩和绩效管理，强调人力资源规划、工作再设计和工作常规检查，注重物质奖励，招聘采取内外结合的方法，开展正规的技能培训，有正规程序处理劳动关系问题，重视组织

17

文化的建设。

4. 转型式战略

有的组织完全不能适应环境而陷入危机，面临着全面变革。与全面变革要求相配合的是转型式战略。实施转型战略，要对职位进行全面调整、减员增效，从外部招聘骨干人员，通过对管理人员进行团队训练来建立新的企业文化，建立适应环境的新的人力资源系统和机制。

（九）迈尔斯—斯诺：战略行为模型

结合组织特色和人力资源战略，迈尔斯和斯诺提出了战略行为的三种有效类型：防御者、探索者和分析者。他们把人事与发展战略视为是从企业战略中延伸出来的，依赖并支持后者。利格为这种分类提供了更加详细的资料。

1. 防御者

防御者战略的特征是占据一个狭窄且稳定的产品市场，并拥有一个中央集权化的组织结构，同时大批量生产低成本产品。基本人力资源战略与之相适应而建立起来，即几乎没有进入内部劳动力市场的渠道，从内部提升人员，实施广泛的培训和一个与"把内部稳定视为最重要因素"这一观念相匹配的工资体系，建立广泛又相对开放的内部劳动力市场，以便培养雇员对实现组织目标的承诺，使雇员愿意从事那些不局限于狭窄的工作界限的任务。

2. 探索者

探索者战略是建立在变化和适应性之上，重新设计生产线并转移到新市场从而使企业继续成长。这种战略追求永远处于发展和机会的前沿。如果雇主不愿意手中拥有足够的专门技术，那么企业基本的人力资源战略就是获取和"买进"人员。这就意味着企业要强调在各个层次进行全面的招聘，广泛使用心理测试去辨别并挑选那些表现出拥有与组织高度相关的技能的人员。报酬体系很可能是结果导向，本质上是短期制，并与组织的特定分工（按产品或区域分）有关。培训和发展很可能被指向雇主所面对的特定问题。

3. 分析者

这种战略是前两者的结合，而且这种人力资源战略的内涵依据特定的组织环境而更加多样化或综合化。这类企业的雇主根据"制造或购买"组合的决策决定人力资源的分配，培训投资视情况而定，补偿政策充分考虑内部平衡和外部对比。

（十）希普顿—麦克奥雷：权力一体化模型

希普顿和麦克奥雷建立了一个四层分类模型。这一模型以权力（大小）和一体化（高低）为基础进行分类。

1. 福利型模式

福利型模式在权力和一体化两个维度上都是低水平的，人力资源开发功能与整体组织的关系具有传统的、家长制的、反应性和边缘性的特点。

2. 行政管理型模式

行政管理型模式与组织的一体化程度更强，但由于它本质上只为满足高层管理班子的需要服务，因而它没有权力。人力资源管理部门尤其经不起分解和授权的冲击。

3. 企业经理型模式

人力资源管理功能处于组织的目标与权力的核心，其特点可能在于对实行战略性人力资源管理更加乐观；这里有守规矩的创新者类似的因素。

4. 组织发展型模式

组织发展型模式看起来很有权力，也很像离经叛道的创新者，因为它是在不断向主流组织文化提出挑战，但对这种角色却难以实行一体化。

二、人力资源战略管理理论评析

在这些模型中有些具有明显的相似性，而且在不同的分类中有些可以描绘出人事与发展实践之间的对应性。例如，在野猫型和导入期战略之间，或在明星型和质量增进战略之间。

（一）优点

从整体上看，上述学说具有很大的积极意义，它们的优点在于：

（1）每一个模型都试图从企业战略的分析中研究和把握合适的人力资源战略，这是一种有生命力的思路。

（2）上述分析都注重使人力资源管理者思考组织的战略问题，指导实施他们为企业提供有用的帮助，找到新形势下人力资源管理部门存在的价值。

（3）上述学说作为全新的学说，具有相当多的解决现实问题的实用价值。

（4）上述学说考虑组织的发展规划，注意如何才能吸引高层管理者以及直线经理，从而强化人力资源管理部门的地位，使自己立于不败之地。

另一方面，至少有两方面的原因使这些模型有用，尤其是如果它们作为工作的指导而不是作为了解方法的技巧被采用。

（1）每一个模型都试图从企业战略的分析中预测合适的人力资源战略，而对此做反向思考则可能相当合适。

（2）这种分析使人事与发展实施者更加认真地考虑他们怎样才能为企业提供有用的帮助，尤其考虑组织计划如何才能吸引高层直线管理者。对于一个新的人力资源创意，比如员工发展、薪酬管理，如果它被视为与企业战略相匹配且符合高层管理者所使用的标准,"服从者创新",可能更具有说服力。

（二）缺点

这些学说也都存在一定的局限性：

（1）上述每一个学说都是提出者自己的主观看法,即凭借自己对企业战略的了解做出假设,缺乏实证研究和证明。

（2）这些方法都是静态分析和模式化的,对过程是忽视的。

（3）对企业战略和人力资源管理之间的联系,也是经验主义的,很少有证据能够证明。

具体而言有以下缺点和问题：

1. 主观臆断居多

它们中的每一个都是主观臆断,凭借自己对企业战略的了解做出假设,认为"掌握"企业所偏爱的人力资源战略是可能的。这种假设存在问题,许多组织并没有明确的企业战略,因而声称企业战略（如果它们存在的话）和人事与发展管理有联系是不可能的。

2. 静态和模式化

这些方法都是静态的和模式化的,并没有注意到所涉及的过程。有证据表明,组织并不是按生命周期模型所指的方法运行。相反,而是围绕一系列当前正在成长和发展的危机而运动。

3. 经验主义

很少有证据支持这种观点,即企业战略和人事与发展之间存在联系,除非在一个非常简单的层次上,把一个研究导向的制药公司和服务导向的快餐连锁店进行对比。对于大多数观察家来说,这两种类型的组织在人事与发展实践中的不同可能是明显的。但是,对于两个位于同样宽阔的产品市场的不同部分的企业,评价它们之间存在的差异是比较难的。

第三节　人力资源战略管理的内容和主体

一、人力资源战略管理的内容

任何人都要有目的地工作。因此,必须将总体战略转化为对组织中各层次单位、群体、团队以及个人的工作绩效期望。明确确定的目标为管理企业中的组织、人员以及绩效提供了依据。强调目标管理是管理一个企业的实用有效的方式。绩效目标应当源自于企业的战略——使命、愿景以及企业整体目标。它们应当是行动的承诺,通过它们,使命得以贯彻；它们应当是衡量绩效的标准。在实践中，管理人员设定（集体和个别）的目标代表企业的实际策略。目标以另一种方式使战略投入实际运转，它们详细说明结果，指导有关资源分配的决策。资本、费用、资产、物资、人力等，所有资源都应当集中在适当的领域。由于资源是稀缺的，因此，它们必须被投入到能取得最大收益的地方。

（一）人力资源规划战略

人力资源规划战略是人力资源管理战略实施计划的具体体现。人力资源规划是一种可直接操作的计划。企业战略对人力资源规划具有根本性的影响，但这种影响不是直接的，而是通过一系列中间环节来实现的。

由图1-1中可以看出，人力资源规划的编制最初起点是企业战略，二者之间的联系要通过一系列的中介环节来实现，其中的"经营计划"和"成本预算"占据重要位置。

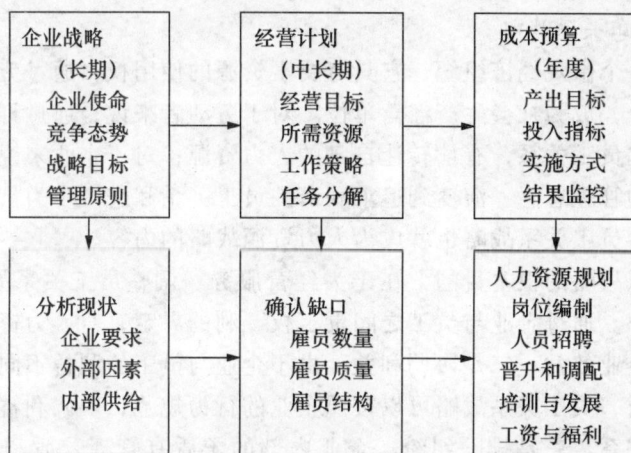

图1-1　组织战略与人力资源规划图

（二）人力资源投资战略

为员工的素质提高进行投资是企业的一种战略眼光，这种人力资本投资可以带来巨大的经济效益。但是，许多企业并不情愿在这方面进行投资，担心受训者跳槽后这笔投资的效益流失。因此，一旦企业的资金短缺时，就会削减培训预算。显然，企业的这种行为是一种短视行为。因为，一个员工素质低的企业是不可能成为长寿企业的；而且更常见的是，一些能力高、上进心强的员工会因为本企业没有培训和发展机会而另谋高就，这会给企业带来巨大的损失。

相反，如果企业在人力投资方面大大改善，那么它给企业带来的收益将是巨大的，并成为企业实现战略目标的关键因素。

继续职业发展是企业人力资源投资的重要组成部分，全员培训与终生学习是当今世界科学技术迅猛发展形势提出的客观要求，也成为企业竞争制胜的法宝。学习型组织应运而生，正是以人力资源战略为依托的现代经济发展的必然要求。

（三）薪酬战略

对于员工的薪酬管理被人们看做是人力资源管理战略方法中的核心问题，是因为薪酬为管理者提供明确的效果和业绩导向的机制，是非常有效的激励机制。薪酬战略还构成企业管理中的战略问题，因为它不仅由于能够促进组织提高业绩、成为实现企业财务战略的工具，而且因为它通过招聘、使用和激励员工，还成为管理公司业绩和影响企业价值观和信仰的工具。

（四）员工关系战略

企业是一个微观经济组织，它具有要素资源的使用权，通过劳动力交易创造资源的组合，成为社会生产经营单位。对于劳动者来说，通过订立劳动合同等途径建立起员工关系，有偿转让自身的人力资源；对于企业来说，正在从以激励为动力的管理思想，演变到追求和谐的员工关系和进一步为员工为主人的境界。这样，员工关系战略也就成为人力资源战略的内容。

员工关系战略的根本目的，在于为经营服务。调整员工关系战略的目的，一是提高效率。通过企业与员工之间责、权、利的界定，对人力资源进行优化配置，提高企业效益。二是协调利益。由于企业与员工的利益不同，往往会发生分歧和矛盾，员工关系战略可以按照企业的行为规范，协调利益关系，整合双方的利益关系。三是排除纠纷。企业内部的矛盾有管理矛盾和劳动争议两种，管理矛盾是个人与组织的矛盾，劳动争议是员工个人以至群体与企业的矛盾，对企业具有一定的威胁。通过员工关系战略排解和引导管理矛盾，防范解决劳资矛盾，有利于加快企业战略实现的进程。

在员工关系战略方面，出现了"员工参与"的新趋势。员工参与是以经济效益和商业准则为基础的，强调对员工动机和义务的影响，一般是由管理层发起的，强调与员工进行直接的沟通，基本上与工会无关。员工参与有多种形式，包括利润分享、员工持股计划等。其中的"财务参与"是将个人的报酬与公司整体业绩联系起来，力图促使员工认同和增强业绩观念，使员工时刻关心企业战略的实施，作用巨大。

（五）优势整合战略

优势整合战略要求在现代企业管理的操作中尽可能地用个人责任和权力替代等级。实现优势整合战略，可以大大降低企业对少数领导人的依赖性，增加信息的透明度，通过目标管理方法加以实施，使人力资源战略为企业战略实施服务。

优势整合战略的关键，是工作团队的建设，通过组织成员的共同努力产生积极协同作用，其结果是使团队的绩效水平远远高于个体成员绩效的总和。

团队建设的活动，包括目标设置、团队成员之间人际关系的发展、通过角色分析明确成员各自的角色和责任，以及团队过程分析的内容。团队建设可以从企业战略目标和人力资源战略的具体问题来进行，选取重点的项目组建团队，通过在群体成员之间进行高度互相影响的活动来增加信任和透明度。明确完成任务的具体办法及其进行改进以提高团队的效率，是推动优势整合战略的重要方面。

（六）企业文化战略

企业文化是指在企业中，经过领导者倡导和全体员工的认同和实践所形成的整体价值观念、道德规范、信仰追求、传统习惯、行为准则、管理风格以及经营特色的总和。

企业文化在企业战略中具有多重功能。它使不同的组织明显区别，有不同于其他企业的特点。企业文化战略增强组织成员对组织的认同感，使组织成员将对组织的承诺置于个人利益之上并且增强社会系统的稳定性，文化作为一种观念形态和控制机制，指导并塑造员工的行为，增强企业的竞争力，使企业取得杰出的成果。在企业文化与企业战略不一致时，文化则是组织实现变革的一种障碍。

二、人力资源战略管理主体

（一）人力资源战略管理主体的能力

为了完成组织的目标与任务，从事人力资源管理的管理主体，必须具有一定的专业工作能力和良好的信誉，还要有广泛的经营常识，熟知各部门的功能及经营的方法；有卓越的协调能力，能协助各部门解决问题。此外，还必须具有高度的学习意愿和创新意图，能够营造创新氛围，推动企业变革的发展。

从人力资源战略管理的角度看，管理主体的能力和素质要求突出体现在以下几方面：

1. 战略性行为

人力资源管理者必须主动地与企业决策者一起，研究制定企业的经营战略，协助各部门设定经营目标与提供有关服务。

2. 应变能力

在市场竞争越来越激烈的情况下，产品生命周期越来越短，企业经营环境不但变化速度越来越快，而且变化的幅度也越来越大，人力资源管理者必须能及时地把握形势，迅速地采取应对措施。

3. 协作能力

在经济全球化和专业分工越来越强的情况下，企业部门越来越多元化，各部门目标有相当的差异，人力资源管理者必须要深入不同部门、与不同职能不同目标的人员协同工作，取得他们的合作，使他们为企业战略目标而努力。

4. 团队建设能力

在组织的变革中，团队成为一种重要的模式。人力资源管理者必须具备建设企业团队的能力，促进员工的高层次合作，共同创造新的理念、新的技术与新的产品。

5. 国际化能力

在经济全球化的格局下，企业尤其是出色的大公司正在变成国际化的组织。企业的人力资源管理者也就面临着诸多跨国、跨文化的事务，并必须具有从全球范围内配置人力资源的眼光和思路，因此他们必须具有适应国际环境、在国际竞争中从事管理的能力。

（二）人力资源专家

1. 人力资源专家的角色

人力资源管理人员作为一种专家性的人物，在不同的组织中有不同的角色。在一些组织中，人力资源管理者可能具有引人注目的地位，通过发挥设计师或改革代言人的作用，影响和引导人们的思想。在另一些组织，人力资源管理者角色可能很隐秘，他们躲在幕后，靠着与最高管理者密切的工作关系来施加影响，或只做一个隐身的说客。

2. 人力资源专家的贡献

人力资源专家的贡献往往是难以界定的，因为他们与直线经理一起工作并依赖于直线经理去实施制度和政策。泰森（Tyson）和费尔（Fell）认为，人力资源专家应该能将自己推荐给管理者；能对企业做出总体评价；能创造高质量的人力资源。

从战略打分角度看待人力资源专家的贡献，其内容主要包括：培养绩效导向的组织环境；激发员工的创造性；促进员工对企业的一致看法等。

3. 人力资源专家的技能

人力资源专家需要的技能主要集中在三个方面：一是制定人力资源开发政

策和操作程序的框架，以确保贯彻企业的政策并符合法律的要求。二是对所有人力资源开发问题提供建议和指导，这往往是通过使用指导手册来完成的。三是培训直线经理，使他们拥有恰当的技能。

（三）直线经理

20世纪90年代初以来，人力资源开发与管理方面出现了部分职责转移的现象，即直线经理承担了人力资源开发与管理工作的更多责任。一般来说，直线经理参加员工小组的会议，听取意见，通过团队工作、员工沟通、员工评估和直接与员工打交道来解决问题。这种人力资源管理的权力向直线经理的转移，经常伴随组织内部的分权以及本业务部门财权和责任的扩大。

在这样的局面下，人力资源管理部门的职责是负责政策的制定工作，他们可以独立制定政策，也可以与直线经理合作完成。人力资源管理部门对直线经理的影响，主要体现在人力资源政策方面，例如，人力资源计划、招聘要求等。直线经理则要贯彻人力资源管理部门的政策，从事相关的实际活动，与人力资源管理部门建立合作伙伴关系，讨论人力资源政策的制定与具体实施。

（四）有关专家

1. 有关专家的类型

人力资源专职管理专家之外，担任人力资源管理职能的有关专家可以分为四种类型：一是企业内部代理。他们只负责人力资源开发工作中一两件上传下达的工作，不靠执行这种政策获取报酬。二是企业内部的顾问。他们的咨询工作要收费，是由企业统一向他支付。三是企业内部的独立专家。这种专家不属于人力资源开发部门，无论对内对外，一律收费。四是企业外部的顾问。下面专门阐述。

2. 外部顾问

外部顾问能够提供本组织专家不能完成的大型、综合性的服务，如提供一流的会计实务和管理咨询等一整套服务。常见的外部顾问有：专门提供人力资源服务的机构，有些是功能健全、能提供人力资源开发全面服务的大公司，有些是小型的、专门化的公司，如薪酬调查公司；独立的咨询顾问，他们擅长某一特定领域或业务，还能对某些特殊问题提供咨询服务；行业协会和ACAS等类组织，他们除日常工作外，也提供咨询服务。

（五）人力资源总监

人力资源总监是组织之中具有一定决策地位的准高层管理者。从总体上看，人力资源总监的角色是人力资源管理方向的引导者、制度的制定者、计划的审核者和运作的指挥者。其职能可以概括为以下几个方面：

1. 制定战略

人力资源总监的重大职能，是对人力资源管理工作给出方向性的、前瞻性的规划，根据企业战略的需要制定人力资源管理的纲领性制度和文件，从而对人力资源工作起领导的作用。战略职能要解决如何依靠人力资源实现企业战略目标的问题，主要体现为人员选拔、使用、吸引人才，其中的人才选拔是战略管理的起点。

2. 制定政策

战略能否实现，要靠政策来保证。政策制定也是人力资源总监的重要职责。在人力资源政策中，企业用工政策、员工分类政策和薪酬分配政策三大政策是塑造企业经营机制的关键。就不同体制的组织而言，上述三大政策的差别巨大，甚至截然相反。

3. 建立制度

政策要通过规章制度而体现，人力资源政策也要通过人力资源规章制度的建设来落实。规章制度能够把企业内部的责任与权力安排结构化，从而为管理找到依据，保证人力资源管理有序进行。这些制度主要包括职务规范制度、员工甄选制度、培训开发制度、绩效考评制度、薪酬福利制度、劳动关系制度等。

4. 协调运行

在人力资源管理制度建立之后的运行过程中，指挥与协调是人力资源总监的日常性工作。这项工作可以分为推动运行和处理问题两个方面。推动运行是指人力资源总监参与人力资源的管理活动，当管理活动涉及核心人员补充、培训开发方式、激励制度、人工成本控制等问题时，人力资源总监必须直接过问和指导业务的运行。处理问题，首先是指人力资源总监对人力资源管理的控制，其次还指人力资源部门与其他部门的矛盾也需要人力资源总监的协调。

5. 指导技术

人力资源总监由于具有人力资源管理专门能力，同时对企业的经营管理情况有着总体认识，因而能够与其他部门进行工作协作，提供有关建议，对员工选拔、培训、评估、奖酬、晋升和辞退等工作进行技术指导。

6. 承担责任

人力资源总监是人力资源职能部门的直接领导，负责指挥人力资源部门开展工作，在计划、组织、领导、控制上，保证人力资源部有效发挥作用，拥有人力资源政策、制度、计划的审定和复核权，拥有重大人力资源工作的直接指挥权，同时人力资源总监作为企业员工管理的最高分管领导，在企业中承担该方面工作好坏的责任。

本章学习要点提示

【重要概念】

战略　企业战略　人力资源战略管理　企业文化　人力资源专家　直线经理
人力资源总监

【复习思考题】

1. 人力资源战略管理理论有哪些？如何评析？
2. 掌握影响人力资源战略管理的因素。
3. 掌握人力资源战略管理的结构。
4. 人力资源战略管理的内容有哪些？
5. 人力资源战略管理的主体有哪些？
6. 结合某一企业的情况，谈谈人力资源战略如何推动企业战略的实施。
7. 现代人力资源管理部门如何转变职能与观念为企业战略服务？
8. 直线经理与人力资源专家之间的工作是如何协调的？
9. 怎样做一名合格的人力资源总监？

讨论案例

深圳寰球的人力资源战略管理

人力资源战略管理是指组织为达到战略目标，系统地对人力资源各种部署和活动进行计划与管理的模式。在现代社会，人力资源是组织中最有能动性的资源，如何吸引到优秀人才，如何使组织现有人力资源发挥更大的效用，支持组织战略目标的实现，是每一个领导者都必须认真考虑的问题。深圳寰球经过多年的努力，逐渐通过人力资源管理的工具实现了自身的战略意图。

一、背景

深圳寰球是一家科技贸易企业，成立于2000年。母公司成立于1990年，为一家上市的自动化系统集成商。深圳寰球的前身是母公司的仪表事业部。

深圳寰球从2000年独立于母公司开始，多年来一直致力于为用户提供全面的液位、料位控制解决方案，保持了非常迅猛的发展速度，到2006年已经在行业领域处于领先的地位。历经多年来的技术积累，深圳寰球已经成为业内知名的超声波物位专家，提供多种物位控制方案和近5000个规格的产品。

深圳寰球在经营业务上定位在国外厂商的代理商，在国内进行进口商品销售，没有自主研发生产的产品。深圳寰球在经营领域上专注于过程控制和分析仪表，尤其在物位测量和控制方面；深圳寰球在经营模式上以广告、展会为市场手段，通过中间商（经销商）实现商品销售。深圳寰球在经营管理上以扁平式管理为主，没有中间层级，从经营业绩来看，深圳寰球从最初只代理佛莱发展到现在的五六家国外品牌，深圳寰球在每个代理品牌中都做到国内代理中的前列，反映出深圳寰球强有力的经营能力。

但是，深圳寰球面临着多方面的发展困惑和发展的制约因素，具体表现在以下几个方面：

第一，作为代理商缺乏很好的稳定感，没有自主知识产权产品，担心容易被厂家"一脚踢开"，某些厂家扩大了代理范围已引起核心产品销售额的降低。

第二，希望能够做大，但觉得有些无从下手。

第三，在销售组织上，人员分工上面感觉很乱，但有的时候没有办法。

第四，觉得员工的自觉性不够，可用人才较为缺乏，老板工作感觉比较累，什么都要管。

2006年1月，为了谋求更加广阔的事业发展空间，解决战略和管理问题，深圳寰球邀请专业的咨询机构帮助其完成战略和管理体系的建构，并逐渐建立了一套有效的管理与激励机制，通过一年多的努力，获取了更大的发展动力，实现了企业的健康成长。

二、确定控制终端的战略盈利模式

深圳寰球面临着盈利和发展的两难困境，弄清盈利和经营模式，是深圳寰球能够立于不败之地的大前提。

由于没有自己的产品，深圳寰球的业绩好坏取决于所代理产品的市场表现，当所代理产品市场表现不佳时或厂家产品线不能完全满足市场需要时，深圳寰球必须代理其他产品，正如最初代理佛莱后，还必须代理其他产品；如果不代理其他产品，则深圳寰球的成长规模将会受限于这种商品的市场潜能。

而厂家出于自身安全的考虑，不会希望把全部风险押在经营了竞争产品的代理商身上，因为它会担心代理商在销售过程中不会尽心尽力销售自己的产品，正如目前佛莱发展了其他代理商。

这使得深圳寰球不仅要面临的第一层竞争，即来自于所代理厂家的产品与其替代品之间的竞争，还不得不面临同样产品的其他代理商的竞争，而不同代理商对于某种商品价值贡献的期望值不同，那么商品销售的竞争极易演变为残酷的价格战，这正是深圳寰球目前利润率急剧下降的一个重要原因。

由于深圳寰球的唯一代理地位无法确立，在市场竞争中，就会有种种顾虑，担心市场宣传的努力只是"为他人作嫁衣裳"，所以不会全力以赴，而这又影响了商品的市场影响力和销售业绩。

深圳寰球的最大风险在于所经销产品的代理权的不稳定性以及市场的不确定性。作为一个纯销售型企业，所代理的产品决定了企业的发展甚至是命运，而深圳寰球目前对厂家缺乏有力的控制机制，从而易于出现"厂家增加代理商"而影响销售业绩的现象；从另一个角度而言，深圳寰球的成长也取决于深圳寰球能够代理的产品的品牌、品种以及产品"市场表现"，而这些往往说话权不归深圳寰球。

因此，深圳寰球需要思考的盈利模式在于如何能够有效地控制厂家以及如何将单一厂家对自身的影响降到最小化。

经过系统的研究，深圳寰球决定坚持做"大商家"，建立起相应的战略控制机制，通过控制终端来控制厂家，通过控制厂家来控制渠道，同时建立起代理产品的优胜劣汰机制。即通过控制终端，建立终端客户对深圳寰球的忠诚度，以此来实现对渠道的控制以及对厂家的控制。

深圳寰球需要一如既往地营造在某个或者某几个细分市场（目前选中在"物位计"）的品牌优势、渠道优势，这样才能有砝码与厂家进行谈判。另外，扩大代理品牌和品种，避免把"鸡蛋放在一个篮子里"，以降低单一厂家对自身的影响。当然，这对于销售的管理提出了更高的要求；在合适的时机，推出自主品牌或自主知识产权产品。

在具体控制手段上，深圳寰球选择了建立系统解决方案，通过为客户提供增值服务，以一揽子解决方案和良好的系统服务，成为客户的顾问，帮助客户实现附加价值，为客户带来效益，使得客户无法离开深圳寰球，这种方式需要寻找一个良好的切入点，并强化技术力量和整体实力。

三、建构战略导向的组织与人力资源体系

高效、严谨、灵活的组织体系，是保证深圳寰球能够迅速扩张的关键，也是深圳寰球在做大之前要实现成长过程中稳健经营的重点。如果没有一个好的组织体系，公司规模越大，带来的问题将越多，甚至可能会使得整个企业失控。前瞻性考虑公司组织体系，不仅能够使得企业落实战略，将有效的销售模式落实到位，同时，还能够为大规模扩张做好准备。

因此，深圳寰球在战略落实上需要研究的实际上包括四大主题：其一，应该建立什么样的组织体系，并且在运作上如何界定，能够有利于战略的落实，

29

逐步贴近"控制终端，做大商家"的远景。其二，组织内部如何分工，职位如何设计，流程如何规范。其三，应该选择什么样的人来做事情，各职位的职责是什么，要完成这些职责需要满足什么样的任职资格的人员才能做。其四，如何使得做不同事情的人员都能够积极主动地进行工作，即建立什么样的激励机制。

在组织体系中，建立合理的组织架构、分权集权关系以及相应的组织管控机制，才能既有利于人员的成长，同时有利于企业家摆脱出具体事务思考更重要的战略问题。经过研究以后，深圳寰球确定了一些基本的组织调整原则。

目前的销售组织主要以划分区域为主，分外勤和内勤，但是由于主动拜访没有找到合适的目标和方式，效果不明显，因此，事实上外勤和内勤一样都是在公司的时间居多，除了在技术上有所差别，所做的事情几乎差不多。如果说大家更多的都是在公司等客户的电话，那么按照区域来划分并没有体现出其本来应有的作用，外勤内勤的划分也没有起到应有的作用。

结构追随战略，深圳寰球确定将企业的战略远景定义为"聚焦于客户，做大商家"，并且希望在过程中逐步通过为客户的深入服务来达成客户的忠诚实现控制终端的目的，深圳寰球的组织调整体现了这个战略意图。

调整后的组织体系以客户服务为中心，所有的部门职能和流程都围绕着客户服务而展开。深圳寰球希望把战略调到主动接触某些特征的客户，在终端上表现为主动与这些客户进行接触，让这些客户了解深圳寰球，并了解这些客户的需求，加以满足。

首先，深圳寰球成立了市场策划与管理部，其主要工作就是研究目标客户的特性和需求，并研究确定这些目标客户的一些共性需求和偏好，而重点要放在研究如何能够使得目标客户对深圳寰球感兴趣，深圳寰球应该如何区别于竞争对手提供产品或服务组合，怎么打动客户。

其次，深圳寰球在销售组织上分成两个销售部门。其一，应答销售部，这个部门应该熟悉客户可能问什么问题，并可以制定规范的答题指南，当然需要有技术力量的配合以解决难题。其二，主动销售部，以属地的原则进行划分，即建立了全国五大办事处，同时还以行业进行划分，建立针对水处理、化工等行业的销售部门，以提高与客户接触的频度，这个部门的工作需要与市场策划与管理部的策划和步调协调开展工作，需要的是主动性。

另外，深圳寰球还成立了商务部，这个部门需要与市场部、销售部保持紧密联系，不断寻找供应商，实现多样化的供给。

深圳寰球在战略上建立了"聚焦于客户，做大商家"的远景，这就要求具体经营上要强化终端行为，通过获得终端客户的忠诚度和不可替代性来实现对厂商和渠道的控制，同时在销售组织上深圳寰球分成应答销售和主动销售两个部分。那么人力资源管理体系就是要有效地去实现这种战略，为战略服务。

深圳寰球希望应答销售能够抓住上门客户，而希望主动销售能够强化与终端的关系，取得稳定的经济效果。因此，相应的在激励上应该激发应答销售部人员熟练掌握应答技能以及应答服务态度，而对于主动销售更要激发他们的智慧、创造力和潜能。

企业除了要能够吸引人才，更重要的是需要有一个很好的机制能够使得人才获得施展才华的空间，在推进企业发展的同时，获得个人的成长。深圳寰球首先从人才获得角度开展人力资源活动。在人才使用上面，深圳寰球除了给予相应的物质回报，还给予机会和空间。在人才使用的机制上，深圳寰球采取"赛马"的机制，通过实现制定好的游戏规则来选拔人才，决定每个人在公司的位置和权利以及享有的资源。

战略人力资源管理的一个重要方面就是通过薪酬激励体系，引导员工的战略行为。以前，深圳寰球的薪酬激励基本上以底薪加奖金的方式进行，而且底薪占了比较大的比重，奖金发放没有明确的标准，更多地依靠事后的分析和领导的判断。这种激励模式的一种直接后果就是工作按部就班，使得人员缺乏销售工作所必需的勇往直前的内在动机。因此，即使公司对销售人员的工作提出种种要求，但是，表现出来的结果还是销售人员缺乏积极性，内部出现抱怨情绪，主动销售效果不佳等现象。

作为销售企业，深圳寰球采用了简单、直接、强有力的激励模式来刺激销售人员的神经。深圳寰球在具体激励方式上，对于应答销售更侧重于行为和过程，而对于主动销售更侧重于能力和结果。

经过调整后，深圳寰球的激励模式做得直截了当，让每个人有一个稳定的预期，能够计算出自己的工作能够带来多少收益，同时将业绩好与坏的薪酬差距拉大，刺激了销售人员的正确的攀比神经。

四、实施效果

经过一年多的努力，深圳寰球到2007年3月已经完成了组织管理体系和人力资源管理体系的全面转型。在过去一年的时间里，深圳寰球逐渐实现了对终端客户的渗透，加强了对于终端的控制能力，同时，也提高了对上游国外厂商的砍价能力，增加了两家厂商的独家代理权，并与其中一家企业成立了合资公司。经过一年的努力，公司整体销售规模提升了30%，利润提高了近20%。

目前，深圳寰球正在以更快的速度发展，其控制的大型终端客户数量，以及发展的上游经销商网络正在逐渐加大，员工的积极性高涨，同时凝聚了越来越多的业界精英，企业未来发展充满活力和希望。

[讨论题]

1. 组织模式和战略之间的关系是什么？

2. 人力资源管理模式和战略之间的关系是什么？

3. 薪酬激励和企业战略如何有机地结合起来？

第二章 人力资源战略管理运作

学习目标

- 了解人力资源战略管理的背景
- 掌握人力资源战略管理的流程
- 掌握人力资源战略管理内外环境分析
- 掌握人力资源战略管理制定
- 掌握人力资源战略管理实施与评估
- 了解组织变革的内容

本章导读

美国的人力资源战略管理运作

美国的经济在过去的十几年里经历了快速的成长，在这十几年的经济增长黄金期里，人力资源管理所起到的作用也发生了质的变化。作为企业组织里面的一个职能部门，人力资源管理对于战略目标的实现，组织的发展及人力资本的增加起着越来越重要的作用。人力资源管理已由行政支持角色转变为企业的战略伙伴角色。

作为企业的战略伙伴，人力资源管理积极地并且全方位地参与到企业的发展战略的制定和实践之中。在整个的制定与实践过程中，战略制定部门（小组），各职能部门及其员工都被视为人力资源部的顾客。人力资源部作为企业的战略伙伴，其根本的目标是提供优质的人力资源产品使顾客满意。人力资源管理人员作为企业战略制定团队的一部分，为战略的制定提供所有关于人力资源效力的信息，例如人力资源的获得和开发，进而为最佳战略的选择和制定提供帮助。在战略实施中，面对各职能部门对高素质人才的需求，人力资源管理部门通过对各种人力资源功能的发展、实践和应用，为企业的战略实施提供具有必要技能的有效人力资源。使得人力资本的增长战略和企业的整体商业发展战略紧密结合起来。

人力资源的所有功能都被赋予了战略层面的意义。设计高效的招聘选拔系统以满足公司对高质量人才的需求；建立既具有现实意义又具有前瞻性的培训和发展体系，为实现企业整体战略目标增强人力资本基础，并为员工的发展创造更多的机会；开发确保员工行为符合组织发展目标要求的绩效考核体系；建立有效的协助企业战略目标的实现，同时最大限度地激励员工并使之满意的薪酬制度，无一例外地都围绕着符合战略需要的人力资本的保值增值并达到效用最大化而展开，进而推动企业战略目标的实现。

为推动企业战略目标的实现，很多美国公司都对其人力资源战略功能的具体实现过程进行了优化和重组。大量的人力资源行政性事务，例如薪金发放、福利管理、招聘选拔和日常培训，被外包给专业服务公司或咨询公司。在一些人力资源功能中，比如招聘选拔，大量的前期工作由这些专业服务公司来负责操作，而公司在最终决策阶段进行大量的参与和最终拍板。而对于另外一些人力资源功能而言，比如薪酬和福利、前期设计和制定将由公司来完成，后期的大量的薪金发放和福利管理外包给专业公司操作。通过外包这种形式，公司不仅提高了人力资源服务的效率，降低了成本，而且将更多的时间、精力和人力资源投入到人力资源战略的制定、发展和实施上。信息技术的应用也同样大大提高了企业的人力资源服务效率。目前很多美国公司都建立了专门提供人力资源服务的局域网。一些人力资源服务项目，诸如公司内部招聘、信息传达、培训项目选择、培训注册及福利注册都可以由员工本人通过局域网自助完成。这不仅提高了服务效率，而且满足了员工在自己的职业领域内承担起更多责任的期待。这也是很多美国公司落实人本思想的重要实践之一。

很多美国公司，特别是很多大中型公司，对于人力资源的开发、培养和激励，并使其最终贡献于公司整体战略目标的实现做了很多富有成果的实践。在薪资方面，通常由基本工资、奖金和福利三部分组成。针对奖励覆盖对象和衡量指标的不同，奖金通常又可分为绩效奖金、个人激励奖金、利润分享、股权和收益分享。美国市场的竞争环境有序而又激烈，劳动力流动比较频繁，在这种市场环境下，企业在制定薪资政策时，在内部比较和外部比较之间，更加侧重于与外部市场薪资水平的比较。其薪资水平的确定既考虑到市场薪资水平，又结合企业自身实际状况和发展战略，使其薪酬水准保持市场竞争力以吸引更优秀的人才。很多公司雇用咨询公司进行行业薪资调查来进行参考。对于每一个职位，公司都会很确切地了解到其在同一行业并且同一地区的市场最高值、市场最低值及市场平均值。考虑到公司状况和整体战略，确定该职位的薪酬水平。一般来说，公司内部不同岗位的薪资水平差距主要取决于岗位职责、技能要求和任职资格。对于处在价值链上不同位置的各个岗位，其薪酬水准存在着合理的差距。美国公司十分注重对于人才的保留和激励，对于有管理专长和技术专长的员工，公司从工资、奖金和福利上给予充分的考虑。而对于没有管理专长或技术专长的员工，其工资奖金在符合法定标准的前提下是十分有限的。在薪酬管理方面，各公司很重视管理过程的公开和公正。让所有员工都清楚薪资制度的制定原则和制定依据，以确保员工对薪资公平性的满意度。

在福利方面，美国的很多公司在福利政策的制定上充分贯彻了人本主义思想。长期福利在很多公司受到重视。健康保险、养老保险、牙齿保险和意外伤害险在很多公司很普及。在很多公司，员工家属也可以得到亲属保险，带婴员工可以将他们的孩子寄托在公司提供的育婴园，从而使得员工更加体会到公司的温情和体贴，激发他们更好地工作。

在培训和发展方面，很多美国公司非常重视建立既具有现实意义又具有前瞻性的培训和发展体系，为实现企业整体战略目标增强人力资本基础，并为员工的发展创造更多的机会。企业在员工的培训上投资很大。培训的基本方法包括：教师演讲、案例研究、多媒体教学、远程教育、角色扮演，等等。目前在美国企业界，各种实况模拟的培训方法得到了普遍的推广。这种方法可增强员工在战略实施过程中处理复杂情况的技能。例如商业游戏，由几个员工或员工小组一起参加，各个小组根据其面临的环境对有关经济变量做出决策，然后以博弈的方式进行互动。

人力资源管理在美国所经历的由功能性到战略性的转变，促使其在企业经营当中扮演了四种角色。作为战略伙伴，人力资源管理完全参与到战略制定和战略实施当中。人力资源管理人员必须首先作为公司整体战略的制定者而存在，其次作为整体战略所涵盖的人力资源管理战略的专家来为战略制定和执行中的所有有关人力资本的问题提供解决方案。人力资源管理通过经营人才，来提高企业的利润。作为行政管理专家，人力资源管理部门不断设计开发高效率的人力资源操作系统及优化人力资源服务过程。比如，提供更加有效招聘选拔工具；配合企业战略设计培训和发展系统，建立新的绩效考核评价体系。作为员工激励者，人力资源管理人员要充分地了解员工的各种需求，提高员工对企业的忠诚度，并不断激发员工的潜能。在战略实施的过程中将员工的个人职业成长和企业成长结合起来。作为变革推动者，人力资源管理者能够在不断变化的企业经营的内外部环境中预测问题，诊断问题，分析问题，并解决问题。组织发展战略的变化必然会对人力资源要求带来变化，人力资源管理者不仅需要对新问题提出新的解决办法，同时还要在最大程度上确保员工在变革过程中对企业战略变化的认同和对企业的忠诚，提高员工满意度。

第一节　人力资源战略管理的背景

一、全球化趋势

全球化是指企业如何考虑其国际经营活动的理念。全球性地考虑企业经营活动，全球性地开展企业的研究与开发活动以及全球性地进行商务活动，是衡量企业是否已经形成全球观的标准。也可以说，全球观是有关企业的思维方式。全球观，也可称之为全球世界观。我们可以通过一系列指标来衡量公司管理人员的全球观念的发展水平，如整合能力、对环境的应对能力和协作能力等。如果企业考虑全球范围内的许多事情都强调整体性；以一个统一的组织来采取行动；能够对当地市场和当地员工的需要做出快速应对，并且能够长期有效地协调和配置组织的所有资源，那么企业就具有了全球观念。

此外，我们还可以通过管理人员看待全球化的方式来判断企业全球观念的水平。全球化对管理人员的挑战并不只是需要跨越国界和地理空间，而在于全球化需要他们超越自身的局限性。全球观念是很难以培养的，企业需要通过文化变革来培养全球观念。当企业处于全球化阶段时，企业的战略是建立在全球范围不同业务单位的所有资源、技能和知识的基础上，建立在全球公司网络中资源流动的基础上。在一个全球性的公司中，任何一个部分对于知识和信息的流动与整合是平等的。全球企业通过采用全球知识数据库，利用全球电子通讯系统召开全球会议来培养具有全球观的公司文化。

二、竞争环境的影响

静态竞争环境和相应的组织战略假定受到越来越多的质疑。现在很少有组织是在静态的、稳定的环境中运作的。恰恰相反，组织面临着多重的、快速变化的竞争压力。如果一个组织要持续发展就必须对这些压力进行持续的适应。组织环境的动态性事实，已引起关于寻求适应各种战略目标的人力资源管理系统的更多思考。有的学者认为，对外部环境的适应会造成组织功能紊乱，因为对外部适应所需要的条件变得越来越严格，随着环境的变化，适应会变得更加困难。组织内部的系统和结构改变也是非常困难的。再者，根据复杂系统理论，系统的适应性越强，它们的自我保护能力就越强，改变它们也就越困难。

战略性人力资源管理研究越来越认识到组织需要柔性，"柔性"人力资源管理系统或"具有柔性"的人力资源管理系统的应用是需要进一步研究的领域。人们越来越注意到，适应性和柔性对提高组织效率都是必要的，处于高度动荡环境中的组织，为了使员工和组织能力与变化的竞争形势相适应，柔性是非常必要的。人力资源管理的研究应该将不稳定环境中的战略看成是动态的，应该使人力资源管理系统能为组织提供快速、便捷地适应不断变化的环境要求的能力。

三、人力资源信息化管理

电子通信、计算机、国际互联网和其他互动技术的迅猛发展，将世界不断拉近，消除了在企业之间和人们之间在地理上的隔离，让世界变得更小、更近了，创造了一个不受地理边界限制与束缚的全球工作环境和视野。因此，新技术的飞速发展，不仅提高了企业的经营生产效率，大大降低了交易费用，而且对企业管理方式产生巨大冲击。例如，通信设施和电脑网络的普及改变了企业的销售、市场营销理念和方式；计算机网络和技术的运用，客观上重新分配了企业的内部权力；通信手段和网络技术的发展，使顾客和员工能在获得更多相关信息基础上，提高反应速度和灵活性，创造更多的机会。技术的发展将不断地重新定义工作时间和工作的方式。

正是信息经济和技术的飞速发展，使得企业愈发认识到创造发明技术的人的重要作用。全球知识经济的到来，人力资源管理工作开始逐渐享受到与其他职能部门相同，甚至更高的重视程度。

第二节　人力资源战略管理的流程

37

一、内外环境分析

（一）内外部环境分析

内外部环境的主要内容是：组织所处地域的经济政治形势及发展趋势；本组织所处行业的演变、生命周期、现状及发展趋势等；本组织在行业中所处的地位；竞争对手的现状及增长趋势，竞争对手的人力资源状况；预计可能出现的新竞争对手。内部环境分析主要包括组织内部的资源、组织总体发展战略、组织文化，以及员工的现状和他们对组织的期望。

（二）劳动力市场分析

劳动市场分析的主要内容是：劳动力供需现状及趋势；就业及失业情况；经济发展速度与劳动力供需间的关系；劳动力的整体素质状况；国家和地区对

劳动力素质提高的投入；人力资源的再生现状与趋势。

（三）社会文化与法律分析

社会文化与法律分析的主要内容是：文化习俗；政策与法律、法规；社会流行等。

（四）SWOT分析

SWOT分析是目前战略管理中广泛使用的分析工具。该分析乃是通过了解自己组织的优势（strength）与弱点（weakness）、掌握外部机会（opportunity）、规避威胁（threat），从而制定良好的战略。SWOT分析的信息可通过有关的发掘和搜寻技术获得，并按照一定技术对其进行整合及区分出优先顺序。

（五）组织内部资源分析

组织内部资源分析的主要内容是：人力资源分析，搞清组织内部人力资源的供需现状与趋势；组织可利用的其他资源，如资本资源、技术资源和信息资源，特别是可用于人力资源管理的资源。

（六）组织战略与组织文化

组织战略是组织为自己确定的长远目标与任务，以及为实现目标而选择的的行动路线与方针政策。人力资源战略管理派生并从属于组织的总体战略，组织战略的实施也离不开人力资源战略管理的配合。组织文化决定了组织的价值、观念和行为规范，任何人力资源战略管理及人事政策都必须与组织文化相一致。

（七）员工期望

员工期望与人力资源战略管理的实施密不可分。这容易被忽视。由于人力资源战略管理的长远性，战略的实施必须依靠一支稳定的队伍。而组织中任何一个员工都有自己的期望和理想，当此期望得到基本满足，理想基本实现时，他才愿意留在组织中继续发展，组织的员工队伍才可能稳定发展。因此组织的人力资源战略管理不能不考虑员工的期望。

二、人力资源战略管理制定

（一）确定人力资源管理的基本战略和目标

人力资源管理的战略与目标是根据组织的发展战略目标、人力资源现状和趋势、员工的期望综合确定的。人力资源战略管理目标是对未来组织内人力资源所要达到的数量与结构、素质与能力、劳动生产率与绩效、员工士气与劳动态度、企业文化与价值观、人力资源政策、开发与管理成本、方法水平的具体要求。

人力资源战略管理总体目标确定后需要层层分解到各个部门和个人。分解总体目标并确定子目标时要注意，一要根据部门、员工的自身条件与能力，切不可定出不切实际的子目标；二是分解后的目标应为具体的任务，具有可操作性、可监控性。

（二）人力资源战略管理的实施计划

实施计划是人力资源战略实现的保障。它主要回答如何完成、何时完成这两个人力资源战略管理的问题。即要将人力资源战略管理分解为行动计划与实施步骤，前者主要提出人力资源战略目标实现的方法和程序，而后者是从时间上对每个阶段组织、部门与个人应完成的目标或任务做出规定。

（三）实施保障计划是人力资源战略实施的保障

保障计划对人力资源战略管理的实施从政策、资源（包括人、财、物、信息）、管理模式、组织发展、时间、技术等方面提供必要的保障。

（四）战略平衡

战略平衡是指人力资源战略管理与其他战略如财务战略、市场营销战略等之间的综合平衡。由于各战略一般均来自于不同的部门、不同的制定者，因而它们往往带有一定的部门和个人倾向性，有时会过分强调各自的重要性，以争取组织优惠与更多的资源。因此，组织必须对各项战略进行综合平衡。

（五）资源的合理配置

经过各战略的综合平衡，需将组织内的资源进行合理配置。如果说，实施保障计划是需求的话，那么，资源配置过程则是供给。这个过程是根据战略目标、实施计划与实施保障计划提供战略所必需的一切资源。

（六）人力资源规划

人力资源规划是人力资源战略管理实施计划的具体体现。人力资源规划是一种可直接操作的计划。

（七）具体方法

人力资源战略管理的制定有目标分解法和目标汇总法两种方法。

目标分解法是根据组织发展战略对人力资源管理的要求，提出人力资源战略管理的总目标，然后将此目标层层分解到部门与个人，形成各部门与个人的目标与任务。事实上，人力资源战略管理的制定流程用的就是该法。其优点是，战略的系统性强，对重大事件与目标把握较为准确、全面，对未来的预测性较好。其缺点是战略易与实际相脱离，易忽视员工的期望，且过程非常烦琐，不易被一个管理人员所掌握。

目标汇总法是目标分解法的逆向过程。首先由部门领导与每个员工讨论、制定个人工作目标，在目标制定时充分考虑员工的期望与组织对员工的素质、职能、绩效要求，提出工作改进方案与方法，规定目标实施的方案与步骤，然后组织再由此形成部门的目标，由部门目标形成组织的人力资源战略目标。部门与个人目标的确定往往采用经验估计、趋势估计的方法。显然，这样的估计带有较大的主观臆断，缺少对未来的准确预测，但是，这样的估计却非常简单，因而在现实中经常被使用。该法的优点是目标与行动方案非常具体，可操作性强，并充分考虑员工的个人期望，但这种方法全局性较差，对重大事件与目标、对未来的预见能力较弱。

三、人力资源战略管理实施

人力资源战略管理实施过程中，最重要的工作是日常的人力资源管理工作。它将人力资源战略管理与人力资源规划落到实处，并检查战略与规划实施情况，对管理方法提出改进方案，提高员工满意度，改善工作绩效。

人力资源战略管理实施过程中另一重要的工作是协调好组织与个人间的利益关系。如果这个问题处理得不好，则会给人力资源战略管理的实施带来困难。过分强调组织利益而忽视个人利益，则员工必然会产生不满；过分强调个人利益而忽视组织利益，则会给组织带来成本损失。

人力资源战略管理实施过程中有许多资源是可直接利用的。这无疑可帮助人力资源战略管理的实现。如信息处理的工具与方法、员工潜能的发挥、企业文化与价值体系的应用，等等，都是可利用的资源。

四、人力资源战略管理评估

（一）人力资源管理评估的界定

众所周知，人力资源管理能给组织带来效益和效率。但是，如何才能进行测量呢？不管是人力资源管理的收益还是为此而付出的支出，都难以得到准确的计算值，这说明运用简单的比值法去评估组织人力资源管理效益的做法并不现实可行，还需要研究开发适用的能够反映企业人力资源管理绩效的其他测评方法。

人力资源管理评估是对人力资源管理总体活动的成本—效益的测量，并与组织过去绩效、类似组织的绩效、组织目标进行比较的过程。人力资源管理通过诸如招聘、选拔、培训、薪酬管理、绩效评估、福利管理、组织变革等具体管理行为来实现生产力的改进、工作生活质量的提高、产品服务质量的改善、促进组织变革和建设组织文化五个目标。

通过人力资源管理评估，可以证明人力资源管理部门存在的价值；使人力资源管理对组织目标有显著贡献；为争取更多预算说明理由；从员工和直线主管那里获得对人力资源管理效果的反馈；通过判断何时增加或减少人力资源管理活动来提高人力资源管理的作用；帮助人力资源部在实现组织的共同目标时改进职能和角色；创造使企业有社会责任、伦理、竞争性的价值观。

人力资源管理评估的参与者主要包括：

高层管理者：保证各部门配合人力资源管理评估工作；保证组织内所有部门都得到评估；为人力资源管理评估制定评估哲学和评估战略。

人力资源经理：执行高层管理者的指示；设计人力资源管理评估方案；负责人力资源管理评估的实施。

员工和直线主管：收集人力资源信息和数据；支持人力资源管理评估工作；使用组织提供的人力资源管理资源。

（二）国外人力资源管理评估方法

对人力资源管理进行评估，是美国等发达国家最近20年来发展较快的人力资源管理研究领域。目前在一些管理实践中已经出现如下几种测评人力资源管理工作绩效的办法。

1. 人力资源指数问卷调查

有些组织使用对待企业士气的态度测验来评估人力资源管理部门的工作成效，这些问卷试图将员工的态度与企业绩效联系起来。比如，美国联合特快专递公司在1993年建立起了自动员工调查系统，这被认为是该公司成功的一个关键因素。在美国的一项研究表明，那些自认为在同行业中利润较高的企业比较多地采用雇员意向测验，而那些自认为在同行业中利润较低的企业则较少使用。

现在关于员工意向的调查已经被一些企业和研究者们拓展了，开发出了人力资源指数问卷表，用来将自己公司的现在情况与自己历史情况比较，或者与其他公司相比较，旨在寻求改进人力资源管理的途径。使用者们认为，人力资源指数问卷在评估企业的民意、整体满意度、员工对组织目标的认同度以及辨识需要集中解决的困难或问题方面，是有效的。另一方面，人力资源指数问卷虽然能够说明人与企业效益之间的关系，但没有任何根据说明它们之间存在怎样的关系。

2. 人力资源声誉

有些专家认为，人力资源管理工作的有效性是一种价值判断，因此，什么水平的客观业绩是有效的，什么水平的客观业绩是无效的，要通过人力资源管理对象的反馈意见来判断。持这种观点的人认为，描述顾客心中对人力资源管理活动的感觉是尤为重要的。这类研究表明，顾客感觉的人力资源管理效果与企业的业绩成正比。

另一类研究集中对精通、了解企业当前人力资源管理的人，如企业主管、人力资源的高级执行主管、教员、基层管理者、顾问和商情的传播者等，他们聚集在一起就反映人力资源管理的重要因素做出评估，用以判断企业人力资源管理的政策和措施的效果。其中重要因素包括：公开沟通，激励雇员参与公司决策，以绩效优秀为标准的提升机会，根据雇员绩效确定报酬，对潜力大的管理人员的发现和培养，雇员技巧和能力的有效利用。

3. 人力资源会计

人力资源会计将企业的人力资源作为一种资产或投资来研究，核算人力资源管理政策和活动所导致企业人力资本的变化情况，如计算员工缺勤与离职成本、员工录用和培训的损益分析等。

但是，人力资源会计发展缓慢，其原因主要在于还存在一些尚未得到很好解决的问题，如什么是人力资产，哪些成本应该资本化，如何确定每个员工的价值以及形成价值所需花费的分配等。此外，员工为某个组织拥有或控制的合法性问题，是定义人力资产的前提；人力资源会计所提供的信息也令人怀疑，然而建立可信的信息获得系统所需的成本与信息的价值相比显得昂贵；人力资源管理的开支费用中哪些能作为企业成本，还需要在会计制度上做出定义和改革。

通常，人力资源会计侧重于企业整体的人力资源的价值和贡献，并不着眼于人力资源管理工作部门的业绩。因此，该方法在将人力资源管理工作的绩效与企业绩效相联系上显得不足。

4. 人力资源审计

人力资源审计，就是通过调查、分析和比较来评价企业人力资源管理的有效性。人力资源审计通过对统计数据和研究报告的开发与使用，试图评价企业人力资源管理活动已经取得的业绩状态，使管理者知道存在的问题和改进的方向。

人力资源审计的效果取决于审计指标的确定和指标的底线数值（标准）的拟定。审计值通过访谈、调查、观察以及这些方法的综合使用得到。人力资源审计首先要确定管理要求在人力资源管理领域实现的目标，然后将人力资源管理活动与这些目标相比较。人力资源审计着眼于企业内部人力资源管理功能的有效性，包括人力资源管理部门的各类活动及其执行过程的管理效果，但是这些功能有效性的执行不一定会增加整个组织人力资源工作对组织的贡献。

使用审计方法最主要的困难是审计信息和组织的整体有效性之间没有直接的关系。审计的目的是改善人力资源工作效率、保证有效的人力资源计划的所有部分各就其位、各负其责。简而言之，人力资源审计是必须的、重要的，尽管它可能还不是非常有效的评估人力资源功能的方法。

5. 人力资源案例研究

人力资源案例研究（HR Case Studies）就是通过对企业实施人力资源管理计划、政策和实践的具体案例，对其成功的经验和存在的问题加以总结。

案例研究需要得到人力资源管理部门绩效、与个人接触或者与参与有关人力资源计划或服务的人员访谈得来的数据进行，成功的案例研究具有巨大的价值，可以用较少的花费得到宣传，与实际结果相结合的访谈会增加案例的说服力。

案例研究方法作为一种评估活动，它并不是人力资源管理绩效衡量的标准，而是提供某项活动成功的证明；它通常不能对某项特定计划或整个工作做出跟踪评估，而仅仅是某一时点上的一次性检验；通常是以主观性判断为依据的。此外，对某一个项目成功与否的判断，受到参与访谈者、问卷的填写者和提供其他资料的人的影响。

6. 人力资源成本控制

一般来说，人力资源管理工作的改变或者说开展人力资源管理活动，会带来开支的变化。所以，评估人力资源绩效的一种方法是测算人力资源成本并将其与标准成本相比较。有些组织将其与其他组织，尤其是相似组织的相关成本相比较。

计算人力资源成本在美国是一种普遍的评估方法，美国国家统计局和其他机构通常报告员工成本以及其在薪资和公司预算中的比例。人力资源成本通常包括每一员工的培训成本、福利成本、占总薪资成本的比重以及薪酬成本。

通过对每项成本的核算与比较，能够对于人力资源管理工作的效益进行监控，但是用来作为比较的标准数据本身并不一定是有效的。描述出企业人力资源成本的长期变化轨迹，有助于分析人力资源管理工作的效率。通常，人力资源成本控制方法仅仅利用企业记录资料的一部分。

7. 人力资源竞争基准

当有关人力资源绩效的信息收集了以后，就需要与拟定的标准相比较。标准就是用来比较或对照某事物的模型或测度，如果不知道相比较的组织的跳槽率的话，仅仅知道本组织的跳槽率是多少是没有意义的。一种评价人力资源有效性的方法是基准确定法（benchmarking），就是将特定比较的指标与其他"最好实践者"组织的指标相比较。

人力资源管理专家确定基准，就是试图确定当地在某种方面做得非常好的组织，并将其作为"基准"。获得基准数据的方法包括通过打电话、填写问卷、对基准伙伴的访问等。最常见的人力资源管理的基准绩效评价指标是：总报酬占税前总收入的百分比、内部管理职位占有率、单位员工的销售额和津贴占工资成本的比重。

根据国家统计得来的基准来比较比率指标，是确定人力资源有效性的最好方式。比较活动应该在一个企业内部每年进行，这样可以通过不同年度情况的比较，找出企业人力资源管理存在的问题和已经取得的进展。

8. 人力资源关键指标

美国有学者提出用评估组织绩效的关键量化指标来说明人力资源工作的业绩。影响评估人力资源管理工作对组织绩效贡献度的困难之一，是缺乏合适的数据库。用于人力资源评估的关键指标的数据资料，需要企业建立起人力资源管理信息系统，进行长期不懈的收集、整理和分析工作。这是人力资源管理中有待探索和研究、开发的一个领域。

关键指标方法，将员工态度、缺勤率、投诉率、违纪行为发生率、加班率与组织绩效的测评指标"直接的劳动生产率"和"产品质量"相联系，其中除了缺勤率不与产品质量相关外，其他的所有评估指标均与组织绩效显著相关。一些研究表明，企业高绩效与劳动生产率以及长期的财务状况具有相关性；一些特定的人力资源管理活动，如培训、"自助餐式"福利计划和雇员参与等，与企业高绩效具有一致性。

9. 人力资源效用指数

衡量人力资源管理工作还有一种方法是人力资源绩效指数（Human Resource Performance Index，HRPI）。它是使用大量的人力资源系统数据来建立的，开发者称它能够成功地用来评估企业在招聘、选择、培训和留用等方面的工作。但是目前还缺乏将其与组织绩效相比较的尝试。

最具综合性的研究是由美国学者杰克·菲利浦斯（Jack J. Phillips）研究开发的人力资源有效性指数（Human Resourcce Effective Index，HREI）。他通过对8个工业部门、91家企业的研究表明，人力资源绩效和组织有效性之间存在一定联系。研究中所采用的、被实践证明是可行的6个衡量人力资源部门绩效的指标是：人力资源部门费用/总经营费用、酬金总支出/总经营费用、福利总成本/总经营费用、培训与开发成本费用/总雇员数、缺勤率和流动率（人事变动率）。

人力资源有效性指数由上述6个指标及其有意义的关联式组合而成，其表达如下：总收入/员工总数；资产总数/员工费用；经营收入/员工费用；经营收入/股东、股本总数。

以上指标因其简单明了，易于计算和理解而被人乐于接受。它们在进行不同组织间的比较时很有用，也可以用于组织内部控制和目标制定工作。

10. 人力资源目标管理

目标管理（MBO）是60年代彼得·德鲁克教授提出的一种管理方法，通过确定组织总体目标并进行层层分解、落实到各个单位或个人，辅助以各种考评政策和措施，促进组织目标的实现。人力资源目标管理，就是人力资源管理部门通过确立一系列目标来开展活动，并以目标作为评估工作的依据。早期人力资源管理的目标包括人力预算、工作纠纷、意外事故以及人事变动等方面，如今依旧广为采用，并成为组织预算和目标制定过程中必须考虑的因素。

目标必须是管理者所期望的，或者是为了达到某一高水平绩效所必须要求的。人事变动、缺勤率、工作满意度、员工健康和薪资支出都是可以量化的指标，可以作为人力资源工作的潜在目标。当然，所有这些必须与组织绩效相联系，以使其成为说明人力资源评估的有效方式。

11. 人力资源利润中心

人力资源管理部门作为利润中心运行时，可以对自己所提供的服务和计划项目收取费用，有时还接受由来自组织外部提供的服务。一些典型的人力资源服务项目都可以开展内部市场化运作，如培训与开发项目、福利管理、招聘、安全和健康项目、调遣项目、薪资管理项目和避免工会纠纷等。通过人力资源部门的利润分析达到对人力资源管理工作的评价目的。

根据企业内部市场的概念，人力资源利润中心分析方法的前提是生产、经营、销售和管理等部门享受人力资源服务时需要缴纳费用，当然它们也可以选择组织外部提供的服务（由企业内部市场规则决定）。人力资源管理部门的投资回报，是由分摊到人力资源部门的投资额和人力资源部门提供服务所收的费用决定的。

将企业的人力资源管理部门作为利润中心来分析其工作绩效，是为了适应动态复杂变化的商业环境，使企业具有适应变革的柔性结构的需要；然而，实现分权后的内部市场企业又会产生许多新的管理工作，而且还会遇到前所未有的新问题，需要用新的管理思想和管理方法加以解决。它们包括：利润中心绩效的核算与控制、管理信息系统的建立、内部市场规则的制定、内部市场中的兼并与转移、孵化内部企业家；战略计划和企业文化的建设等。

12. 投入产出分析

将投入产出分析应用于分析企业的人力资源管理工作效益的基本思想，来源于投入产出分析技术中劳动被作为"投入"的思想。

在利用投入产出分析技术测评人力资源管理工作的效益时主要问题是企业成本的投入核算，如果仅仅考核单一的人力资源管理活动效益的话，那么还得测算企业效益中有多大成分是由此项活动导致的。通常企业的物质投入和工资成本都有一定的记录，能够得到较好的计算，同样，一定时期企业的收益也是可以核算的，因此，我们主张在利用投入产出技术分析人力资源管理的效益时从整体上测评，而不是对单一管理活动进行测评。

13. 人力资源指数

人力资源指数是由美国弗雷德·舒斯特教授开发的，由报酬制度、信息沟通、组织效率、关心职工、组织目标、合作、内在满意度、组织结构、人际关系、员工参与管理、工作群体、群体间的协作能力、一线管理和管理质量等15项因素综合而成。人力资源指数不仅说明企业人力资源绩效，而且反映企业的组织环境气氛状况，包括内容比较广泛。与其他指数不同，人力资源指数是通过员工对15项人力资源工作的满意度来获得对企业人力资源工作及整个组织环境气氛状况的评价。笔者在美国做博士后研究时，与舒斯特教授一起研究人力资源指数问卷，并根据中国情况重新设计了一套适合中国国情的人力资源指数问卷调查表。

14. 应用人力资源研究的评价方法

人力资源研究就是通过数据分析来决定过去和现在人力资源实践的有效性。研究通常可分为初始研究和第二手研究。在初始研究中，数据是在一定的项目研究下第一手收集起来的，像态度调查、问卷、访谈和试验，都是初始研究的方法。第二手研究是利用著作、专业期刊论文或其他来源的他人已有的研究数据从事研究。如果计划从事初始研究，应该首先决定什么是希望研究的。比如，研究员工跳槽的原因，对待柔性工作时间的态度，就业前的生理检查与员工报酬要求的关系等。初始研究在实际工作中是为了解决组织特定的问题而进行的。常用的初始研究模型有试验和样板项目、员工态度调查和离职面谈（exit interviews）。

15. 组织健康报告法（OHR，Organizational Health Report）

这种方法由珍妮弗·菲奥雷利（Joseph S. Fiorelli）等于1998年提出。OHR指数选择了5个方面作为评价的主要因素，这些因素是：（1）顾客联络单。该单由公司客户填写，描述客户与公司在人力资源方面的联络情况及对人力资源管理效率的评价，在OHR指数中该项的权重是27%。（2）离职率。该项指标每四个星期测一次，记录每四周自动离职的员工比率，在OHR指数中的权重是 20% 。（3）监察员记录。监察员是公司调解劳动关系的专门工作人员，为给投诉者保密，监察员只提供投诉的频率，这项内容在 OHR 指数中的权重是 13% 。（4）离职率超差（Burnout）。衡量组织实际离职率与离职率目标的差距，鼓励企业有一定的离职率，不应过高或过低。（5）员工调查。占 OHR 权重的 33% ，既进行年度常规调查也不定期进行临时调查。

16. 人力资源记分卡（HR score – card）

人力资源记分卡由布赖恩·贝克、马克·休斯利德和戴维·乌尔里克（Brian Becker, Mark Huselid, and David Ulrich）根据他们对 3000 家公司的研究创立，勾画了将人力资源管理根植于公司战略的七步程序，并依据这七步程序对企业的人力资源管理进行评价。它们是：（1）明确定义公司战略；（2）建立人力资源作为公司战略资产的情境；（3）创立战略路线；（4）明确人力资源在战略中的角色；（5）使人力资源结构与其在战略中的角色一致；（6）设计人力资源管理评价系统；（7）通过评价实施人力资源管理。

17. 人员能力成熟度模型（People capability maturity mode，P – CMM）

P – CMM 是由卡耐基·梅隆大学软件工程研究所于 1995 年提出的针对不同人力资源管理水平的过程管理指南，其特点在于通过过程性标准和结果性标准诊断组织人员能力成熟度，并明确不同成熟度的企业具体应如何改进。P – CMM 为不同成熟度的每个人力资源管理过程领域提供了目标和实现目标组织应尽的义务、应具备的能力、需进行的关键实践活动、基础活动、评价标准和检查措施。因此 P – CMM 既可以作为企业人力资源管理的指南，又可以基于 P – CMM 对企业的人力资源管理过程和结果进行全面的评价。

（三）中国人力资源管理评估方法介绍

47

国外在人力资源管理评估方面的研究已经较为成熟，我国学术界在人力资源管理评估这方面的研究尚处于刚起步探索阶段，但也相继出现了一些比较成熟的评估工具与方法。

1. AHP 模式

中国台湾的谢炜频建立了"台湾企业人力资源管理效能衡量模式"。该模式通过 AHP 层次分析法建立了一个四层、64 个指标的指标体系，每个层次均测算了相对权重和绝对权重。该模式从以下四个方面对企业人力资源管理进行结果性评价：技术性人力资源管理、策略性人力资源管理、人力资源管理者专业才能和人力资源管理者经营才能，但忽略了适应环境变化、国际人力资源管理、企业伦理、企业文化与价值观塑造等方面的绩效。

2. 人力资源指数

"人力资源指数"是美国的舒斯特教授于 1977 年开发的，由报酬制度、组织沟通、合作、组织环境等 15 个因素综合而成。研究者在美国、日本、中国、墨西哥许多企业使用 HRI 进行调查，并在此基础上建立了地区标准和国家标准。其中，中国标准是由赵曙明将 HRI 的问卷中国化后，在中国 2000 多家企业调查后建立的。

3. 人力资源管理评估的标准和过程（张明辉等，2000）

评估标准分为 3 个方面，26 个指标，这 3 个方面是：绩效测量（总体人力资源管理绩效与人力资源部的成本和绩效）、员工满意度测量（工作满意度及对人力资源管理职能的满意度）和员工绩效的直接测量（流动率、缺勤率、次品率、工作转换要求率、抱怨率和安全事故率）。不难看出这几个方面相互包含，如流动率，缺勤率几乎是学术界公认的测量人力资源管理绩效的指标，因此很难说这是一个科学的评价体系。

4. 中小企业人力资源管理的指标体系（马思宇，2001）

分为 7 个方面，26 个指标，这 7 个方面是：岗位及职务方面、招聘与组织发展方面、培训方面、业绩管理方面和其他方面。这几个方面涵盖了人力资源管理的主要内容，但忽略了人力资源管理战略、人力资源管理者才能等方面的内容，而且没有将各个方面集成为一个评价系统。

对于企业人力资源管理的评估由于有不同的假设和方法，目前尚缺乏公认的成功工具。像人力资源问卷调查、人力资源信誉分析等定性的评估方法，由于评估指标以及评估标准的选择一定程度上会受到人为主观因素的影响，因此，评价结果的公正性、客观性受到人们的怀疑；像人力资源会计、投入产出分析等定量的评价方法，虽然具有较高的可信度和精确度，但是由于需要企业拥有完善的信息系统和长期的历史数据为基础，因此，现实中应用成功的案例并不多。所以，根据一个企业的具体情况，采取定性与定量相结合的评估方法，是未来的发展趋势。

（四）小结

值得指出的是，人力资源管理评估的结果好坏不是企业管理的目标，测评的本身是一种管理工具，通过测评活动促进企业人力资源管理效益的提高，尤其是增强对组织目标实现的贡献。有关人力资源管理的评估理论与方法研究，是人力资源管理中需要继续深入的研究课题。

人力资源战略管理评估是在战略实施过程中寻找战略与现实的差异，发现战略的不足之处，及时调整战略，使之更符合组织战略和实际的过程。同时，战略评估还是对人力资源战略管理的经济效益进行评估的过程。人力资源战略管理经济效益评估主要是进行投入产出分析。

第三节　组织变革

一、组织发展与变革

(一) 变革的动力

在今天这个时代，越来越多的组织所面对的是一个动态的、变化不断且又必须去适应的环境。能够激发变革的力量包括：劳动力性质、技术的发展、经济的冲击、竞争激烈、社会趋势和世界政治变化等。几乎每个组织都不得不进行调整，以适应多元化的环境，为了吸引和留住更为多样化的劳动力队伍，人力资源政策和实践也必须加以变革。另外，很多公司不得不在培训方面花费大量的金钱，以提高员工在阅读、数学、电脑以及其他方面的技能；技术正在改变着工作和组织，由于计算机控制取代了直接监督，管理人员的控制范围更为扩大，并且使组织结构也趋于扁平。复杂的信息技术也使组织对外界的反应更为迅速；20世纪70年代初，随着石油价格一夜之间翻了两番，经济冲击一直在不断迫使组织进行变革，竞争本身也在发生着变化；在当今经济全球化的形势下，你的竞争者可能与你来自同一个城市，也可能漂洋过海来自大洋彼岸。日益激烈的竞争，使组织有必要更好地保护自己，抵御来自开发了新产品和服务的传统竞争者及具有创新精神的小型私人企业两方面的竞争。

(二) 实施有计划的变革

有计划变革的目标主要有两点。首先，力求组织能力的提高以适应环境的变化；其次，改变员工的行为。

一个组织要生存，必须能够对周围环境的变化做出反应。当竞争对手推出新的产品或服务，政府机构施行新的法律，失去重要的供给来源，或者诸如此类的环境变化发生时，都需要组织去积极应对。建立新的工作团队、分散决策权和形成新的组织文化等，都是针对环境变化而实施有计划变革的例证。由于组织的成功或失败必然取决于员工的所作所为，有计划的变革同样注重改变组织中员工及团队的行为。

(三) 变革的阻力

在对个体和组织行为方面进行研究的过程中，得到的结果是：组织及其成员抵制变革。从某种意义上讲，这种抵制是积极的，它使行为具有了一定程度的稳定性和可预见性。如果没有抵制，组织行为会变得混乱和随意。对变革的抵制还可以成为具有功能方面意义的冲突的起源。例如，对组织重组计划或生产线改进方案的抵制，会激发对这些变革优缺点的有益讨论，从而产生更为完美的决策。但是，对变革的抵制也有显而易见的负面作用，它阻碍了适应和进步。

克服变革的阻力，可以通过与员工进行沟通，帮助他们了解合乎逻辑的变革理由；在变革决定做出之前，应该把那些持反对意见的人也吸收到决策过程中来。因为对于个人来说，很难抵制自己也参与了决策的变革；变革的倡导者可以通过在一定范围内提供支持性措施来减少阻力；处理潜在变革阻力的另一个方法是，以一些有价值的事物来换取减少对变革的抵制；最后一项政策是强制，也就是直接对抵制者实施威胁和压力。

二、学习型组织

学习型组织是 20 世纪 90 年代的理想。在这个时代，管理人员不断地投资于雇员学习，使他们能学习、成长和做出贡献。雇员们用一种新的忠诚（对学习、成长和贡献的相应承诺）来回应。在这种组织中，要集中所有的能量，必须有一种超越一切的、共同的愿景和目的。学习型组织认真地接受不断改进的思想。雇员们不懈地寻求改进工作方式和决定产品及服务质量的手段。学习使雇员们能试验新的想法，偶尔会犯错误。学习要求从每日工作中抽身出来，重新检查工作是如何做的。

彼得·圣吉是《第五项修炼》一书的作者，他全面阐述了学习型组织的思想。学习型组织的五项修炼内容为自我超越、心智模式、共同愿景、团队学习和系统思考。具体内容如下：

（一）自我超越

自我超越是建设学习型组织的第一要务。对于任何组织来说，学习的关键因素不在于政策、经费或时间计划的安排，而在于成员的状况。个人学习是组织学习的起点，个人需要、个人成长和学习的修炼，使他们能不断扩大创造性的贡献。缺乏目的、愿景或修炼意识或追求个人发展意愿的人，则可能只限于为自己的组织做贡献，而忽略了对整体战略的考虑。因此，管理人员应当放松对员工的约束，提供一种促进学习和促进寻求个人发展的氛围，使个人的发展与企业的发展相适应。

（二）心智模式

在传统的组织中，人们常见的思维方式是根据自己的设想进行思考和行动，通常按照现有的等级制度、工作内容和职权范围来考虑既定的行为规范，以当前和以往的情形作为决策的依据。在学习型组织中，要对这种思维方式进行变革，克服个人思维模式存在的片面性和局限性。学习型组织的心智模式要求员工采取公开、信任、有效利用数据的方法来合理推论和解决问题，合理规划是改变心智模式的一种极好的工具。

（三）共同愿景

学习型组织的第三项修炼，是让人们建立个人愿景和形成共同愿景。它要求人们互相交流，倾听他人的想法，彼此分享个人愿景，一起推论个人的期望和组织发展战略。学习型组织的这一项目是通过对共同目标的认可，建立伙伴关系，彼此结成一个密不可分的团体。作为组织来说，应当给团队成员以承诺，而不能仅仅要求团队成员一味顺从。

（四）团队学习

团队是介于个人与组织整体之间的组织成员单位。在团队中，每个人都应当与同事一起努力去实现组织目标，不断更新自己的知识和能力水平。它要求团队成员间克服习惯性防卫，减少沟通障碍，并鼓励员工共同学习和行动而非个别学习和行动。在团队学习中，深度会谈和讨论是最重要的学习方式。

一个组织的竞争能力取决于所有员工一起开发自己的能力，从而增加整体竞争优势。在学习型组织中，团队学习能够促进成员们的协调一致，也促进团队的创造性，并有利于团队目标的提升和达成共识，因而成为实现企业战略的技术手段。

（五）系统思考

组织"系统"的所有要素都是互相依赖的，个人不能独立建成学习型组织，上述四项修炼中的每一项，都有助于并依赖于系统思考。系统思考的功用是引导人们从看局部到纵观整体，从看表面到洞察内部，从静态到动态。

系统思考的核心概念是反馈，即学习经验和他人学习，需要不断地认识和检查反馈。在学习型组织中，每个人都是实践者，每个人都是领导者，每个人都在选择学习的方法和内容。

三、组织创新

影响组织创新的因素包括结构因素、文化因素和人力资源因素等。

（一）结构因素

结构变化经研究证明是最具潜力的创新源泉。关于结构与创新型关系的发现，可以得出下面的结论：

（1）职能性的结构可以积极地影响创新。由于职能化组织在垂直差异、形式化和集权化方面程度较低，可以促进组织的灵活性、适应性和优化组合，使组织革新的实施更容易。

（2）管理者的任期长短与创新亦有关系。管理者长期任职显然有其自身的合理性，它使我们了解如何完成工作并获得期望的结果。

（3）资源宽松有利于组织创新。如果一个组织拥有丰富的资源，它就可以负担得起创新的费用，承受推行创新所需要的成本，并能够承受创新的失败。

（4）在创新型组织中，其组织部门之间的沟通程度必然是很高的。这些组织大量使用委员会、工作压力、功能交叉以及其他机制，使跨越各层部门之间的互动变得更为容易。

（二）文化因素

创新型组织的文化倾向于具有一定的相似性。他们鼓励进行实验，对成功和失败都给予奖励，即使犯了错误也予以庆贺。但很遗憾的是，有太多的组织看重的是无过而不在乎有功。这样的文化把冒险和创新扼杀在了摇篮之中。因为只有当人们感到不会因为提出或尝试新的主意而遭到惩罚时，人们才会去做这样的事情。

（三）人力资源因素

创新型组织积极地训练和发展他们的员工，使其总是能够跟上当前的步伐。他们为员工提供高程度的工作保障，使员工不必担心因犯错误而被解雇，同时他们还鼓励个人成为变革拥护者。一旦提出新主意，这些变革拥护者们积极热情地予以推进，提供支持，克服阻力，保证创新过程的顺利进行。

可以说，组织创新是继学习型组织五项修炼后的"第六项修炼"，在人力资源战略中占有重要的地位。创新型组织的文化倾向于具有一定的相似性：他们鼓励进行实验，对成功和失败都给予奖励，即使犯了错误也予以庆贺。但是，现实生活中太多的组织看重的是"无过"而不在乎是否"有功"，这样的文化必然把人的冒险和创新精神扼杀在摇篮之中。

本章学习要点提示

【重要概念】

SWOT 分析　目标分解法　目标汇总法　人力资源管理评估　人力资源审计　人力资源指数　投入产出分析　学习型组织

【复习思考题】

1. 简述人力资源战略管理的背景。

2. 人力资源战略管理的流程如何进行？

3. 简述人力资源战略管理的内外环境。

4. 人力资源战略如何制定？

5. 人力资源战略管理如何进行实施与评估？

6. 组织变革的内容有哪些？

7. 影响组织创新的因素有哪些？

8. 如何理解学习型组织？

讨论案例

宅急送和联邦快递人力资源策略比较

一、联邦快递和宅急送

宅急送1994年1月18日成立，截至2006年，宅急送全国拥有480家全资分支机构，1万个代收点及1000多家特许加盟经营合作网络，业务覆盖全国2000多个城市和地区，年货物周转量达7000万件，年业务量保持45%的增长率。多次被中国物流与采购联合会、中国交通运输协会评为"中国最具成长性物流企业"、"中国最具竞争物流企业"、"中国百强物流企业23名"。宅急送的目标是做中国的"联邦快递"。

联邦快递是全球最具规模的快递运输公司，为全球超过220个国家及地区提供快捷、可靠的快递服务。其设有环球航空及陆运网络，通常只需一两个工作日，就能迅速运送时限紧迫的货件，而且确保准时送达。联邦快递集团激励旗下超过26万名员工，其年收入高达320亿美元，屡次被评为全球最受尊敬和最可信赖的雇主。

二、联邦快递的人力资源策略

在世界级大公司中，联邦快递属年轻公司。在不到30年的时间里跻身五百强，除了得益于良好的管理和机遇之外，同样得益于值得民营企业学习的用人之道。

（一）较低的人员流动率，极少裁员

在美国经济下滑的时候，各快递公司忙着裁员，而联邦快递首席财务官阿兰·格拉夫说："我们正在尽一切可能避免裁员，因为我们相信这一行业将会继续发展。联邦快递的这一政策有其针对性。该公司需要大量的技术熟练、经验丰富的飞行员和司机；如果逆境大幅裁员，快速发展时就不一定能招到足够的熟练司机和飞行员了，从而影响到公司的长远发展。"

（二）注重授权和沟通

联邦快递公司亚太区总裁戴维·坎宁安（David Cunninghan）说："我们的人力资源管理理念由许多不同的方面组成，沟通是其中最重要的。作为管理人员，你要对你的员工了如指掌。"公司通过沟通和授权，不仅仅尊重员工更凸显了员工的价值。联邦快递在世界各地的每位员工，从客户服务代表到总经理，皆可自主做出决定，并畅所欲言来表达自己的观点。联邦快递每年要在全公司范围内搞一次自我批评。公司还对每位员工进行不记名调查，要求员工对经理们的管理能力、员工自己的工资、工作条件及对公司的总体满意度打分。经理们的奖金也部分地与他们在调查中的得分挂钩。

公司设有一个类似审判申诉的程序，员工和经理们的纠纷可直达公司高层，由高层裁决，从而在最大程度上避免了因纠纷引起的不和与内耗。其沟通形式的创新，开放式的整体环境极大地提高了员工的积极性。联邦快递还有一个内部卫星电视网，每天向全世界 1200 个地点播报公司的最新动态。此举颇有助于加深员工对公司的了解。

（三）管理本土化，为员工进行职业规划，关注管理人才的发掘和培养

联邦快递之所以能成为世界快运业巨头，原因之一是它拥有众多的领导人才，而且就亚太地区而言，执行的是管理人才本土化。该公司设计出了一套程序，把普通员工培养成富于创造力和关心细节的中层甚至高层管理人员。公司确定了成为管理人员的 9 种品质，凡认为自己已具备这些品质的员工，都可以进入公司独特的管理人员筛选程序——领导评估与发现程序。每年，参加筛选的员工有 3000 多名。人数之多在世界上恐怕也是比较罕见的。

（四）制定针对性政策吸引人才、创造机制留住人才

联邦快递亚太区总裁简力行在香港人力资源大会上说："中国的情况较麻烦，因为只要是有某种能力的人才，都有人想挖走。"他正想方设法把每年的人员流动控制在 10% 以内。对外企来说，支付高工资并不一定是留住人才的方法。联邦快递认为，"工资当然要有竞争力，但通常一个人离开并不是因为钱，而是对管理感到不满。如果员工在公司得到发展的机会，公司就能留住人才。"

三、宅急送的人力资源策略

（一）组建本土快递业管理军团

针对有些民营物流企业的崇洋习气，即盲目崇尚聘用国外职业经理人的做法，宅急送有自己的认知和选择。外籍职业经理人有先进的理念，能够为企业带来良好的经验；但是，外籍经理人未必了解国内的市场和文化，磨合期过

长，同时一旦失败，风险过高。所以宅急送确定了管理本土化的人力资源战略。

（二）绩效领先，能者上庸者下

宅急送有一支相对完善的人才梯队，由职业经理人、高级管理者、管理者和预选干部组成。总公司一年一度对分公司经理进行干部考核，由高层考评其一年的工作绩效。考评结束后，确定晋级，有降级或者"出局"。至 2005 年，参加绩效考评的经理人 145 人，223 人次。目前参加过评选并在职的人员共 78 人。2005 年的干部考评中选出职业经理人 5 人、高级管理者 14 人，另 30 人为管理者。在宅急送奉行的信条是"经营分公司就是经营分公司经理"。不管严格的管理，还是温柔的培训，一切从经理开始。经理的升迁和任用以严格的绩效考评结果为依据，能者上庸者下。

（三）综合手段提高员工素质

宅急送非常注重管理层培训。所有老总必须参加宅急送与北京工商大学商学院合作开设的研究生班，学习与国外接轨的现代化物流经营与管理课程。考核合格者会被提升至重要城市的分公司任职。宅急送举办过 60 多期"分公司经理及预选干部培训"，参加培训的是分公司"重量级"人物，授课的是总裁、副总裁、总监。培训极具针对性，在每一节课之前，都会对参训人员进行一次摸底考试，从实践到理论，分公司经理在经营管理上欠缺什么培训什么。最后的考核以总裁与分公司老总对话的形式进行。

注重管理层培训同时关注一线员工培训。面对外资四大巨头加快了向中国挺进的步伐，邮政的改革降临，以及中铁行包与快运的整合，使宅急送面临了强有力的竞争。宅急送为应对竞争，在人力资源上从提高员工素质着手，从招聘、培训、提高员工薪金待遇着手，重点突出对员工的培训。2006 年被确定为宅急送的员工年。公司购买了"大篷车"，进行巡回培训，把培训往一线延伸。

（四）培养具有传统特色的企业文化

利用"家"文化增强员工凝聚力。物流快递企业的人员组成很复杂，员工工作地分散，各自的能力又有差异；而且高端和低端都在一个企业系统里，有价值观、性格、文化的冲突也是必然的。针对这种本土物流快递的"特色"，宅急送建设了传统特色的"家"文化。这个文化的核心就是把公司做成大家庭，员工是重要家庭成员。比如公司举办的"长城上的集体婚礼"、"青岛湖边鹊桥会"，就是实实在在地进行人性化管理。

（五）在完善考评制度情况下，实施高薪、高福利激励

宅急送的理念是"钱挣得多的公司就是伟大的公司"。它对员工的薪酬激励、福利关爱恪守的原则是"福利到老，关怀到老"，同时实施期权激励，对为企业做出突出贡献的人配股，将来还要往"合伙人"政策方向发展；凡转正的员工都有社会保险，特殊岗位员工有意外伤害医疗保险，享受带薪休假待遇，直至退休终老。

在薪酬分配方面，宅急送采用平衡计分法，把分值变成钱，把权职作为百分比。结果是宅急送的员工工资落差很大，有的800元/月，有的50万元/年。但是企业认为此薪酬分配方法科学公平，不会造成员工之间激烈的碰撞。

（六）建立高效沟通机制

为高效而公正地解决公司与公司之间、公司与个人之间、个人与个人之间，以及内部与外部之间的各种争议、纠纷和投诉，保护员工的合法利益，维护公司的正当权益，依据有关法律条款和公司实际情况，总公司成立了"宅急送最高仲裁庭"。

仲裁的范围包括：公司之间的服务事故投诉；干部员工之间引发的矛盾冲突；公司与员工之间的劳资纠纷；重大管理问题的责任认定；重大车辆事故的内部责任认定；干部员工个人家庭问题引发的纠纷；干部员工由于经济问题需要仲裁的；公司处理问题不公引发的争议等。

同时，员工对公司的管理、经营业务及奖罚有提出投诉和申诉的权利。宅急送在各区设有纳言箱，由总经理直接开启听取员工意见。员工反映的问题可以与对口部门联系，也可以越级提出投诉与申诉，各种投诉、申诉最迟一周内予以答复。

[讨论题]

1. 联邦快递和宅急送的人力资源策略有何异同？

2. 联邦快递和宅急送不同的人力资源策略哪种更好？为什么？

3. 请简要分析当代不确定的经营环境可能给企业发展带来哪些机遇和挑战。如何进行人力资源战略管理的应对？

第三章　组织结构设计与
人力资源规划

学习目标

- 掌握组织结构的基本类型
- 了解现代组织的特征
- 了解影响组织结构设计的因素
- 掌握人力资源规划的含义、作用和原则
- 了解企业实施人力资源规划的困难与措施
- 掌握人力资源规划的目标和流程
- 掌握人力资源规划的内容
- 了解人力资源规划与企业战略

本章导读

有名无实：人力资源还不是战略伙伴

今天，人力资源正在进入一个"新世界"——跻身于企业组织生活的中心。此前，谁曾料想到，在短短数年内，人力资源竟然会如此迅速地被要求进行转型以成为内部的变革中心，或者被要求在建立和保持全球业务的竞争优势方面扮演如此重要的角色。

一、人力资源变得更具战略意义了吗

人力资源转型的前景在于要让人力资源扮演更加具有战略性和咨询性的角色，从而使企业能够顺利地利用其人力资本达到其业务目标。为实现这一点，人力资源就需要参与业务运营战略的界定，并且发挥其助推作用，将此战略转化为实际行动。

在中国，当被问及人力资源是否具有战略意义时，63%的受访者的答案是

肯定的，大约25%的受访者认为人力资源有决策权。调查结果表明在亚洲和中国，人力资源越来越被认为具有战略意义，但目前只是很小一部分人力资源拥有决策权。

在中国的调查结果还表明，超过50%的人力资源部门期望将相对较少的时间用于行政性事务，而将较多的时间花在战略性事务上。另外一个调查结果显示战略人才储备和继任计划成为人力资源战略性工作的主要切入议题。

二、战略性人力资源的障碍

许多受访者表示他们具有战略性地位，但是没有决策权。对于他们来说，关键的障碍可以理解为恶性循环的一个相互联系的系统。例如，过于忙于救火（处理紧急事务性工作）可导致人力资源管理等无法投入足够的时间来理解不断变化的业务动态，或者人力资源管理等无法投入足够的时间来提高人力资源员工的能力。而反过来，对业务缺乏理解又导致人力资源产生负面的感知，会使人力资源管理等无法在各种复杂程度的人力资源信息系统下有效地分析人力资源数据。

根据在中国的调查，最大的三个转型障碍是：人力资源职能的领导力、人力资源价值的业务认知以及人力资源管理等的技能和能力。

人力资源转型的目的是使人力资源管理更具战略意义，将其从行政性事务中解放出来。然而，人力资源职能是否具有战略意义和人力资源管理有效性高度相关。也就是说，如果我们要拥有一个有效的人力资源管理，我们就应该使其更具战略意义。反过来说，如果我们要拥有战略性的人力资源管理，我们就应该使其更加有效。

三、首席执行官的参与日益增多

与我们2003年的研究相比较，今天有很大一部分人力资源领导直接向他们企业的首席执行官汇报。对于那些人力资源并未被当做战略合作伙伴或人力资源管理等没有任何决策权的公司来说，首席执行官需要进行更多的管理指导，就政策和计划等问题进行指示。

另一方面，对于那些人力资源管理部门虽然被视为战略合作伙伴但并不享有决策权的公司来说，直接向首席执行官汇报会是一种理想的方式，因为那样人力资源管理就会处于一个有利位置，可以在政策和计划形成之时对它们施加影响。

我们发现，首席执行官对人力资源管理施加的这种引力拉动作用，使得人力资源管理转型日益和企业组织内发生的更广泛的变革联系在了一起。然而，这种现象的产生是因为积极的原因还是消极的原因，目前还不是很清楚。

（资料来源：美世咨询：《中国经营报》2008年2月4日）

第一节　组织结构设计概述

一、组织模式

组织，是指为了达到特定的目标而通过分工协作与不同的权力责任所构成的人的集合（参见赵西萍、宋合义、梁磊编著《组织与人力资源管理》，第39页，西安交通大学出版社1999年版），又是一种复杂的、追寻自己目标的社会单元（参见美国当代著名组织理论家本尼斯的观点，引自江西人民出版社《西方管理学名著提要》第271页）。

组织结构，则是组织在解决分工关系、部门化、权限关系、沟通与协商、程序化五个问题时所形成的组织内部分工协作的基本框架。①

在长期的经济发展历史进程中，微观组织的管理模式也发生了一系列的巨大变化。总的来看，组织结构有以下几种基本类型：

（一）直线制组织

直线制组织是最简单的自上而下的集权式组织结构类型，其最主要的特征是不设专门职能结构，管理系统形同直线。该种组织的优点是结构简单、权责明确、协调容易、管理效率高；缺点是缺乏专业化管理分工，对领导人员管理才能要求很高，仅适用于较小规模的组织。

（二）直线—职能制组织

直线—职能制组织是直线制组织的扩展和强化。该种组织实行组织的领导者统一指挥与职能部门参谋、指导相结合的组织结构类型。

从总体上看，直线—职能制组织与直线制组织都属于金字塔形或科层制组织。直线—职能制组织的特征，是各级行政负责人都对业务和职能部门二者进行垂直式的领导；职能管理部门在直线制基础上使某种管理工作专业化，它可以协助领导管理和决策，但没有直接指挥权而只能对业务部门进行指导。这种组织形式的适用面较广，但也有一定问题，即在大型组织中各个部门间联系和协作会变得相当复杂。

（三）事业部组织

事业部组织形式的原则是"集中决策，分散经营"，此原则有很多优点：其一，权力下放，使领导人员有更多的空间制定企业长远计划；其二，各部门负责人自行处理日常事务，有自主权和主人公意识，能够提高管理的积极性和

---

① 参见王利平《管理学原理》，第146—147页，中国人民大学出版社2000年版。

工作效率；其三，各部门高度专业化工作；其四，各个事业部门权责明确，物质利益和经营状况紧密挂钩。该种组织的缺点在于人员膨胀，各部门融合度协作性不高，整体利益易受损害。

（四）矩阵制组织

矩阵制组织结构是由职能部门系列和项目小组系列纵横两个管理系列交叉构成，形成双道命令系统。它的优点主要有："纵横"得到联系，加强了职能部门间的协作和配合；把各部门的专业人员集中组建；方便一些临时性的特别是跨部门工作的执行；使组织的综合管理和专业管理结合。其缺点主要是由于结构的复杂性使一些小组成员工作精力被分散。

（五）集团公司组织

公司制度是现代企业的一般组织形式。在现代市场经济国家，由于经济竞争、兼并、控股和重组，形成许多大托拉斯、联合公司、跨国公司，即形成集团公司体制。在集团公司内部，存在着一个以至多个大的母公司，它（们）又控制着一定的子公司。子公司的功能是组织生产经营活动，成为利润中心。

二、现代组织的特征

（一）现代组织的变化背景

当前，世界正在面临一次新的"企业革命"。彼得·德鲁克指出，我们已经"跨入了一个组织、管理和策略变革的新纪元"。

从世界的角度看，在经济全球化和科学技术高速发展的情况下，企业组织正在呈现出科学化和人本化的趋势。科学化是指组织本身的科学性，包括管理科学的发展对组织形式的冲击与推动，结果是向能够创造更大效益的新组织形式演变。人本化则是强调以人为本，企业组织结构的设计，要以"对人的关心"作为出发点，以利于发挥人的潜能、促进人的成长和提升人的价值。组织变革的科学化，激化着中层人员的竞争态势；而组织变革的人本化，为人才的创造性发挥和人的全面发展注入了新的活力。

美国组织与人事管理专家吉福特与乔特在《直线制组织结构的兴衰》一文中，对未来知识经济条件下与以往工业经济条件下人的"工作实质"进行了对比，指出有以下七种变化：（1）从非熟练性工作到知识工作；（2）从枯燥重复性工作到创新和关心；（3）从个人工作到团队工作；（4）从职能性工作到项目性工作；（5）从单一技能到多技能；（6）从上司权力到顾客权力；（7）从上级协调到同事协调。从上述七种变化中可以概括出其总变化：在未来的组织中，对人的知识、才能、创造性、协作性的要求将普遍上升。反过来，工作者对组织的要求是能够吸纳知识多、才能高的人，能够为员工的创造性提供更多的机会和舞台，能够更加有利于人与人之间的交流与协作。

（二）现代组织的变化方向

在这种变化的格局下，现代组织结构也出现了诸多变化，一些新型组织已经初露端倪，这对组织的人力资源开发与管理提出了新的要求。现代组织的变化主要有以下几个方面：

1. 扁平化

扁平化是当代组织变化的一种新趋势，指组织的阶层减少和管理跨度加大。人性化、人本化是一种社会潮流，具有人性化和人本化特征的组织因而会有无限的生命力。与此相对比，传统金字塔形结构的组织具有不可忽视的缺陷，因为其众多的层次、严密的分工是以"事"为本、以"权力"为灵魂，对信息沟通造成障碍，对人的能动性造成压抑。组织结构走向扁平化，不仅减少了组织内部的沟通环节，提高了管理效率，而且也是符合人性特征的，因此，扁平化组织才应运而生和逐步扩展。

2. 柔性化

与扁平化组织同时出现的，还有各种"柔性化组织"。所谓柔性化，是指工作组织及其工作内容的强制制度减少的趋势。这是当代组织变化的一种新趋势。柔性化组织所强调的柔性，包括组织结构的柔性、管理的柔性和工作时间的柔性等。柔性化组织中有一种"变形虫"组织，它强调组织成分的随机组合，打破单位内的组织壁垒，吸收组织外最适合做某种工作的人一起组成临时性的组织，在完成工作任务后即自行解散。

3. 可塑性

可塑性更加侧重组织的目标与组织发展，组织结构本身随着组织目标与组织发展而会被塑造。组织的可塑性包括三种要素：一是广泛的内部跨单位网络；二是用市场机制来协调大量以盈利为中心的内部单位；三是通过与外部协作伙伴的合作，创造新的优势。

4. 灵活性

灵活性是高度竞争条件下的现代组织非常重视的内容。"变色龙组织"在此方面具有代表性。进一步说，变色龙组织具有极大的灵活性、个人的承诺、充分运用团队、扎实的基本功和尝试多样性五大特征。变色龙组织的最大特点，是其不断地适应环境而随时变化自身。

5. 虚拟化

虚拟组织，是在当代社会向信息社会发展的背景下，"由若干项技术的会聚产生的功能特征而形成的公司结构，……是技术加速融合的结果"。虚拟组

61

织有"人员、目标、连接"三要素。在虚拟组织的形式下，组织的员工由"组织内部"变为"跨组织"；工作方式由"当面沟通"变为"网络沟通"；管理方式由"奖罚控制"变为"目标导向"。

三、影响组织结构设计的因素分析

组织结构是企业存在发展的形式，组织结构合不合理，对企业有非常大的影响。而影响企业组织结构的因素有很多，一般地认为有企业环境、企业战略、企业的技术、人员的素质、企业的规模和企业生命周期，等等。因为要考虑的因素过多，难免在进行组织结构设计时会出现混乱，失去重心。这个重心是指应该更多考虑的因素，而那些不重要的因素就要弱化甚至省略。要达到这个目的，就要对这些因素进行分类，分析其内在联系，以及对组织结构设计的影响程度，以致找到进行组织结构设计时的主线。

组织结构设计的一般权变因素分为企业外部环境、企业内部资源和企业战略三类。除了原有的企业外部环境和企业战略外，将企业的技术、人员的素质、企业规模和企业生命周期归并到企业内部资源。企业应该首先通过分析企业外部环境、企业内部资源和企业战略之间的关系，得出企业外部环境和企业内部资源共同决定企业战略。其次，分析企业战略对组织结构的影响，以及外部环境和企业内部资源对组织结构的影响。

（一）企业外部环境、内部资源和战略关系分析

传统的战略管理研究主要集中在环境对战略的决定作用上，是从环境到企业战略的单向线性思维模式。因而在传统的战略分析框架中，企业环境是决定企业战略的主导力量。环境的特点，决定企业的战略以及企业要进入的行业。在相对稳定的环境中，这种由环境到战略的单向线性思维模式，在企业战略环境分析中相当流行。例如，20 世纪 70 年代出现的波士顿矩阵，以及后来安索夫的增长向量分析模型等都是以既有的产业为研究出发点，其发展战略是在业已结构化的产业内为企业寻求生存与发展空间。这种战略分析模式忽略了企业的战略选择能力，是在行业范围内进行的"微观环境分析"。到 20 世纪 80 年代以波特为代表的产业组织的思维模式即竞争战略与竞争优势理论对企业战略分析产生了巨大的影响，其理论基于产业选择这一出发点，强调竞争战略必须首先分析有吸引力的行业及其周围环境，而后制定与选择企业竞争战略，使企业尽量避免栖身于无吸引力的行业，认为企业的竞争优势主要来源于企业的外在环境，企业能否获得竞争优势，取决于企业的战略定位及其价值链上的活动。

虽然波特的理论使企业在制定战略时有了选择环境的权利，但由于这种理

论先天对于企业内部资源能力的忽略，仅仅适用于相对静态的竞争环境。

从 20 世纪 80 年代开始由于企业竞争环境的日益动态化，企业战略分析思维模式逐步开始转型，即以产业组织的战略分析思维模式向以资源为基础的战略分析思维模式的转变。理查德·鲁梅特（Richard Rumelt）在 1982 年的实证研究中发现："最重要的超额利润源泉是企业内部资源所具有的特殊性，而非产业间的相互关系。"1984 年，随着伯格·沃纳菲尔特（Birger Wernerfelt）《企业资源基础论》一文的发表，标志着企业能力理论进入了一个新的发展阶段，即以资源为基础的竞争优势理论阶段，它在本质上是对贝恩·梅森的结构—行为—绩效（SCP）结构主义和对波特五力分析模型的反叛与矫正。

资源基础分析理论最具有代表性的是伦敦商学院的哈默尔（Hamel）和密西根大学的普拉哈拉德（Prahalad），他们 1990 年在《哈佛商业评论》上发表的《公司的核心竞争力》一文中提出核心竞争力是企业可持续竞争优势的源泉，它应该成为公司战略的焦点，企业只有把自己看做是核心能力、核心产品和市场导向这样的层次结构时，才能在全球竞争中取得持久的领先地位。

不过，由于对企业核心能力的测量还缺乏统一的标准与有效的测量分析工具，所以尽管核心能力理论目前受到理论界和企业界的广泛关注，但在企业中运行还有一定的难度。但资源基础分析理论却使企业在制定竞争战略时有了一个全新的角度。

传统的战略分析思维模式和资源能力分析模式各有优缺点，是从不同的角度进行企业竞争战略的制定。因而，把两种思维模式整合起来是很有必要的。这个整合模式的提出，意味着企业在制定战略的时候，既要考虑企业外部环境的变化，又要考虑企业内部资源能力的约束和企业的核心能力，既顺应环境的变化，把握机会，避开风险，又能避开企业的弱项，发挥企业的长处。

（二）企业战略对组织结构的影响分析

对于战略和组织结构关系的研究由来已久，最早也是最著名的是美国的钱德勒（A. D. Chandler）在 1962 年发表的《战略与结构》一书，书中根据他对美国 70 多家大企业的调查研究，对环境、战略和组织结构之间的相互关系进行了论述，提出了"结构跟随战略"的观点。研究证明了战略决定结构的观点是符合历史事实的。战略对组织结构的影响，主要分为以下三个方面：

1. 单一经营战略和多种经营战略

从企业经营领域的宽窄来分，企业经营战略可区分为单一经营战略及多种经营战略。不同的经营领域要求不同的组织结构。

（1）单一经营战略。由于企业自身的特点，企业的经营范围只局限于某

63

一行业或某一行业内的某种产品。与这种战略相适应的组织结构是通常的集权职能制。一方面是由于经营的产品品种单一，管理比较简单；另一方面实行集权职能制，比实行事业部制及矩阵等结构形式，更有利于减少管理人员，降低成本。

（2）多种经营战略。即企业经营领域发展到行业内的多类产品或跨行业经营。这又可细分为多种情况，分别要求不同的组织结构与之相适应，具体情况如下：

第一种，副产品型多种经营。企业在生产主要产品时，为了充分利用资源、提高经济效益、减少环境污染等原因，还同时生产经营某些副产品，而这些副产品已超出了本行业的范围。这类企业看上去已成为多种经营但经营重心仍是原来的主业，副产品的生产经营不过是附属性的。所以它所采用的组织结构同单一经营很相似，也是相当集权的职能制。不同的是企业对副产品的生产经营，应当有单独的经济核算，以便体现副产品生产经营对公司的经济效益。

第二种，相关型多种经营。又称为横向一体化。这或者是为了发挥同类技术特长横向地扩大生产经营范围。这类企业的经营重心通常属于下游产业范围。如最终产品的加工装配、批发、零售等。实行这种战略的企业，宜采用分权的事业部制。当然分权并不是彻底的。在公司一级仍有颇为庞大的行政队伍，许多诸如市场营销、研究开发等工作，可能仍由公司一级的职能部门来负责进行。

第三种，非相关性多种经营。又称多角化经营。企业进行多角化经营的目的是分散经营风险，保持均衡的投资利润率。对于这类企业，在组织结构上应实行较为彻底的分权，实行母公司制，即总公司对各经营部门只起一个持股公司的作用，子公司具有独立的法人地位。总公司一级的行政机构十分精干。从事各项生产经营职能的部门都放在子公司进行。以保证子公司有足够的独立性，根据本行业的特点来从事经营管理。特大型的公司，由于下属公司的数目太多，不可能由总公司一一直接管理，也可以对一组子公司设置联合经理，其作用相当于这些子公司的董事会，由其来履行总公司对子公司的人事、财务决策。

第四种，相连型多种经营。又称纵向一体化。这是指在生产技术上有一定联系的纵向的跨行业多种经营。这类企业，各经营领域之间的联系，比起多角化经营来说较为紧密，但又不如相关型多种经营。因此，其组织结构的特征，是介于相关型多种经营同多角化经营之间，采用混合型组织结构。这类企业的经营部门往往受到总公司较多的制约；有些经营部门比较独立，实行母公司制；还有些经营部门，可联合为一组，设立联合的管理机构。

2. 不同的战略中心

美国的德鲁克在《管理——任务·责任·实务》一书中打了一个形象的比喻："整个企业组织结构如同是一幢建筑物，各项管理职能如同建筑的各种构件和砖瓦材料，而关键性的职能，就好比是建筑物中负荷量最大的那部分构件。"因此，任何一家卓有成效的公司，其关键职能总是设置于企业组织结构的中心地位。而关键性职能是由企业经营战略的中心所决定的。不同的战略中心，就会有不同类型的组织结构与之相适应。常见的大致有质量型、开发型、营销型、生产型等结构类型，它们根据不同的战略中心的要求，分别把有关的管理职能置于组织结构的中心地位。

不过，有些企业的组织结构设计，并没有突出某项职能，而是并列的结构。有两种可能，一是企业的发展战略还没有明确；二是组织结构设计的缺陷，没有把关键性职能放在组织结构的中心地位。

3. 保守型战略、风险型战略和分析型战略

美国的迈尔斯（Raymonde Miles）和斯诺（Charles Snow），根据对既定产品或经营项目如何进行竞争的方式和态度，将经营战略区分为保守型战略、风险型战略和分析型战略三大类。它们也要求不同的组织结构与之相适应。三类不同的战略分别对应的组织结构如表3－1所示。

表3－1　　　　　　　　　三种战略及其相应的结构特征

结构特征	保守型战略	风险型战略	分析型战略
主要结构形式	职能制	事业部制	矩阵制
集权与分权	集权为主	分权为主	适当结合
计划管理	严格	粗放	有严格也有粗放
高层管理人员构成	工程师、专家为主	营销、研究开发专家	联合组成
信息沟通	纵向为主	横向为主	有纵向也有横向

65

上面主要是从三个方面论述了战略对组织结构的影响，但并非战略决定了组织结构的全部，它只是决定了组织结构设计的主线，还要考虑企业外部环境和企业内部资源直接对组织结构的影响。例如，企业的规模对企业战略的制定有影响，但它也会直接影响组织结构产生，这里企业的规模主要是指职工人数，虽然企业规模在战略中有所反映，但职工人数对于组织结构幅度、部门数量、管理层次的设计还是有直接的影响。因此，除了战略对组织结构的重要影响外，

企业内部资源和企业外部环境这两类权变因素对组织结构也会产生影响。根据著名的2/8原理，80%的结果往往是20%的原因造成的，因此，在进行组织结构设计时，对于权变因素的考虑应该有所侧重，不能眉毛胡子一把抓。

第二节　人力资源规划的含义和作用

人力资源规划是人力资源管理的一项基础性工作。不断变化着的内部和外部环境必然会使企业定期进行员工的流入、流出。为保证企业在需要的时候及时得到各种需要的人才，企业在发展过程中要有与其战略目标相适应的人力资源配置。人力资源规划是实现这一目的的重要手段。

一、人力资源规划的含义

（一）基本含义

人力资源规划是指一个企业为实现中长期发展战略目标，在对企业人力资源现状与未来供求进行科学分析的基础上，通过制定相应政策措施，使恰当数量的合格人员在合适的时间进入合适的工作岗位，与企业预期的空缺相匹配，使企业和个人都获得长期利益的系统。这一定义包括四层含义：

（1）制定人力资源规划的目的是为了实现企业的战略目标，保证企业可持续发展。任何组织的成功都依赖于在合适的时间有合适的人员在合适的岗位上。在现代社会中，人力资源是企业最宝贵的资源，拥有充足数量和良好素质的人力资源，是企业实现战略目标与可持续发展的关键。

（2）制定人力资源规划是企业在对现有的人力资源的数量、质量、结构等各方面进行盘点，并运用科学的方法，对企业未来的人力资源需求与供给进行分析的基础上进行的。这是因为，企业外部的政治、经济、法律、技术、文化等环境因素一直处于动态的变化之中，相应地就会引起企业内部人员结构发生变化。因此，必须对这些变化进行科学的预测与分析，以满足企业对人力资源的需求。

（3）制定必要的人力资源政策和措施是人力资源规划的主要环节。在一夜之间去找一个恰当的人去填补一个职位通常是不可能的。因此，人力资源规划的实质就是在人力资源供求预测的基础上制定出正确、清晰、有效的人力资源政策和措施，以实现人力资源的供求平衡，满足企业对人力资源的需求。

（4）人力资源规划要使企业和个人都获得长期的利益。人力资源规划是为实现企业战略目标服务的，要达到这一目的，人力资源规划要着眼于充分发挥组织中每个人的积极性、主动性和创造性，切实关心企业员工在物质、精神和业务发展等方面的需要，为帮助他们实现个人目标创造良好的条件。只有这样，才能留住企业的人才，提高每个人的工作效率；才能吸引、招聘到企业所需要的人才，从而提高整个企业的运行效率，实现企业的战略目标。

（二）广狭的含义

人力资源规划是人力资源开发与管理过程的初始环节，是人力资源开发与管理各项活动的起点。搞好人力资源规划对于搞好人力资源整体管理，取得人力资源效益和组织的多种效益，都具有重要作用。人力资源规划有狭义的和广义的两个角度，这里分别进行阐述。

狭义的人力资源规划，是指组织从自身的发展目标出发，根据其内外部环境的变化，预测组织未来发展对人力资源的需求，以及为满足这种需求提供人力资源的活动过程。简单地说，狭义的人力资源规划是人力资源供需预测，并使之平衡的过程。我们可以把它看做是组织对各类人员的补充规划。

广义的人力资源规划的内容很多，可以分为组织的人力资源目标规划、组织变革与组织发展规划、人力资源管理制度变革与调整规划、人力资源开发规划、人力资源供给与需求平衡计划、劳动生产率发展计划、人事调配晋升计划、员工绩效考评与职业生涯规划、员工薪酬福利保险与激励计划、定编定岗定员与劳动定额计划等等。广义的人力资源规划的内容详见表3-2。

表3-2　　　　　　　　　广义的人力资源规划的项目

规划或计划分类	目标	政策或办法、制度	步骤	预算
总体规划	总目标：人员的层次、年龄、素质结构，人员总量及分类，绩效目标，战略性人才培养目标等	基本政策（扩员或收缩政策，人才培养政策，改革稳定政策，管理方式及职责等）	总安排（3年或5年或10年，如何达到上述目标）	总预算
人员补充计划	类型与数量、结构、绩效	人员来源，人员的任职要求、基本待遇	补充的基本要求与文件拟定、广告、报名、考试、面谈、录用	招聘、选拔的费用
人员配备和使用计划	各部门定岗定员的标准、绩效考评目标、轮岗制度目标	任职资格考核办法，聘用制度，轮岗考核制度，解聘方法	按左列内容列出时间表	工资、福利、奖酬预算

规划或计划分类	目 标	政策或办法、制度	步 骤	预 算
老职工安排计划	减低老龄化程度，提高业务水平，降低劳动力成本，发挥老专业人才的帮教作用	老职工退休政策、解聘程序、聘用担任顾问、调研员、督导员的政策办法	按左列内容列出时间表	安置费、人员重置费、聘用老职工任新职的津贴等
员工职业开发与职业发展计划	提高员工的业务水平，减少离职跳槽率，激励与提高满意度	事业开发政策、员工发展的终身教育计划、"长处"发展措施	按左列内容列出时间表	教育培养费、考察调研费
绩效评估及激励计划	减少离职与跳槽率，提供绩效评估目标，提高士气与信心	激励政策、奖酬政策、工资政策、评估考核体系与办法	按左列内容列出时间表	增资预算、奖金预算
劳动关系及员工参与、团队建设计划	改善管理者与员工的关系，提高员工主人翁意识与工作满意感、团队目标导向	参与管理的政策与办法，"合理化建议"奖励方法，团队建设的政策与措施	按左列内容列出时间表	群众性团组活动的经费支持，奖励基金
教育培训计划	长期培训计划目标：素质提高与层次提高；短期培训计划目标：技能提高、新观念的培育等	培训时间、效果、考核的方法与对培训获证的资格认定程序与办法	按左列内容列出时间表	培训费及间接误工费

资料来源：石金涛：《现代人力资源开发与管理》，第 76 页，上海交通大学出版社 1999 年版。

二、人力资源规划的原则

组织在制定人力资源规划时，应该注意以下原则：

（一）目标性原则

目标性原则，即人力资源规划的制定和实施要与组织的发展目标相统一。人力资源规划的应用范围很广，既可以运用于整个组织，也可以局限于某一部门或某个工作集体。不管哪一种规划，都必须与组织的整体发展目标相统一，这样，才能确保组织各项资源的协调，使人力资源的规划具有准确性和有效性。

（二）动态性原则

动态性原则，即充分考虑环境的变化、积极主动适应环境的变化。世界是变化的，事物是运动的，未来总是充满许多不确定的因素，包括内部和外部不确定因素。组织内部的变化，涉及业务的变化（尤其是销售额的波动和产品的更新）、发展目标的更替、组织结构的变化和组织雇员的更换等；组织外部的变化，涉及市场的变化、政府政策的变化、人力资源供求格局的变化和竞争对手的变化等。

为了更好地适应这些变化，作为面向未来、对组织绩效起着重大作用的人力资源规划，应当对可能出现的情况做出预测和应对，才能够发挥好人力资源这一最重要资源的价值和效用。

（三）兼顾性原则

兼顾性原则，是尽量达到组织和员工双方的共同发展。组织和员工共同发展，是现代管理的一项理念，也是人力资源开发与管理的基本理念，因此，进行人力资源规划，不仅要为组织服务，而且要能促进员工的发展。在知识经济时代，随着人力资源素质的提高，员工越来越重视自身的发展前途，组织的发展也越来越离不开员工的贡献，两者是相互依托、相互促进的。在人力资源规划中，应当使组织和员工的利益都得到保证，从而达到组织和员工共同发展的结果。

三、人力资源规划的作用

任何企业的发展都离不开优秀的人才和人力资源的有效配置。如何为企业寻找合适的人才，留住人才，培养人才，为组织保持强劲竞争力提供可持续的人才支持，是人力资源管理部门面临的重要任务。人力资源管理部门对企业发展提供的战略性支持，主要体现在人力资源规划方面。人力资源规划是一项系统的战略工程，它以企业战略为指导，以深入分析企业内外部条件、全面核查现有人力资源为基础，以预测组织未来对人员的需求为切入点，内容基本涵盖了人力资源的各项管理工作。在人力资源管理部门的工作中，人力资源规划最具战略性和积极的应变性。组织发展战略及目标、任务、计划的制订与人力资源战略的制定紧密相连。因此，人力资源规划在企业人力资源管理工作中具有以下重要作用：

（一）确保组织在生存发展过程中对人力的需求

组织的生存和发展与人力资源的结构密切相关。在静态的组织条件下，人力资源的规划并非必要。因为静态的组织意味着它的生产经营领域不变、所采用的技术不变、组织的规模不变，也就意味着对人力资源的数量、质量和结构均不发生变化。显然这是不可能的。对于一个动态的组织来说，人力资源的需求和供给的平衡就不可能自动实现，因此就要分析供求的差异，并采取适当的手段调整差异。由此可见，预测供求差异并调整差异，就是人力规划的基本职能。

（二）是组织管理的重要依据

在大型和复杂结构的组织中，人力资源规划的作用是特别明显的。因为无论是确定人员的需求量、供给量，还是职务、人员以及任务的调整，不通过一定的计划显然都是难以实现的。例如，什么时候需要补充人员、补充哪些层次的人员、如何避免各部门人员提升机会的不均等的情况、如何组织多种需求的培训等。这些管理工作在没有人力资源规划的情况下，就避免不了头痛医头、脚痛医脚的混乱状况。因此，人力资源规划是组织管理的重要依据，它会为组织的录用、晋升、培训、人员调整以及人工成本的控制等活动，提供准确的信息和依据。

（三）控制人工成本

人力资源规划对预测中、长期的人工成本有重要的作用。人工成本中最大的支出是工资，而工资总额在很大程度上取决于组织中的人员分布状况。人员分布状况指的是组织中的人员在不同职务、不同级别上的数量状况。当一个组织年轻的时候，处于低职务的人多，人工成本相对便宜，随着时间的推移，人员的职务等级水平上升、工资的成本也就增加。如果再考虑物价上升的因素，人工成本就可能超过企业所能承担的能力。在没有人力资源规划的情况下，未来的人工成本是未知的，难免会发生成本上升、效益下降的趋势，因此，在预测未来企业发展的条件下，有计划地逐步调整人员的分布状况，把人工成本控制在合理的支付范围内，是十分重要的。

（四）人事决策方面的作用

人力资源规划的信息往往是人事决策的基础，例如，采取什么样的晋升政策、制定什么样的报酬分配政策等。人事政策对管理的影响是非常大的，而且持续的时间长，调整起来也困难。为了避免人事决策的失误，准确的信息是至关重要的。例如，一个企业在未来某一时间缺乏某类有经验的员工，而这种经验的培养又不可能在短时间内实现，那么如何处理这一问题呢？如果从外部招聘，有可能找不到合适的人员，或者成本高，而且也不可能在短时间内适应工作。如果自己培养，就需要提前进行培训，同时还要考虑培训过程中人员的流失可能性等问题。显然，在没有确切信息的情况下，决策是难以客观的，而且可能根本考虑不到这些方面的问题。

（五）有助于调动员工的积极性

人力资源规划对调动员工的积极性也很重要。因为只有在人力资源规划的条件下，员工才可以看到自己的发展前景，从而去积极地努力争取。人力资源规划有助于引导员工职业生涯设计和职业生涯发展。人力资源规划展示了企业内部未来的发展机会，使员工能充分了解自己的哪些需求可以得到满足以及满足的程度。如果员工明确了那些可以实现的个人目标，就会去努力追求，在工作中表现出积极性、主动性和创造性。否则，在前途和利益未知的情况下，员工就会表现出干劲不足，甚至有能力的员工还会采取另谋高就的方法实现自我价值。如果有能力的员工流失过多，就会削弱企业实力，降低士气，从而进一步加速员工流失，使企业的发展陷入恶性循环。

四、企业实施人力资源规划的困难与措施

（一）企业实施人力资源规划的困难

在许多企业里，管理者都非常重视经营计划、开发计划等，但对人力资源计划并不是十分重视。有的企业没有人力资源计划，或者将它"隐藏"在企业整体发展计划中，只是一笔带过。企业不愿进行人力资源规划的原因主要有以下几种：

1. 感觉成效不太显著而产生"短视病"

也许人们只认识到企业的经营计划、市场营销计划等是重要的，而人力资源规划不是直接和企业的效益挂钩的，所以就显示不出多少价值。从一般意义上讲，管理工作不像其他研发和生产那样，可以把成果摆在桌面上让人看清楚，管理创造的价值是无形的，虽然看不到但绝不能否认它的存在。越来越多的企业已经认识到，如果一个企业要想获得或保持竞争优势的话，唯有将长期性的人力资源规划与企业战略规划紧密结合。因为人具有人性，也拥有人权，不能像机器设备一样招之即来，挥之即去。而且，人力资源规划的积极作用在一段较长的时间后才能体现出来。

2. 感到工作量太大而不能完成

进行人力资源规划需要有非常全面和准确的企业员工的各种信息和资料，如果企业没有一个系统的计算机管理的员工信息库，仅前期普查工作就让人望而生畏。例如，大名鼎鼎的爱立信公司就遭遇过这样的尴尬，1998年，爱立信中国公司总共有4000多名员工，分布在24个办事处和10家合资企业中。各家企业都有人事经理，对人事档案的管理五花八门，有的停留在纸张记录时代，有的勉强用上了计算机，但也是很初级的阶段。当时爱立信中国的人力资源经理回忆道，一个简单的员工学历分布统计，对她来说都是一项庞大的工程。

3. 人力资源部门纠缠于具体的事务而不能进行有效的工作

一项对我国外资企业人力经理的调查报告显示，人力经理们60%的精力被用在处理各种行政事务——档案管理、填写表格、仅有30%的精力用来为员工和管理人员提供咨询服务，10%的精力用在为公司战略提供人力支持。大量的基本管理工作令人事经理们疲于奔命，还得不到其他经理和员工的认同。

在这种情况下，人力资源管理职能只能是企业经营战略的一个执行者，无法参与企业战略的决策过程，不能在战略执行的过程中通过各种人力资源管理政策和制度的设计以及对人力资源管理实践的调整来帮助企业赢得竞争优势。

（二）企业实施人力资源规划的措施

1. 将部分传统的人力资源管理职能外包

专业化的分工大大促进了社会的发展。企业从根本上说也是专业化分工的产物。在分工越来越细，效率不断提高的今天，企业内部许多行政事务都可以交由专业化的公司来运作，比如说员工的招聘、各种培训、薪资设计等。通过将日常的管理工作给外包专业化程度更高的公司或者机构去管理，企业内部的人力资源管理者可以将更多的精力集中在对企业价值更大的管理实践开发以及战略经营伙伴的形成等功能上。

2. 尽快建立完善的人力资源信息系统

人力资源信息系统是组织进行有关人及人的工作方面的信息收集、保存、分析和报告的过程。对一个稍具规模的企业来说，人力资源信息的计算机存取是必需的。管理者在决策时需要准确、及时和相关的信息资料，如果没有现代化手段的运用，效率之低是难以忍受的。

3. 大幅度提升人力资源管理部门的定位

在许多人的印象中，人力资源部是既不懂技术又不懂管理的，他们甚至也不用关心企业业务的发展状况，因为这些似乎都与人力资源部门没有什么关系。的确如此，传统的人事管理把精力放在员工的考勤、档案、合同管理等事务性的工作上，被定位为后勤服务部门。这种后台式的人力资源管理，使人力资源部门只能作为一个内部管理部门对业务部门提供服务和支持，而对公司所经营的业务缺乏深入了解的机会，缺乏对整个公司走向的洞察力。因此，人力资源管理所采用的管理方式也只能是事后的一些修补措施，而真正的人力资源规划也成为一种想象，根本无法有效地实行。

人力资源管理在互联网时代必须从后台移到前台，对客户、业务和市场有必要的深入接触和了解，在此基础之上把握整个公司走向的洞察力和对整个行业走势的前瞻性预测。人力资源管理的模式也必须是动态的、变化着的，并且是实时的。从事人力资源的管理人员，也可以是经过岗位调换的，有其他部门工作经历的人员。其办公也可以是流动的，而不一定静止地固定在办公室。在整个公司中，人力资源部门与其他部门相比应处于中心的地位，像一台机器中的轴心。

4. 提高人力资源从业人员的素质

从传统的行政支持转变为企业经营管理的合作者，要求人力资源部门本身要懂得重点管理的原则，对日常事件能授权则授权，而把大部分精力放在研究、预测、分析、沟通并制订计划方面。人力资源部门从以往的"行政支持"转变为"策略的筹划及执行者"，为业务部门提供增值服务，就需要了解企业的经营目标，了解各业务部门的需求，要多方面了解企业职能、产品、生产、销售、企业使命、价值观、企业文化，并围绕目标实现的高度来设计对员工的基本技能和知识、态度的要求，深入企业的各个环节来调动和开发人的潜能。所以工作是否具有预见性、有无管理技能及对管理的操作能力成为衡量人事经理是否称职的重要标准。

（三）企业进行人力资源规划时应注意的问题

1. 人力资源规划不只是企业人力资源部的事

所有管理者，上至总经理下到每个主管以至员工都应承担相应的责任。在人力资源规划中最重要的还是企业高层领导者的重视、动手甚至亲自推动。其实际运作是由各部门主管初步规划，再由人力资源部门汇总，参照公司发展策略与目标，考核人员生产力与人事薪资预算等因素，与各部门协调并达成共识，才向上呈报。

2. 人力资源规划要注重对企业文化的整合

企业文化的核心就是培育企业的价值观，培育一种创新向上，符合实际的企业文化。在企业的人力资源规划中必须充分注意企业文化的融合与渗透，保障企业经营的特色，以及企业经营战略的实现和组织行为的约束力，只有这样，才能使企业的人力资源具有延续性，具有自己的符合本企业的人力资源特色。国外一些大公司都非常注重人力资源战略的规划与企业文化的结合，松下的"不仅生产产品，而且生产人"的企业文化观念，就是企业文化在人力资源战略中的体现。波音公司的情景测试也很有启发性：一个工人和管理人员发生冲突，其中，管理人员要求工人按照原计划切去材料的拐角，而工人却不同意管理人员的意见，管理人员告诉工人，如果他不照做的话，就离开公司，然后开始考试发问："如果你是这个工人，你将怎样做？""辞职"和"发牢骚"都不是正确的答案，这表明回答者不适合波音公司"团队合作"的企业文化，正确答案是"照做，但事后与管理员或职位更高的人谈"。

3. 人力资源规划要使企业和员工都得到长期的利益

人力资源规划不仅是面向企业的计划，也是面向员工的计划。企业的发展和员工的发展是互相依托、互相促进的关系。如果只考虑了企业的发展需要，而忽视了员工的发展，则会有损企业发展目标的达成。优秀的人力资源规划，一定是能够使企业和员工得到长期利益的计划，一定是能够使企业和员工共同发展的计划。

第三节　人力资源规划的目标和流程

一、人力资源规划的目标

（一）人力资源规划与组织目标的基本关系

人力资源规划需要围绕着组织目标运行。它与组织目标的基本关系如图3－1所示。

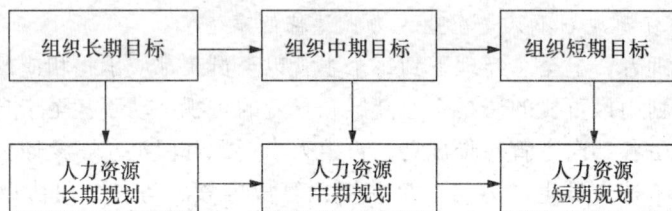

图3－1　人力资源规划与组织目标

就组织的总体经营活动而言，组织目标可以分为长期目标、中期目标和短期目标。其中长期目标可以看做是组织的战略目标，时间一般在3—5年以至更长；中期目标可以看做是组织的战役目标，时间大约在1—3年；而短期目标则可以看做是组织的战术目标，其时间一般是1年以及本年度之内。

相应的，人力资源规划也可以分为长期规划、中期规划和短期规划。它们既由同期的组织经营目标决定，也由较长时期的人力资源规划所决定。由此，人力资源规划在长期、中期及短期就有着不同的任务和不同的工作思路。因此，我们需要根据组织具体的工作任务和时间要求，来确定人力资源规划的内容和方法。

（二）人力资源规划的目标

人力资源规划具有以下五个主要目标：

1. 要防止人员配置过剩或不足

如果拥有过多的员工，组织就会因工资成本过高而损失经营效益；如果员工过少，又会由于组织不能满足现有顾客需求而导致销售收入降低。而且由于人员配置不足而不能满足市场对现有产品或服务需求，还会导致未来顾客的流失，将潜在的顾客推到竞争对手那里。人力资源规划不仅有助于保证组织经营效益的提高，而且有助于及时满足顾客需求。

2. 要保证组织在适当时间、地点有适当数量的且具有必备技能的员工

组织必须从技能、工作习惯、个性特征、招募时间等方面预计其所需要的员工类型，这样才能招聘到最适宜的员工。在此基础上，对他们进行充分的培训，才能使员工在组织需要的时候产生最高的工作绩效。

3. 要确保组织对外部环境变化做出及时并且适当的反应

人力资源规划在客观上要求决策者全面考虑外部环境中各个相关领域里的各类情形，例如，国内经济可能增长或继续停滞或收缩；本行业可能保持现状，或竞争变得更加激烈或竞争态势趋缓；政府规制约束可能不变或放松，或变得更加严厉；税率和利息率的提高、降低或维持不变。人力资源规划促使组织对外部环境状态进行思索和评估，预测可能的变化，而不是对某种情况的出现做出被动反应，这将使组织总能比竞争对手先行一步。

4. 为组织的人力资源活动提供方向和工作思路

人力资源规划一方面为其他各种人力资源管理职能（如人员配置、培训与开发，工作绩效测评、薪酬等）确定工作方向；另一方面，它还能确保组织采用比较系统的观点看待人力资源管理活动，理解人力资源管理和组织战略之间的相互关系，以及某一个职能领域的变化会对另一个职能领域产生的影响。例如，一个科学的人力资源规划能够确保对员工进行培训与对员工进行工作绩效测评的一致，并且在薪酬决定中也特别考虑这些因素。

5. 将业务管理人员与职能管理人员的观点结合起来

虽然人力资源规划通常由企业人力资源部发起和进行编制，但它也需要组织中其他部门管理人员的参与协作。人力资源部的领导未必会比一个具体部门的负责人更了解其所负责的那个领域的情况。人力资源部与其他管理人员之间的沟通，是确保人力资源规划质量的基础。企业人力资源部必须安排业务管理

人员参与规划过程，但在安排他们参与人力资源规划过程的时候，要充分考虑到其业务专长和既定的工作职责。

二、人力资源规划的流程

（一）人力资源规划流程

一般来说，人力资源规划的流程如图3-2所示。

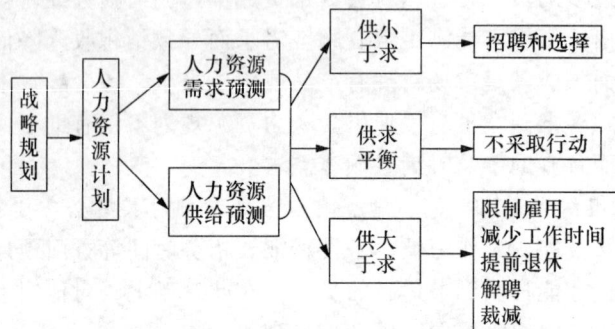

图3-2　人力资源规划的流程图

从更广的角度看，人力资源规划是在一定的环境因素下，预测人才需求量和拥有量的过程，并研究制定弥补二者差额的政策和实施各种措施的过程，如图3-3所示。

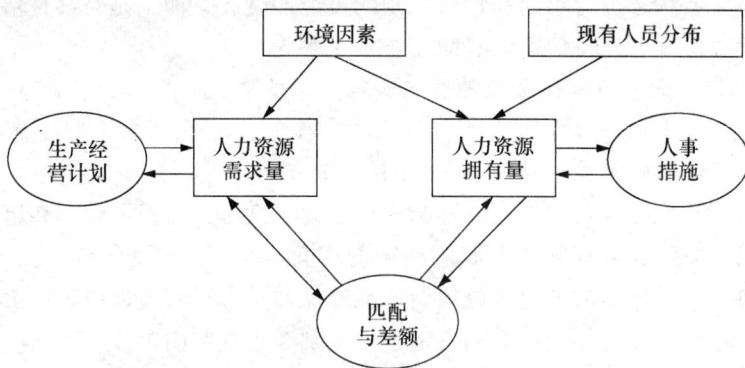

图3-3　人力资源规划框架

人力资源规划过程的起点是企业的战略规划。它是高层管理者用于确定企业总的目的和目标及其实现途径的过程。而人力资源规划应该与企业战略相联系。制定出企业的战略规划后，就可以将战略规划转化成具体的定量和定性的人力资源需求。人力资源需求预测就是根据能力水平和岗位要求确定所需员工的数量和类型。这些预测将反映各种因素，如生产计划和生产率的改变。为预测供给，既要注意内部资源（现有员工），也要注意外部资源（人力资源市场）。在分析了人员需求和供给之后，企业就可以确定其基本状况是人力资源过剩，还是人力资源短缺。如果预测出人力资源过剩，就必须设法减少员工数，其办法包括限制雇用、减少工作时间、提前退休和解聘。如果预测出人力资源短缺，就必须从外部获取一定的人员，需要进行招聘和选择。

由于企业发展和外部人力资源市场的变化很快，所以人力资源规划过程必须是连续的。各种条件的改变可能会影响到整个企业，因此需要通过预测对原规划加以修正。

（二）人力资源规划的环境因素

影响人力资源规划的环境因素主要有以下几个方面：

（1）宏观经济环境剧烈改变。如经济体制的变化、区域性的金融危机、政局的动荡等会影响组织人力资源规划。

（2）政策法规的变更。如户籍管理政策的变更、社会保障法规的变更、环境保护法规的变更等都会引起人员流动及供求的变化，进而影响人力资源规划。

（3）技术创新及技术升级换代。市场竞争推动技术进步、技术创新及升级换代经常在不同行业中出现，不同的技术需要不同类型、不同专业人力资源，如印刷业改用电脑照排后，会使企业雇员发生根本变化。这一因素对人力资源规划影响相当大。

（4）组织管理人员的更迭。当组织高层管理人员发生重大变化时，组织的战略目标及人事政策都会随之而变，进而影响到组织的人力资源规划。

（5）组织的经营状况。组织的效率也是影响其人力资源规划的重要因素，当组织经营不善、效率低下，或组织处于快速扩张时，人力资源规划都会随之而变。

（三）人力资源规划框架图

图3-4从总体上描述了人力资源规划与组织目标、战略之间的关系。人力资源规划的出发点是从组织目标和战略开始的。在对影响人力资源供求的外部与内部环境和内部条件进行评估的基础上做出预测。对组织内部人力资源评估的重点在于拥有充足准确的信息，这些信息可以通过人力资源信息系统提供。

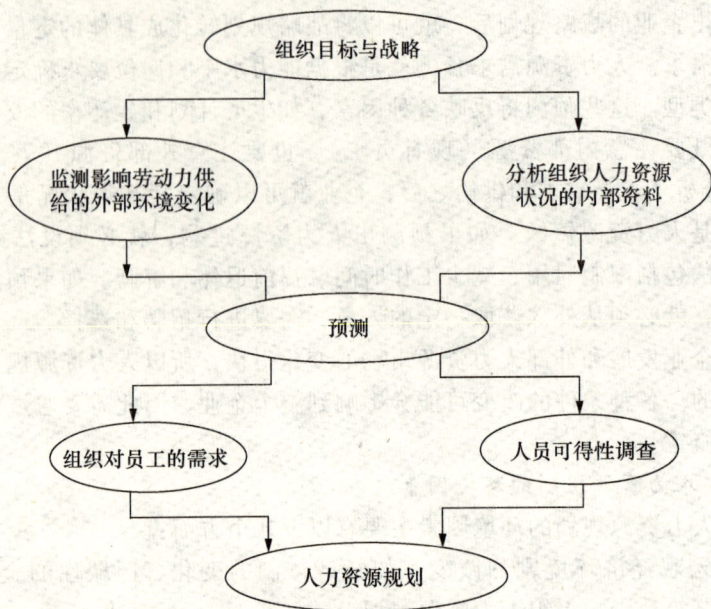

图 3－4　人力资源规划框架图

三、人力资源规划的内容

人力资源规划是人力资源管理中的一个重要组成部分，可分为人力资源总体规划与人力资源业务规划两大类。

（一）人力资源总体规划

人力资源总体规划是人力资源管理活动的基础，它是以企业战略目标为基础，对规划期内人力资源管理的总目标、总方针与政策、实施步骤以及总费用预算等做出的总体安排。

（二）人力资源业务规划

人力资源业务规划是人力资源总体规划的展开和具体化，其执行结果应能保证人力资源总体规划目标的实现。它包括：人员配备计划、人员补充计划、人员使用计划、人员培训开发计划、绩效考评计划、薪酬激励计划、劳动关系和员工参与及团队建设计划、退休解聘计划等。每一项业务计划也都由目标、政策或办法及预算等部分构成。应当注意人力资源业务规划内部的平衡，例如，人员补充计划与培训计划之间，人员薪酬计划与使用计划、培训开发计划之间的衔接和协调。当企业需要补充某类员工时，如果信息能及早到达培训部门，并列入人员培训开发计划，则这类员工就不必从外部补充。又如，当员工通过培训开发提高了素质，而在使用和薪酬方面却没有相应的政策和措施，就容易挫伤员工接受培训开发的积极性。

（1）人员配备计划。人员配备计划表示企业中、长期内处于不同职位、部门或工作类型的人员的分布状况。企业中各个职位、部门所需要的人力资源都有一个合适的规模，而且这一规模又会随着环境的变化而发生变化。人员配备计划就是要确定这个合适的规模以及与之对应的人员结构是怎样的，这是确定企业人员需求的重要依据。

（2）人员补充计划。企业中经常会因为各种原因而出现空缺的职位或新职位，例如，企业规模的扩大、人员的退休、辞职、解聘等。这就需要企业制定必要的政策和措施，以保证空缺职位和新职位能够得到及时的补充，这就是人员补充计划。

（3）人员使用计划。人员使用计划的主要内容是人员晋升计划和人员轮换计划。晋升计划是根据企业的人员分布状况、层级结构、未来发展制定人员的晋升政策。轮换计划是为了培养员工的多方面技能、丰富工作经历而制定的工作岗位定期流动的计划。晋升表现为员工岗位的垂直上升，轮换则是员工岗位的水平变动。某企业的人员晋升计划如表3－3所示。

表3－3　　　　　　　　　　某企业人员晋升计划一览表

晋升职务	总经理	副总经理	部门经理	部门副经理	业务主管
晋升年资（年）	10	8—10	6—9	5—8	5—7
晋升率（%）	70	50	30	20	20

从表3－3可以看出，向上一级晋升的最低年资为5年，晋升率为20%。

企业晋升率的高低和晋升年资的长短，在相当大的程度上决定了员工的晋升机会，对员工的积极性和创造性有直接影响。因此，企业应统筹各方面的影响因素，如工作业绩与晋升年资、企业当前状况与未来发展等，科学确定人员晋升计划，以调动绝大多数员工的积极性和创造性。

（4）人员培训开发计划。人员培训开发计划是企业在对员工所需知识和技术进行评估的基础上，为保证组织的中长期发展所需补充的空缺职位而事先制订的人才储备计划。企业通过对员工进行培训开发，一方面可以使员工更好地适应工作，为企业的发展储备后备人才；另一方面，培训计划的好坏也逐渐成为企业吸引力大小的重要来源。需要注意的是，人员培训开发计划与人员配备计划、人员使用计划有密切的联系，企业应根据可能出现的职位空缺和出现的时间，分阶段、有目的地对员工进行培训。培训包括企业经营班子培训、中层主管培训、学历培训、员工素养培训、技术与技能培训、晋升和轮岗培训、新员工上岗培训等。

（5）绩效考核计划。绩效考核就是收集、分析、评价和传递员工在其工作岗位上的工作行为表现和工作结果等方面信息的过程。根据绩效考核可以决定人员任用、决定人员调配、进行人员培训、确定劳动报酬等。绩效考核也是企业对员工进行激励的有效手段。

（6）薪酬激励计划。薪酬激励计划包括薪酬结构、工资总额、福利项目、激励政策、激励重点等。

（7）劳动关系计划。劳动关系计划是关于如何减少和预防劳动争议、改进劳动关系的计划。

（8）退休解聘计划。企业需要通过制定退休解聘计划的途径，做好员工的退休工作和解聘工作，使员工离岗过程正常化、规范化。

人力资源规划的内容如表3-4所示。

表3-4　　　　　　　　　　　　　人力资源规划的内容

规划类别	目　标	政策、办法或制度	预　算
总体规划	总目标：人员的层次、素质与年龄结构；人员的总量及分类；绩效目标；战略性人才培养目标；员工满意度等	基本政策（扩员、收缩或保持稳定政策；人力资源的管理方式与职责等）	总预算
人员配备计划	由各部门确定人员结构优化目标，实现绩效改善或提高	人员配备政策、任职条件	人员总体规模变化而引起的费用变化
人员补充计划	人员类型、数量、人力资源结构，绩效的改善	人员素质标准、人员来源范围、起点待遇	招聘、选拔费用
人员使用计划	定岗定员标准，后备人员数量保持，职务轮换幅度，改善人员结构，提高绩效目标	人员晋升政策、晋升时间、职位轮换范围和时间、未提升人员的安置	职位变化引起的工资、福利等支出的变化

规划类别	目　标	政策、办法或制度	预　算
人员培训与开发计划	人员素质及绩效的改善，长短期培训类型与数量，提供新人员，转变员工劳动态度	培训时间与效果、对培训获证资格的认定	教育培训费用支出、脱产培训误工费用
绩效考评计划	增加员工参与，增进绩效，增强组织凝聚力，改善企业文化	绩效考评标准和方法、沟通机制	绩效考评引起的工资支出变化
薪酬激励计划	人才流失减少，士气提高，绩效改进	薪酬政策、激励政策、激励重点	薪酬福利的变动额
劳动关系计划	减少投诉和不满，降低非期望离职率，改进干群关系	参加管理，加强沟通	法律诉讼费和可能的赔偿费
退休解聘计划	劳动成本降低，劳动生产率提高	退休政策，解聘程序	人员安置费和重置费

81

第四节　人力资源规划与企业战略

一、公司战略与人力资源规划

公司战略，亦称企业总体战略，是指在市场经济条件下，企业为谋求长期生存和发展，在外部环境和内部条件分析基础上，对企业发展目标、经营方向、重大经营方针和实施步骤做出的长远、系统和全局的谋划。公司战略类型包括发展型战略、稳定型战略和紧缩型战略（详见表3-5）。

二、经营单位战略与人力资源规划

经营单位战略，亦称事业战略，是指在给定的产品或市场领域内，如何取得超过竞争对手优势的战略。详见表3-6。

表 3 – 5　　　　　　　　　　公司战略与人力资源规划

战略类型	战略重点	人力资源规划面对的主要问题
发展型战略	内部成长	及时招聘、雇用和培训新员工
		为现有员工的晋升和发展提供机会
		提出企业快速增长时期的绩效标准
	外部成长	确定关键员工
稳定型战略	维持现状或略有增长	制定行之有效的留住人才政策
紧缩型战略	组织压缩	解雇、中止合同
	精简业务	员工提前退休
		提出妥善处理劳资关系的相关办法

表 3 – 6　　　　　　　　　经营单位战略与人力资源规划

战略类型	战略重点	人力资源规划面对的主要问题
成本领先战略	效率稳定性	实行以内部晋升为主的体制
		培训现有员工技能
	成本控制增长	为生产和控制进行员工及工作专业化
		加大外部招聘比重
差异化战略	创新差异化	为获得竞争优势而雇用和培训员工
		拥有权责宽广的、柔性的工作与员工
		组织要为创新提供更多的激励
集中化战略	细分市场，满足特定群体的需求	雇用符合目标市场对象的人
		培训员工，提高员工对顾客需求的理解

三、职能战略与人力资源规划

职能战略是指企业的主要职能部门在执行公司战略、经营单位战略时采用的方法与手段，在企业战略体系中起到基石和支撑作用。职能战略包括市场营销战略、财务战略、研究与开发战略、生产管理战略、人力资源战略。

人力资源战略是企业为实现公司战略目标而在雇用关系、甄选、录用、培训、绩效、薪酬、激励、职业生涯管理等方面所做决策的总称。人力资源战略是一种集成，它与公司战略、经营单位战略、其他职能战略纵向整合，并与自身内部的各环节横向整合。人力资源战略是由人力资源战略管理方法发展而来的，人力资源规划是人力资源战略的一个组成部分。

本章学习要点提示

【重要概念】

组织结构　事业部组织　矩阵制组织　人力资源规划　人力资源总体规划　人力资源业务规划　人员配备计划　人员使用计划　人员培训开发计划　公司战略　经营单位战略　职能战略

【复习思考题】

1. 组织结构的基本类型有哪些？

2. 现代组织的特征是什么？

3. 影响组织结构设计的因素有哪些？

4. 什么是人力资源规划？其内容、作用和原则有哪些？

5. 简述企业实施人力资源规划的困难与措施。

6. 简述人力资源规划的目标和流程。

7. 如何理解人力资源规划与企业战略？

讨论案例

阑珊公司人力资源部经理的难题

一、背景

高木在就读 MBA 之前，曾在一家公司从事人力资源管理工作五年。获得 MBA 学位后，他非常荣幸地加盟阑珊公司，并担任人力资源部总经理一职。高木现在踌躇满志，希望在新的起点上干出一番事业。

阑珊公司在计算机行业中属于中等规模，大约有 1000 多名雇员，是一家利润率很高、增长和发展潜力很大的企业。在高度竞争和变幻莫测的市场环境中，公司管理一直保持良好的柔性和适应性，实行"以人为本"的人力资源政策，提倡"沟通、合作与团队奋斗"的企业文化。在过去三年里，阑珊公司销售额平均年增长约 55%。管理层非常明白，企业高速发展必须不断吸引优秀人才加盟，如果不能采用恰当政策和措施吸引和留住人才，公司在行业中的领先地位将很难保持。

二、业务部门的日常管理问题

阑珊公司在高度竞争和变幻莫测的市场环境中，公司管理一直保持良好的柔性和适应性，实行"以人为本"的人力资源政策，提倡"沟通、合作与团队奋斗"的企业文化。

但高木在进入阑珊公司后不久便发现，除人力资源部外，其他部门很少有"规则"——工作中缺少明确的职责界定，一项工作有时由 A 负责，有时却又由 B 负责，职位"责权"往往由任职者本人的技能、能力、兴趣、个性来确定；在新雇员中，有不少资历、能力超过职位要求，而这些雇员来公司后却大为不满；具体工作很少有工作说明和工作描述，一些新员工问某件事为什么会这样做时，得到的回答往往是"×××一开始就这么做的"，部门间扯皮的事情很多，职责界限也很模糊。

三、人力资源部门的困境

同其他部门相比，人力资源部显得格外不同，该部门大约有 30 名雇员，每一名人力资源部雇员大致对应 33 名阑珊公司雇员。目前高木手下的 5 名经理分别管理以下几方面：（1）薪资福利；（2）劳动关系；（3）招聘、录用及离职管理；（4）培训与发展；（5）绩效与工作适应性。高木的前任是格林，在公司中她一直以"铁腕"著称，人力资源部的员工言行谨慎，尽量同格林的看法保持一致；有时一些"不懂规矩"的新员工建议做出某些变革，格林会告诉他们："工作一直都是这样开展的"，"这就是我们部门的文化"。人力资源部几乎每一项职能都有严格的规则和标准程序，很少有重叠之处。

人力资源部的员工，仅有一半的人员具有人力资源管理方面的有关学历，仅有 1/4 的人具有其他公司的相关经历，他们中的大多数是从普通职员中提升上来的。格林以前担任执行秘书，使她获得提升的原因不是由于工作出色或者经验丰富，而是仅仅因为她刚刚获得了人力资源管理方面的本科文凭。5 个分部门经理中，劳工关系部经理是干图书管理员出身的，雇用关系部经理以前是位秘书，另 3 位虽以前都从事人事工作，但都没有本科以上的专业学历，而他们的下属，以前从事的职业更是五花八门。在其他部门中，大家公认专业学历和相关经验带来"资历"，资深员工对新员工负有"传、帮、带"的责任。但在人力资源部，没有人认为自己具有这种资历，所以很少对新员工提供指导和帮助。

人力资源部很少能对公司的政策，比如报酬政策，施加影响。在格林三年任职期间，员工工资涨幅不大，公司中层雇员对他们的报酬水平越来越不满。格林曾多次向总裁提出调整工资并修改报酬制度，但很难取得信任与支持。在其他部门许多员工看来，人力资源部不仅无足轻重，而且其中的人员显得过于小心、秘而不宣甚至非常无能。高木无意中曾听到另一部门经理责骂其下属："你看你怎么办事的，连连出错，你这种人，我看到人力资源部去别人都不会要你!"

四、弹性工作制给人力资源部带来的新麻烦

高木年初向公司董事会及总裁建议推行弹性工作制，并递交了计划。该计划建议：职员可以把个人事务与工作加以协调，员工根据自己的特殊情况安排工作时间与地点。由于技术服务科职员经常出差，时间比较灵活，公司决定先在技术服务科试行。该科室由比尔出任科长，玛莉和珍妮协助比尔处理各项事务，整个技术服务科业绩很好而且朝气蓬勃。

然而，在实行弹性工作制后，技术服务科的职员在办公室坐班的时间越来越少。大家联系的方式也大多发个电子邮件或打个电话，甚至留个便条。规定的每两周一次的碰头会也有职员缺席。所以有些员工两个月没碰上一次面，而比尔也是如此。两个月后，比尔隐约觉得技术服务科出了问题，有时去问玛莉一些事宜，玛莉竟回答说："我不知道此事，问珍妮去。"而珍妮也对玛莉怀有不满，说两个月来几乎没有看见玛莉坐班工作。一次，发生了更为严重的事情，公司驻某地办事处的技术员气呼呼地冲进比尔的办公室，询问他一周前向公司索取的设备为什么到现在都没有消息，一大批顾客就这样眼睁睁地失去了。比尔非常诧异，因为他根本就不知道此事。而这现在出现的一切在没有实行弹性工作制时从来没有发生过。

高木对技术服务科出现的问题也十分着急，一旦弹性工作制的推行失败，不但人力资源部的声誉又将受损，整个企业的利益也会受到影响。若解决好了这个问题，那么在实行弹性工作制后，各个部门的冲突均可迎刃而解。

[讨论题]

1. 面对人力资源部的"有规则"、"无能力"状况，人力资源部门在整个公司中应处于何种战略地位，拥有什么样的决策职能？

2. 请你帮高木就未来人力资源部的整体定位、组织改革、职能形象转换和工作安排提出自己的建议？

3. 阑珊公司良好的柔性和适应性管理和"以人为本"、"沟通、合作与团队奋斗"的政策和企业文化，与各部门日常管理的"无规则"、工作责权不明、缺乏操作规范，这二者之间有什么关联？为什么会出现这样的矛盾？

4. 从人力资源规划和管理角度应如何解决上述矛盾？

5. 该科室在试点采用工作时间弹性制的过程中出现了什么问题？假如你是高木，你认为是什么原因造成了这些问题？并如何解决这个问题呢？

第四章 人力资源需求预测

学习目标

- 掌握企业人力资源需求的影响因素
- 掌握工作与人员之间的缺口分析
- 掌握部门人力资源需求的预测
- 了解组织发展规划的含义和内容
- 了解组织发展规划与人力资源需求之间的关系
- 掌握人力资源需求预测方法与评估

本章导读

总是缺人的公司

为了发现一些人才流动中的隐藏问题，我们曾用一个月的时间观察某个人才交流中心。如同上班，几乎天天按时"报到"。不久，我注意到一个面无表情的经理，因为他每周有固定的两天出现在固定的招聘展位上，并总是挂出相同的招聘广告。为了解开这个谜，我主动找他聊天。当知道我的来意后，他反倒热情起来，希望我也能帮他解开一个谜。

他是一家民营电子企业的人力资源经理，持续不断的招聘已让他感到厌倦，但是企业似乎一直缺人。企业的环境和待遇都不错，也没有扩张，他始终不明白为什么企业一直处在缺人和招人的怪圈中。这是一件有意思的事情，我很乐意帮他思考。先是受邀走访了他们的企业，后来又在人才交流中心碰到十几位曾在这家企业工作过的员工。经过近半个月的调查，答案渐渐清晰。

"你们企业预测过人力资源需求吗？""没有，从来没有。"这个经理显然觉得我的问题可笑，因为他们现在的需求都没满足过，何须考虑未来。然而问题就出于此，在这家企业工作或曾工作过的人反映了四个主要问题：第一，招聘目的不明确，许多人在进入企业后的相当一段时间内不知道自己应该做什么；第二，没有计划的招聘损害了企业形象，员工认为自己没有受到应有的重视；第三，不断吸纳新员工，给老员工造成巨大压力；第四，频繁流入必然导致频繁流出，在职员工没有安全感和忠诚感，暗自寻找跳槽机会。

这位经理开始认同，深悔自己浪费了太多的时间在没有计划的招聘桌上。或许他缺的不仅仅是一份人力资源需求预测，但这是改进的第一步。

第一节 人力资源需求预测概述

一、人力资源需求的影响因素

企业对人力资源的需求受到诸多因素的影响，其中，市场对企业产品的需求是最重要、最根本的。从总体上看，影响企业人力资源需求的因素可以归结为两大类：

（一）企业内部因素

（1）企业规模的变化。企业经营规模的扩大或缩小会使企业对人力资源数量的需求随之增加或减少。

（2）经营方向变化、规模不变。在经营方向发生变化但企业的规模不变时，对人力资源的需求在数量上不一定发生变化，但人力资源的结构会随之改变。因为不同的经营领域需要具有不同技能的员工。

（3）企业规模与经营方向都发生变化。在这种情况下，对人力资源数需求的数量和结构会都会发生变化。

（4）技术与管理的变化。企业引进新的生产技术或管理水平的升级，一方面会因为劳动生产率的提高而使企业所需要的员工数量减少；另一方面，会对管理和技术人员在素质上提出更高要求。

（5）人员流动比率。人员流动比率是指由于辞职、解聘或合同期满后终止合同等原因引起的职位空缺规模。人员流动比率的大小及这一比率的内部结构状况，会对企业的人力资源需求产生直接影响。

（二）企业外部因素

影响人力资源需求的外部因素主要包括政治与法律、经济、技术、社会文化、行业竞争态势等。外部因素的影响多是间接影响，并通过内部因素而起作用。例如，经济环境的变化会影响企业的规模和经营方向，技术环境的变化会影响企业的技术水平等，从而间接地影响到企业的人力资源需求。

二、工作与人员之间的缺口分析

让工作任务与人员匹配起来，指的是你需要尽力做到人与岗位相匹配，使得员工能够实现人尽其才、物尽其用的效果。但是，这并不代表你的人员能完全胜任目前的工作，也不一定能够担当未来将要开展的工作。因此，需要从以下几个方面做工作与人员之间的缺口分析。

（一）直接缺口分析

进行直接缺口分析，首先需要了解哪些岗位所需员工数量不够？根据岗位的编制，经理人可以直观地判断每个岗位现有人员数量是否充足。其次需要了解哪些岗位所需员工质量不符？员工的进步不可能完全跟上企业的发展。经理人要对员工能否完全胜任工作以及是有能力应对新工作做出分析，为人员的需求预测做准备。

通过部门人员与工作任务的直接缺口分析，你可以测算出缺口的大小，即可以统计出人员的缺编、超编情况以及是否符合职务资格要求。因此做这种分析是必要的。

（二）间接缺口分析

进行间接缺口分析，首先需要了解经营目标的改变对员工要求有什么影响？经营目标的改变将直接影响企业对人员的需求。如果企业转型为从事高科技产品的企业，那么知识型员工是企业的需求重点。其次需要了解环境变化对员工提出什么样的要求？企业面临的环境是缺口分析时需要考虑的一个因素。环境不同，工作的重点需要调整，同样会影响到员工的要求。人员的流动突出了怎样的问题？企业人员不能一成不变，经常是有进有出。这必然导致人员与工作之间出现缺口，因此对人员流动的分析是经理人需要考虑的问题。

这些问题是进行缺口分析时必须要考虑的，因为它们同样会带来工作与人员之间的缺口。

（三）可能缺口分析

进行可能缺口分析，首先需要了解企业组织结构如果调整，会带来怎样的员工调整需要？其次需要了解企业组织效率不高的员工症结和环境因素在哪里？

进行工作与人员间的缺口分析，经理人可使用的工具有：员工内部流动可能性矩阵图和马尔可夫分析矩阵。

根据马尔可夫分析矩阵图，可以很清楚地看出在终止时间时，各工作岗位的人数以及流出的人数。这样，可以预估离职行为，也可提供未来人员缺口的方向。其一般步骤如下：（1）设定组织的职位结构及各项职位之间的关系；

（2）收集历史资料，并对每个职位的遴选人数、升迁变动、新工作的产生、离职等予以详细的记录；（3）根据历史资料，预估工作的转换稳定程度及转换方式；（4）一旦工作间的转换形式明确而稳定，可按过去的数字，算出工作间转移的概率；（5）有了概率，便可按矩阵代数的观念，预测未来人数的变动和需求。

马尔可夫模型的假设前提是：组织过去和未来员工的流动情况大致相同。

通过缺口分析，可以对部门所需要的人员的数量和所需要的技能进行预测，以保证未来工作任务的顺利完成。

三、预测部门人力资源需求

部门人力资源需求预测，是指以企业的战略目标、发展规划和部门的工作任务为出发点，综合考虑各种因素的影响，对部门未来的人力资源数量、质量和时间进行估计的活动。部门人力资源需求预测对部门工作的完成以及目标的实现起着至关重要的作用，它能够确保部门对人力资源的需求，提高部门人力资源的利用效率。需要从以下几个方面对部门人力资源需求进行预测：

（一）预测现实人力资源需求

通过部门人员与工作任务的直接缺口分析，就可以对现实人力资源需求做出合理预测。

（二）预测未来流失人力资源

可以从以下两个角度对未来流失人力资源进行预测：（1）对预测期内退休人员进行统计。（2）根据历史数据，对未来可能发生的离职情况进行预测。

部门人员的流动是不可避免的，而且适度的人员流动对部门来说并非是一件坏事。部门经理要能够预测出部门人员的流失数量。因为员工的流动率高，如辞职或终止合同等，部门需要的人员就增加；相反，员工的流动率低，需要的人员就减少。发现人员流失的原因是保证准确预测未来部门人力资源流失的前提。以下几个原因可以供参考：（1）公司的人力资源政策制定不合理。（2）员工的满意度较低。（3）员工的技能得不到施展。（4）员工找到更适合的企业。

（三）预测未来人力需求

根据未来部门可能承担的工作任务，可以预测未来所需的人员。在进行人员需求预测时，某些因素将影响到预测结果，包括：企业所处环境的变化、企业经营目标的改变、企业发展战略的调整、公司的人力资源政策和人为因素。

能否对部门未来人员的需求做出准确预测，部门经理的经验是至关重要的。部门经理要随时能感觉到外界环境的变化、把握住企业的经营思想，发展战略，以备做出正确的判断。对部门目标的理解、分解和落实也是部门经理能够做出预测的一个重要依据。因此，经理人要关心宏观经济形势，熟悉公司的人力资源政策。

第二节　组织发展规划与人力资源需求

激励和分选，是人力资源管理体系在运转过程中体现出来的两大作用。它们的目的是优化，是对现有人力资源队伍的优化，是对企业战略实现技能的优化。人力资源战略与规划是人力资源管理体系的灵魂，是人力资源管理体系和企业战略的接口。很多企业都在做规划。但很少有企业能真正站在战略的高度进行规划。所以，虽然很多企业把人力资源管理部门定位成"战略合作伙伴"，定位成"变革推动者"，却往往由于无法准确把握人力资源需求而成了"战略竞争对手"，拖了"变革的后腿"。而站在战略的高度进行规划，也未必就能够成为名副其实的"战略合作伙伴"和"变革推动者"。因为，作为人力资源管理体系与企业战略接口的人力资源战略规划本身与企业战略的接口缺失，这个接口就是组织发展规划。

一、组织发展规划概述

（一）组织发展规划的含义

组织发展规划是在战略实现路径上对职能进行战略分组的安排，对组织结构的安排，对权力体系的安排。这个安排是由宏观环境、产业技术、消费需求、企业规模、企业战略、企业的人力资源存量等要素决定的制度性的安排。而且，最为关键的是，这个安排是动态的，是过程性的。只有确定了组织发展规划，人力资源规划才真正有了"根"。

组织发展规划和组织结构设计相类似，但它涉及了时间的概念，它是对组织发展或者演变过程的规划。钱德勒先生在20世纪60年代提出了"战略决定结构"的著名论断。这个论断没有错。但许多人对这个论断的理解产生了偏差。战略决定结构，但战略不是决定结构的唯一要素。上面提到，除了战略之外，宏观环境、产业技术、消费需求等诸多因素也是组织结构设计时需要考虑的重要因素，同时，还必须要考虑人的因素。而对人的考虑，在组织发展规划中，一方面是组织发展对人的要求，另一方面是人对组织发展的适应能力。

（二）组织发展规划的内容

组织发展规划需要以企业价值链为基础来进行，尤其是价值链中的核心业务系统所承载的基本运营模式。在具体的规划过程中，需要根据上述各种因素在组织发展各阶段所表现出来的影响和作用，对基本运营模式进行调整。规划的过程实际是一个推演的过程，一般来说，这个过程包括以下几个方面的内容：（1）确定组织发展的基本运营模式；（2）根据企业战略，确定基本运营模式在组织发展各阶段的变化方式；（3）确定各阶段的战略性职能分组；（4）确定职能增设、强化、弱化和取消的原则，并以此为基础对组织原有职能设置根据各发展阶段的需要进行调整；（5）确定各阶段的组织调整方案。

通过上述推演，可以对组织发展各阶段的核心战略技能的转移过程及转移方式，有一个相对准确的把握。这就为人力资源规划工作中的需求预测提供了坚实的基础。所以，组织发展规划实际上是介于企业发展战略和人力资源规划之间的解析层，而对组织发展趋势的深刻把握则是进行人力资源整合的基础。

二、组织发展规划与人力资源需求应用

下面以万科地产发展和转型的过程为例，说明人力资源管理系统准确把握组织发展趋势，在企业战略转型过程中所表现出来的推进作用。

（一）基本背景

万科过去一直坚持走专业化和标准化的道路，而且在万科文化中，也凸显了专业化和标准化的内部"法律地位"：万科化＝专业化＋规范化＋透明度。万科有自己的建筑研究院，其规模相当于内地中等水平设计研究院的规模。除了标准化，集成化也是万科在专业领域的一个突出表现。在过去的两年中，万科开始推行"福特计划"，它准备像福特公司制造汽车一样"制造"住宅。而到了2005年，万科则提出"颠覆、引领、共生"作为年度管理主题，同时开始了一系列的收购、兼并和重组的试探。这表明万科在不断改变自己。

万科提出"颠覆、引领、共生"模式：（1）万科"颠覆"的对象是在中国沿袭了长达20年之久的名为"香港模式"的房地产开发模式。因为香港模式已不再适合现在的经营环境。（2）万科要引领的是中国房地产行业的发展，它致力成为"中国房地产行业的领跑者"。引领的手段是用专业化和标准化，以及专业化和标准化的"自然孳息"——万科在经营上的优异表现：过去12年25.4%的经营收入复合增长率，28.7%的利润复合增长率，最近5年33.13%的收入复合增长率，30.44%的利润复合增长率。（3）万科与有足够体量的资源拥有者（尤其是土地拥有者）"共生"。

（二）组织发展战略转型

万科的组织发展不单单是年度管理主题的提出，而且还伴随着一系列实质性的举措。和南都的接触与合作，集团架构的调整，集团总部与一线公司的权限分配，各区域的人员调整等，都表明万科是在有条不紊地推进它的战略转型计划。

"颠覆、引领、共生"的提出，成为万科发展史上一个重要的里程碑，它标志着万科开始由"香港模式"转入"美国模式"。这一点，通过万科选定帕尔迪公司作为"标杆"也可以寻得佐证。香港模式与美国模式的本质区别在于，香港模式注重自身资源的整合，美国模式注重行业资源的整合。而且，采取"美国模式"需要具备两个基础：一是高水平的专业化分工；二是良好的资本市场环境和丰富的金融衍生工具。可以说，这两个条件，目前中国的房地产行业都不具备。万科用什么来应对？这就涉及万科的核心战略技能，以及核心战略技能所寄寓其中的组织发展规划和人力资源规划。

（三）组织核心战略技能的形成

万科一直在坚持走专业化和标准化的道路，经过多年的探索和发展，万科在专业分工方面不但拥有足够的话语权，而且拥有足够的实力进行标准输出和管理输出。同时，在资本市场方面，万科也有着多年的运作经验。这就是万科的核心战略技能。

这些核心战略技能的形成，多半有赖于其先前相对集权的管理模式。此前的集权，在使万科的专业化和标准化得到保证、产品具有极强的可复制性（这也是万科产品在各地的品质差异不大的重要原因之一）的同时，也造就了万科极强的对组织发展和人力资源开发进行控制的能力。在组织发展方面，万科对子公司的建制、董事会的构成、就任人员的选派都有比较详细的规定，因此，万科的子公司的组织结构也是可以复制的。而在人力资源开发方面，万科一直提倡职业化，职业化的另外一个含义就是"标准化"。换言之，万科的人才也是可以复制的，而且这种可复制的"标准化"的万科人才，对于其他公司来说，可兼容性低（这也是为什么从万科出来的人比较多，回去的人也比较多的一个重要原因）。由此可见，万科先前的相对集权，不但造就了12年持续增长的稳健的经营业绩，同时也造就了技术壁垒、资本运作壁垒和人才壁垒。

而在人才壁垒形成的背后，则是2001年"游艇"会议对万科人力资源系统的重新定位：管理者的战略合作伙伴、变革的推动者和方法论专家。这个定位改变了万科人力资源系统思考问题的角度和高度：从战略的层面考虑问题，从推动企业变革的角度考虑问题，用专业的方法和手段促进企业的发展。在这个定位的指导下，万科引入了平衡计分卡、末位淘汰制等管理工具和手段，并实施了海盗计划、新动力等一系列人力资源战略举措。所有这一切，都基于新的定位下，人力资源系统对运营模式的深刻认知，对组织发展的准确把握。如此，万科才有了"颠覆、引领、共生"的基础。

（四）组织结构调整

2005 年，为适应经营模式的转变，万科对其组织结构进行了调整。一方面是对职能的战略分组进行调整，另一方面是对集团总部与一线公司的权限划分进行调整。在职能战略分组方面，万科的组织结构调整为产品线、运营线、管理线和监控线四条主线，产品线负责从产品的客户分析、规划设计，一直到项目管理、营销的全过程；运营线负责融资、财务安排、运营管理、企业发展战略规划；管理线包括人力资源、物业、客户服务、总经理办公室等；监控线则负责公司的内部审计、风险防范以及党务工作。董事会办公室负责投资者关系、媒体关系和研究工作。而在集团总部与一线公司权限划分上，则由过去的相对集权变为相对分权，赋予了一线公司更大的操作空间。

（五）小结

综上可以看出，万科的组织规划与人力资源需求之间之所以能够达成平衡，应是谋定而后动。

（1）万科的调整，一方面是战略发展的需要，在运营模式上从香港模式转为美国模式，在资源整合上从内部资源整合转为行业资源整合；另一方面则是自身积累到一定阶段后水到渠成的必然结果，尤其是它在专业水平、集成水平、项目操盘能力、内部人才梯队建设和储备能力等核心战略技能方面的积累。

（2）万科的调整，应该算得上是"蓄谋已久"的调整，在人力资源整合方面，更是"兵马未动，粮草先行"，做了大量的前期准备。万科的人力资源系统在"战略合作伙伴"的定位下，通过种种制度安排，对人力资源系统进行整合，对核心战略技能进行整合，在万科的发展过程中成功地履行了"战略合作伙伴"的职责。

93

（3）万科之所以能够做到这一点，最根本的原因是他们对人力资源整合之"源"有着深刻的认知，对万科的组织发展趋势、对万科在组织发展的各个阶段所需要的各种核心战略技能有着深刻的认知，并且谋定而后动，充分调动各种资源进行积极的整合。

（4）从万科的发展历程和人力资源管理实践可以看到，人力资源整合的目的是对战略实现技能的存量不断进行调整和优化，使之能够在不同的组织发展阶段满足战略实施的要求，而且它的基础应该是组织发展规划，否则很难与战略需求进行准确对接。

（5）缺乏对组织发展规划这个解析层的准确界定和分析，是导致传统的、在方法论层面上让人颇为信服的种种人力资源供需预测方法始终表现不佳的根本原因，是导致企业人力资源供需不均衡的根本原因，是导致人力资源管理部门无法真正成为管理者的战略合作伙伴的根本原因。

所以，对于人力资源管理者来说，如何深刻理解公司的运营模式，如何准确判断公司的组织发展趋势，如何准确界定战略实现所需要的核心战略技能，是决定人力资源整合效果的关键。

第三节　人力资源需求的预测方法与评估

一般来说，人力资源需求的预测方法可分为定性分析预测法和定量分析预测法两大类。

一、定性分析预测法

（一）管理人员判断法

管理人员判断法是指企业内的管理人员凭借个人的经验和直觉，对企业未来的人力资源需求进行预测。这是一种比较简单的方法，主要用于短期预测。管理人员判断法既可以单独使用，也可以与其他方法结合使用。当单独使用时，在环境变动不大和组织规模较小或缺少足够信息的情况下，能取得良好的效果。当与其他方法结合使用时，常常是利用管理人员的判断对定量分析方法的预测结果进行必要的修正。这是因为在某些情况下，定量方法的预测结果会与实际不符。主要有以下三种情况：

（1）企业关于提高产品或人力资源质量或进入新市场的决策，会对企业新进人员和现有人员的能力等提出新的要求，这时，只有数量分析往往是不够的。

（2）企业生产技术水平的提高和管理方式的改进会减少对人力资源的需求，这在数量分析中难以反映。

（3）企业未来能够支配的财务资源，制约着员工的薪酬水平，这不仅会制约新进员工的数量，同时也会制约新进员工的质量。

（二）德尔菲法

德尔菲法来源于20世纪40年代末美国兰德公司的"思想库"，是一种专家们对影响企业发展的某一问题的看法达成一致意见的一种方法。

德尔菲法具有以下特点：（1）专家参与。这里的专家是指对所研究问题有深入了解的人员，既可以是基层管理人员，也可以是高层经理；既可以是企业内的，也可以是来自企业外部的。对专家的人数有数量上的要求，一般不少于30人。（2）匿名进行。即专家们互不见面，独立地做出判断，且专家每次判断意见的返回率不能低于60%。（3）多次反馈。即预测过程必须经过几轮反馈，使专家们的意见互相补充、启发，并渐趋一致。（4）采用统计方法。即将每一轮反馈的预测结果用统计方法加以处理，做出定量判断。（5）使用一位"中间人"或"协调员"在专家们之间收集、传递、归纳和反馈信息。

德尔菲法用于人力资源预测的具体操作过程是：（1）确定预测目标，以问卷形式列出一系列有关人力资源预测的具体问题。（2）广泛选择深入了解人力资源问题的专家，并向选定的专家提供有关情况和资料，取得他们的合作。（3）向专家们发出问卷，请他们独立思考并书面回答。（4）将专家们的意见进行归纳，并将综合结果反馈给他们。（5）请专家们根据归纳的结果重新思考，允许他们修改自己的预测并说明原因。（6）重复进行第4步和第5步，直到专家们的意见趋于一致。（7）用文字、图表等形式将专家们的预测结果予以发布。

德尔菲法主要用于人力资源的中长期预测，要想有效使用该方法，应该遵循以下原则：（1）要为专家们提供充足的信息，使他们能做出准确的预测。（2）所提的问题要尽量简单，以保证所有专家对问题有相同的理解。（3）所提的问题应该是专家能够回答的问题。（4）对专家的预测结果不要求精确，但要他们说明对预测结果的肯定程度。（5）要向高层领导和专家们说明预测对组织的重要性，以取得他们的支持。

（三）散点图法

散点图法是借助图形来分析部门人力资源需求的方法，用起来比较直观实用。借助散点图法，你可直观地把部门经济活动中的某种变量与人数之间的关系变化趋势表示出来，从而可以未来该变量目标值的设定，推知未来部门人员需求量。散点图法的典型步骤如下：

（1）选择一个相关的因素进行调查，找出它与人力资源的需求量5笔以上的历史资料，如销售额。

（2）做出这个变量与人力资源需求量的坐标系，根据历史数据描出点。

（3）由描出的点作一条与各点之间距离最小的直线，然后根据所确定的目标值找到相对应的人力资源需求量。

散点图法相当直观实用，但由于预测过程中受直观感觉的影响，精度不高，它只适用于粗略的估计。

二、定量分析预测法

（一）趋势分析法

趋势分析法是指预测者根据员工数量的历史数据来确定其长期变动趋势，从而对企业未来的人力资源需求做出预测。具体做法是：（1）把时间作为自变量，人力资源需求量作为因变量，根据历史数据，在坐标轴上绘出散点图；（2）由图形可以直观地判断应适合哪种趋势线（直线或曲线），从而建立相应的趋势方程；（3）用最小二乘法求出方程系数，确定趋势方程；（4）在此基础上，这就可对未来某一时间的人力资源需求进行预测。

［例1］已知某企业过去12年的人力资源数量，如表4－1所示，预测未来第三年的人力资源需求量为多少？

表4－1　　　　　　　　　某企业过去12年的人力资源数量

年度	1	2	3	4	5	6	7	8	9	10	11	12
人数	510	480	490	540	570	600	640	720	770	820	840	930

根据表4－1，将年度作为横坐标，人数作为纵坐标，绘制出散点图（见图4－1）。

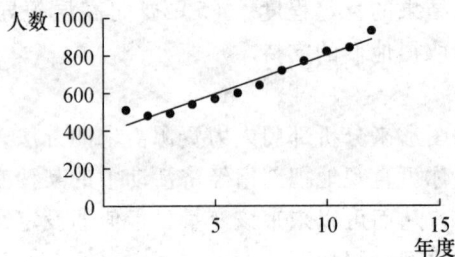

图4－1　散点图

由散点图4－2，可知，应建立直线趋势方程：

$$Y = a + bX$$

式中：Y表示人数；X表示年度。

利用最小二乘法，可以得出a、b的计算公式：

$$a = \bar{Y} - b\bar{X}$$

$$b = \frac{\sum_{i=1}^{n}(X_i - \bar{X})(Y_i - \bar{Y})}{\sum_{i=1}^{n}(X_i - \bar{X})^2}$$

带入数据可得：$a = 390.7$，$b = 41.3$

$$Y = 390.7 + 41.3X$$

所以，未来第三年的人力资源需求量为：

$$Y = 390.7 + 41.3 \times 15$$
$$= 1010 \text{（人）}$$

趋势分析法一般是首先通过分析部门在过去五年或者更长时间的员工雇用变化情况进行分析，然后以此为依据来预测部门未来人员需求的技术。其具体步骤为：

（1）选择相关变量。选择一个相关的因素，这个因素直接影响到部门对人力资源的需求，如销售额、生产率等。

（2）分析相关变量与人力资源需求的关系。分析此因素与所需员工数量的比率，形成一种劳动生产率指标，如生产量/每人时等。

（3）计算生产率指标。根据以往 5 年或 5 年以上的生产率指标值，求出均值。

（4）计算所需人数。用相关变量除以劳动生产率得出所需人数。

（二）回归分析法

回归分析法是指根据数学中的回归原理对人力资源需求进行预测。基本思路是：（1）确定与企业中的人力资源数量和构成高度相关的因素，建立回归方程；（2）然后根据历史数据，计算出方程系数，确定回归方程；（3）这时，只要得到了相关因素的数值，就可以对人力资源的需求量做出预测。回归模型包括一元线性回归模型、多元线性回归模型和非线性回归模型。一元线性回归是指与人力资源需求高度相关的因素只有一个。多元线性回归是指有两个或两个以上的因素与人力资源需求高度相关。如果人力资源需求与其相关因素不存在线性关系，就应该采用非线性回归模型。多元线性回归与非线性回归非常复杂，通常使用计算机来处理。一元线性回归比较简单，可以运用公式来计算。

已知某医院病床数和所需护士数的历史纪录，如表 4-2 所示，根据医院的发展计划，要将床位数增至 700 个，预测到那时将需要多少名护士？

表 4-2 　　　　　**某医院病床数和所需护士数的历史纪录**

床位数	200	300	400	500	600	650
护士人数	250	270	450	490	640	670

根据表 2-2，将护士数作为纵坐标，以床位数作为横坐标，可绘制出散点图 4-2。

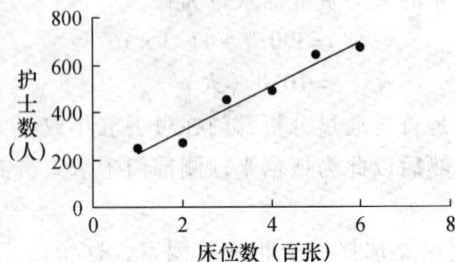

图 4-2　散点图

由散点图可知，应建立直线趋势方程：

$$Y = a + bX$$

式中：Y 表示护士数；X 表示床位数。

利用最小二乘法，可以得出 a、b 的计算公式：

$$a = \overline{Y} - \overline{bX}$$

$$B = \frac{\sum\limits_{i=1}^{n}(X_i - \overline{X})(Y_i - \overline{Y})}{\sum\limits_{i=1}^{n}(X_i - \overline{Y})^2}$$

带入数据可得：

$$a = 20, \quad b = 1$$

$$Y = 20 + X$$

所以，如果床位增加到 700 张，则需要的护士数为：

$$Y = 20 + 700$$

$$= 720 \ （人）$$

回归分析法是利用数学回归原理建立变量间的函数模型，根据过去部门员工的变动趋势推测未来的人力需求，具体操作过程如下：

（1）根据部门负责人的工作经验或过去该部门的人员变动统计信息，确定与组织中劳动力的数量和构成关系最大的一种或几种因素，如服务业务量和产量。

（2）然后研究在过去组织中的员工人数随着这种因素变化而变化的规律，得到业务规模的变化趋势和劳动生产率变化趋势，分析二者之间是否存在相关。

（3）根据前面得到的信息，建立回归分析方程式，根据变化趋势确定未来人力资源需求量。

（三）比率分析法

比率分析法是通过计算某些原因性因素和所需员工数量之间的比率来确定人力资源需求的方法。一是人员比例法。例如，某企业有 200 名生产人员和 10 名管理人员，那么，生产人员与管理人员的比率就是 20，这表明 1 名管理人员管理 20 名生产人员。如果企业明年将生产人员扩大到 400 人，那么根据比率可以确定企业对管理人员的需求为 20 人，也就是要再增加 10 名管理人员。二是生产单位/人员比例法，例如，某企业有生产工人 100 名，每日可生产 5 万单位的产品，即一名生产工人每日可生产 500 单位产品。如果企业明年要扩大产量，每日生产 10 万单位产品，根据比率可以确定需要生产工人 200 名，也就是要再增雇 100 名生产工人。

比率分析法假定企业的劳动生产率是不变的，如果考虑到劳动生产率的变化对员工需求量的影响，可用以下计算公式：

$$N = \frac{w}{q\ (1+R)}$$

式中：N 表示人力资源需求量；w 表示计划期内任务总量；q 表示目前的劳动生产率；R 表示计划期内生产率变动系数；

$$R = R_1 + R_2 - R_3$$

式中：R_1 表示由于企业技术进步而引起的劳动生产率提高系数；R_2 表示由于经验积累而引起的生产率提高系数；R_3 表示由于年龄增大及某些社会因素而引起的生产率降低系数。

比率分析法是人力资源需求预测中的常用方法，它利用员工数量与一些已知要素的固定比例关系进行需求预测，操作比较简单。其具体操作步骤如下：

（1）确定原因性因素。经理人根据平时的管理经验或一些已知的信息，通过预测找到与员工需求量呈固定比率的原因性因素，而且保持这两者的比率关系，可保证部门效率达到稳定和合理。如你所在的部门是销售部门，那就是销售人员数量对应销售额。

（2）确定预测目标数量。将选定的原因性因素同员工需求数量建立比率关系，有时两者之间的比率关系较明显、单一时，直接计算即可；如果两者之间有二重比率关系，则应合理建立比率预测模型。

以上面两种因素为依据，通过它们对所要预测的比率关系进行预测。

比率分析法一般用于一定时期内职位状况没有发生本质变化的情况。如果职位性质或关系发生了变化，应该及时调整比率，以保证预测准确。比率分析法在中小企业比较常用。使用比率分析法的前提是生产率不变，如果原因性变量和所预测变量之间无固定比率关系，则无法使用。

（四）任务分析法

任务分析法是将某部门所承担的任务分成 A、B、C 三类，A 类为日常性工作，几乎天天发生；B 类为周期性工作，如计划部门制定年度计划，财务部门发放工资等；C 类为临时性或突发性工作，具有不可预见性。然后根据过去的统计数据以及计划期内任务的变动情况，对各项任务的工作量进行估计。最后将每类中的各项任务的工作量进行加总。如表 4－3 所示。

表 4－3　　　　　　　　　　任务分析表

A 类		B 类		C 类	
任务	工作量 W_A	任务	工作量 W_A	任务	工作量 W_A
1	W_{A1}	1	W_{B1}	1	W_{C1}
2	W_{A2}	2	W_{B2}	2	W_{C2}
3	W_{A3}	3	W_{B3}	3	W_{C3}
…	…	…	…	…	…
合计	$\sum W_A$	合计	$\sum W_B$	合计	$\sum W_C$

工作量可按小时或工作日计算，则由以下公式可计算出该部门的人力资源需求量：

$$N_A = \sum W_A / q, \ N_B = \sum W_B / q, \ N_C = \sum W_C / q$$
$$N = N_A + N_B + N_C$$

式中：q 表示每个员工的实际工作时间定额；N_A 表示 A 类任务的人力资源需求量；N_B 表示 B 类任务的人力资源需求量；N_C 表示 C 类任务的人力资源需求量；N 表示部门总的人力资源需求量。

（五）生产函数预测法

生产函数预测法是通过建立生产函数来预测人力资源需求的方法。常见的生产函数有考伯—道格拉斯生产函数，它假定产出水平取决于劳动力和资本两种要素的投入水平，于是可列出如下公式：

$$P_t = CM_t^a \cdot K_t^b \cdot U_t$$

式中：C 为常数；M_t 为 t 时期内使用的劳动力总数；K_t 为 t 时期内使用的

资本总额；U_t 为对数正态分布误差项；P_t 为产出水平；a 与 b 分别为劳动力和资本的产出弹性，并且在劳动力和资本互补时，$a+b=1$。

对上式取对数并调整以后可以得到以下公式：

$$\log M_t = \frac{1}{a}\log P_t - \frac{1}{a}\log C - \frac{b}{a}\log K_t - \frac{1}{a}\log U_t$$

因此，如果已知 t 时期的产出水平和资本总额，通过以上公式就可以计算出 t 时期的劳动力需求量。

三、人力资源需求预测评估

虽然人力需求的结果只有过了预测期限才能得到最终检验，但为了给企业人力资源规划提供正确决策的可靠依据，有必要事先对预测结果进行初步评估。由专家、用户及有关部门主管人员组成评估组来完成评估工作。

评估者应考虑以下具体问题：

（1）预测所依据的信息的质量、广泛性、详尽性、可靠性以及信息的误差及原因。

（2）预测所选择的主要因素的影响与人力需求的相关度，预测方法在使用的时间、范围、对象的特点与数据类型等方面的适用性程度。

（3）人力资源规划者熟悉人事问题的程度以及对他们的重视程度。

（4）他们与提供数据和使用人力资源规划的人事、财务部门以及各业务部门经理之间的工作关系如何。

（5）在有关部门之间信息交流的难易程度（如人力资源规划者去各部门经理处询问情况是否方便）。

（6）决策者对人力资源规划中提出的预测结果、行动方案和建议的利用程度。

（7）人力资源规划在决策者心目中的价值如何。

（8）规划实施的可行性。评估预测结果是否符合社会、环境条件的许可，能否取得达到预测成果所必需的人、财、物、信息、时间等条件。

为了提高人力资源预测的可靠性，有必要使评估连续化，除了上述因素可以对一项人力资源规划评价时提供重要参考外，还要对如下几个因素进行比较：（1）实际招聘人数与预测的人员需求量比较；（2）劳动生产率的实际水平与预测水平比较；（3）实际的与预测的人员流动率的比较；（4）实际执行的行动方案与规划的行动方案比较；（5）实施行动方案后的实际结果与预测结果比较；（6）劳动力和行动方案的成本与预算额的比较；（7）行动方案的收益与成本的比较。

评估要客观、公正和准确；同时要进行成本—效益分析以及审核规划的有效性；在评估时一定要征求部门经理和基层领导人的意见，因为他们是规划的直接受益者，最有发言权。

本章学习要点提示

【重要概念】

部门人力资源需求预测　组织发展规划　管理人员判断法　德尔菲法　散点图法　趋势分析法　回归分析法　比率分析法　任务分析法　生产函数预测法

【复习思考题】

1. 企业人力资源需求的影响因素有哪些？
2. 如何进行工作与人员之间的缺口分析？
3. 如何进行部门人力资源需求预测？
4. 组织发展规划的含义和内容有哪些？
5. 结合实例简述组织发展规划与人力资源需求之间的关系。
6. 人力资源需求预测方法有哪些？
7. 简述人力资源需求预测评估。

讨论案例

远兴公司 2004 年人力资源招聘计划

远兴公司是华东地区一家车辆装配企业，根据 2003 年年底的市场预测，2004 年市场销售额将有 30% 的增长，为了满足生产需要，公司决定启用一直闲置的第 4 条生产线，1 月份就开始投产使用。为此，公司人力资源部拟订了 2004 年的人力资源招聘计划工作。

首先，人力资源部组织了市场部、生产装配部的有关人员举行了会议，会上大家分析了公司 2003 年的历史数据。从市场部每月的数据来看（见表 1）每年 3—5 月、10—12 月是销售高峰期，而其他月份则为淡季，年销售共 58460 辆；从生产装配部的数据来看，生产除了 1 月和 7 月外都比较平均，年装配 58699 辆；从人力资源部的统计数据来看，装配生产线的人力投入比较平均，共 3 条装配线，分别组装不同型号的汽车，每天 3 班制，每月月初平均 590.4 人，人均装配 8.8 辆/月。

表1 全年销售情况表

月份	1	2	3	4	5	6	7	8	9	10	11	12
销售	3525	4489	5080	5678	5260	4034	4131	4358	4669	5578	5647	6011
产量	3012	5209	5214	5206	5204	5199	3425	5189	5201	5211	5213	5216
人力	588	590	587	586	592	591	590	585	591	593	596	596

注：（1）12月份数据为预测数据；（2）1月销售发货有1890辆是去年12月的库存（合适的库存为1000—2000辆）；（3）1月份春节放假11天、7月份装配线检修，放高温假9天，故数据异常。

根据市场部预测，2004年每月销售将同比增加30%，也就是说，如果按照现在的生产率，到2004年2月就会用掉所有库存（见表2）。

表2 2004年销售预测表

月份	1	2	3	4	5	6
2004年销售预测	4583	5836	6604	7381	6838	5244
2004年产量预测	3012	5209	5214	5206	5204	5199
剩余库存预测	358	−269	−1659	−3833	−5467	−5512

因此，为了保证2月份不脱货，计划在1月份就要开始招聘并尽快投入生产线，具体招聘人数见表3。同时，为保证质量，在将新招聘人员放到现有生产线上时，从这些生产线调配熟练员工，逐步建设起新老结合的生产团队。

103

表3 招聘人数的预测表

月份	1	2	3	4	5	6
招聘计划	66	131	196	195	197	197
产量预测	288	1154	1722	1719	1737	1734
剩余库存预测	646	1531	1594	−521	−4252	−8031

[讨论题]

1. 该企业人力资源计划和招聘计划是否合适？

2. 该企业如何控制6月份以及以后过高的库存？

第五章　人力资源供给预测

本章导读

兴化金属公司的人力资源规划

近年来，兴化公司常为人员空缺所困惑，特别是经理层次人员的空缺常使得公司陷入被动的局面。兴化公司最近进行了公司人力资源规划。公司首先由四名人事部的管理人员负责收集和分析目前公司对生产部、市场与销售部、财务部、人事部四个职能部门的管理人员和专业人员的需求情况以及劳动力市场的供给情况，并估计在预测年度，各职能部门内部可能出现的关键职位空缺数量。

上述结果用来作为公司人力资源规划的基础，同时也作为直线管理人员制定行动方案的基础。但是，在这四个职能部门里制定和实施行动方案的过程（如决定技术培训方案、实行工作轮换等）是比较复杂的，因为这一过程会涉及不同的部门，需要各部门的通力合作。例如，生产部经理为制定将本部门A员工的工作轮换到市场与销售部的方案，则需要市场与销售部提供合适的职位，人事部做好相应的人事服务（如财务结算、资金调拨等）。职能部门制定和实施行动方案过程的复杂性给人事部门进行人力资源规划也增添了难度，这是因为，有些因素（如职能部门间的合作的可能性与程度）是不可预测的，它们将直接影响到预测结果的准确性。

兴化公司的4名人事管理人员克服种种困难，对经理层的管理人员的职位空缺做出了较准确的预测，制定详细的人力资源规划，使得该层次上人员空缺减少了50%，跨地区的人员调动也大大减少。另外，从内部选拔工作任职者人选的时间也减少了50%，并且保证了人选的质量，合格人员的漏选率大大降低，使人员配备过程得到了改进。人力资源规划还使得公司的招聘、培训、员工职业生涯计划与发展等各项业务得到改进，节约了人力成本。

兴化公司取得上述进步，不仅仅是得力于人力资源规划的制定，还得力于公司对人力资源规划的实施与评价。在每个季度，高层管理人员会同人事咨询专家共同对上述4名人事管理人员的工作进行检查评价。这一过程按照标准方式进行，即这4名人事管理人员均要在以下14个方面做出书面报告：各职能部门现有人员；人员状况；主要职位空缺及候选人；其他职位空缺及候选人；多余人员的数量；自然减员；人员调入；人员调出；内部变动率；招聘人数；劳动力其他来源；工作中的问题与难点；组织问题及其他方面（如预算情况、职业生涯考察、方针政策的贯彻执行等）。同时，他们必须指出上述14个方面与预测（规划）的差距，并讨论可能的纠正措施。通过检查，一般能够对下季度在各职能部门应采取的措施达成一致意见。

在检查结束后，这4名人事管理人员则对他们分管的职能部门进行检查。在此过程中，直线经理重新检查重点工作，并根据需要与人事管理人员共同制定行动方案。当直线经理与人事管理人员发生意见分歧时，往往可通过协商解决。行动方案上报上级主管审批。

105

第一节　人力资源供给概论

一、人力资源供给概要

（一）作为经济要素供给的人力资源

人力资源作为近年受到社会普遍关注的范畴，是指一定时间、地点范围内人口总体所具有的劳动能力的总和，也被称为"劳动力资源"或者"劳动资源"。在现行的经济统计中，人力资源是作为一种社会劳动要素的供给实体，指以国家或地区为范围的具有劳动能力的人口数量。

人力资源作为人力资源供给的实体，其与社会需求的关系如何、其能否就业，成为经济学家和政府高度关心的内容，这也是企事业单位与机关单位用人的社会来源。

人力资源作为一个含义广泛的经济范畴，可以说是具有"质"和"量"两个方面。实际上，人力资源作为一个社会的人口总体所具有的劳动能力的供给总和，其总体也就是数量、质量二者的乘积。即：

人力资源供给总量＝劳动力人口数量（人力资源数量）×质量

（二）人力资源供给的特点

社会经济活动中的人力资源要素的实体是人，人是有思想、有价值判断的社会动物，与其他经济要素有一定区别。其主要特点有：

1. 动力性

动力性，亦即主体推动性。没有主体，就没有一切，正如斯密所说，"由于勤劳，人类才能得到堪称丰富的实际必需品"。这一问题这里不赘述。

2. 自我选择性

自我选择性，即劳动要素作为主体要素，在构成人力资源供给与否和人力资源供给的投入数量与方向上，具有自主决定权与选择偏好。上述选择与决定权主要表现为：个人"想不想或要求不要求就业"、"要到什么岗位上去就业"和"就业时间多长、工作强度多大"。国际劳工组织在提出"就业目标"时指出，就业应达到"自由选择"，即自主性。

在经济发展水平不同的国家和地区，由于社会经济、文化条件的不同，人的知识技能水平与价值观、自我意识也不同，自我选择性也有一定差别。一般说，经济发展水平低、教育文化水平低的国家或地区，人的自我选择性就较弱；经济发展水平高、教育文化水平高的国家或地区，人的自我选择性就较强。

劳动者作为主体的自我选择的范畴，又是与经济单位选择劳动要素相对应的：一方面，人选择就业岗位；另一方面，岗位选择人。市场就业，就是在这双向选择中实现的。

3. 个体差异性

个体差异性，即不同的劳动要素个体，在个人的知识技能条件、劳动参与率倾向、人力资源供给方向，以及社会劳动岗位对其需求与选择方面，均有一定的差异。

人力资源供给的个体差异性，使用人单位配置人力资源要素时，不能仅仅按照人的一些外在、明显的特性（如年龄、性别、教育等级、专业门类）进行简单的配置，而应当对个体之间相当大的条件差异状况，做出合乎每个求职者实际能力和个人愿望状况的判断，并据此进行就业岗位的分配。漠视人的差异，约束和否定人的自主选择性，结果往往是"乔太守乱点鸳鸯谱"式的资源错配。

4. 非经济性

非经济性，即人作为经济要素的供给，除了追求"高收入"的经济利益外，还有多种非经济方面的考虑。从经济行为主体的个人层面上看，人的职业选择、劳动付出往往与职业的社会地位、工作的稳定性、晋升机会、管理特点、工作条件、个人兴趣爱好、技能水平等因素相关联。人力资源供给的非经济性存在这样一种规律：经济水平比较低的社会，人们对非经济的考虑较少；在经济水平比较高的社会，"衣食足而知荣辱"，人们对于非经济利益的考虑就会较多，强度也较大。这就要求现代组织的招聘、岗位配置和对人的使用，一定要充分考虑人力资源的非经济性。

二、个体人力资源供给

（一）工资与人力资源供给

个体人力资源供给即发生在由个人作为供给主体、进行求职、进行择业的，属于微观层面的人力资源供给。从经济学原理看，这种微观劳动层面的供给取决于对应的经济单位（社会、地区、部门、用人单位）的工资水平。工资之所以作为劳动要素供给的报酬，是因为从个人的角度看，人们付出人力资源供给，以"勤劳"的付出或"闲暇"的牺牲为代价。对于这种付出或牺牲，人们就要以一定的工资收入作为报偿。

个体人力资源供给与工资水平之间，存在着一定的正相关关系。这也正是市场经济条件下，人力资源供给与工资关系的一般规律。人们要就业，要从事劳动，基本原因正在于人能够从其中取得经济报酬用于自身与家庭的消费生活，以维持生存，获得发展，得以享受。

在一般情况下，工资水平高，人力资源供给的数量就多，即要就业的人数多、每个人从事劳动的时间也长；工资水平低，人力资源供给的数量就少，即要就业的人数少、每个人从事劳动的时间也短。

（二）个体人力资源供给的经济条件

人处于一定的经济社会环境之中，个体层次、单个行为的人力资源供给，必然受到一个国家和地区的经济、社会、政治、文化诸方面因素的影响。经济条件对于个人人力资源供给而言，在供给数量、质量、方向、结构等方面均有重大影响。

1. 不同经济发展水平的个体人力资源供给

在经济发展水平较低的国家，工业化过程一般尚未完成，即具有明显的二元经济结构特征。在这种情况下，大量有劳动能力的人被囿于土地上或封闭于山乡中，未形成有效的人力资源供给。他们即使游离出土地，也因其素质较差且数量过剩，不能被大工业所充分吸收，而形成社会问题。

在经济发展水平较高的发达国家，一般是"后工业化"社会或服务社会、信息社会，其社会教育水平较高，人力资源供给个人的文化技能素质水平也较高；同时，发达国家还较普遍存在人口老化现象，所以劳动需求量比较大，劳动要素供给较为珍贵。

相比之下，发展中国家人力资源供给过剩，个人在就业、工资、教育、保障等方面一般处于不利的地位；发达国家人力资源供给不足甚至稀缺，个人在就业、工资、教育、保障等方面就处于有利的地位。

2. 市场经济体制下的个体人力资源供给

在市场经济体制下，个人是自身活动的主宰者，人力资源供给从理论上说，有充分的选择性，可在市场信息比较充分、对个人自身认识基本清晰、对预期劳动收入估算相当可靠的情况下，做出最合乎理性的、效益最大的供给选择。就劳动要素个体间的关系来说，则是平等竞争、能力取胜、优胜劣汰、各得其所。在市场经济社会，个人为着自己较高的职业报酬，要努力劳动并可能经常做出供给抉择，并为着自己的良好职业生涯而提高素质，接受教育。这时的个体供给也就有了较大的流动能力，这种高流动性与迅速变动的经济结构是匹配的。

但是，市场经济存在着"市场失灵"，其中一个方面就是可能存在着一定的失业，而且对弱势群体的就业有着天生的排斥倾向，需要加以纠正。

三、部门人力资源供给

（一）部门人力资源供给的性质

产业、部门的人力资源供给，是社会劳动总供给的下一个层次，是中观层面的，是对于某一产业、部门供给的偏好。实际上，各个产业、部门的人力资源供给，都是由一定数量的特质（即定向的）人力资源供给与一定数量的同质（即可以广泛投入的）人力资源供给二者构成。

1. 特质的、定向的人力资源供给

特质的、定向的人力资源供给，是接受特定性的专业、职业教育训练之后，形成自身已定向的、未经教育培训者无法替代的人力资源供给。例如，工艺美术院校毕业生寻找工艺品设计岗位、医学院毕业生准备当大夫，这部分特质人力资源对于劳动市场上的其他求业人员，具有优势、形成排斥甚至是垄断权。

2. 同质的、广泛投入性的人力资源供给

同质的、广泛投入性的人力资源供给，适应面广大，可以对社会各个产业构成供给，例如会计师、保安人员等。但是，某种人力资源供给究竟对哪个产业真正形成供给，则要看各个产业间的竞争关系及其对该劳动要素的吸引力了。

（二）影响部门人力资源供给的因素

影响部门人力资源供给的因素，主要包括以下几方面：

1. 工资竞争力

工资竞争力，即一个部门与其他经济部门相比较的工资水平的高低。假定社会的所有人力资源供给与劳动需求都是同质的，并假定劳动需求不是处于垄断市场而是能够自由流动的，在社会劳动要素的全部供给中，能否形成对某一部门的中观人力资源供给，该部门的工资水平高低就是最重要的因素了。即使考虑到产业、部门的差异和劳动需求的一定限制性，哪一个产业、部门的工资水平高，其诱发的人力资源供给就大；反之，其工资水平低，所诱发的人力资源供给就小。总之，这种工资水平的比较会构成人们对于不同部门的人力资源供给的数量大小不同。

2. 专业教育的门类

一定的教育门类，能生产出具有一定特质的、不可替代的专门人力资源供给。因此，教育部门的专业设置、各类学校不同专业的招生和毕业数量，就是一定时期中观人力资源供给的专业影响因素。从个人的角度看，经过特定教育训练、在工作中具有专业优势的人力资源供给，往往是就业者取得高收入、得以晋升和获得发展机会的基础，因此，人们就把接受某类专业教育作为自己的主动选择。人们的专业门类选择，取决于未来劳动力市场的行业预期，由此所形成的社会人群对于某部门的共同选择，就形成中观的人力资源供给。例如，新中国成立初期的"男学工，女学医"，目前的计算机热、金融热和 MBA 热。

但是，从长期的角度看，当一种特质的人力资源取得较高的个人收入后，会诱发社会上的人们大量进入该教育门类，接受特质教育培训，因此，这种垄断权又会削弱以至消失，产生一定的非特质性。例如，中国近年的管理人才培养存在过剩问题，MBA 已经遍地开花。

3. 人的就业偏好

人是有价值判断的动物，不同的人对同一事物会有不同的评价和选择标准，诸如收入水平、工作环境、社会声望、符合兴趣、风险程度，等等。由于人们对于某产业、部门有着不同的发展预期，也有着对于在某产业、部门就业的个人偏好，因此，就会形成对于某产业、部门的中观人力资源供给。

4. 人力资源的流动性

人力资源的流动性，是在一定的人力资源供给格局和既定配置格局的条件下，影响人力资源供给投入方向，即影响中观人力资源供给格局的一个重要因素。一般来说，人力资源本身的活动性强，即素质高、年纪轻、抱负大，就易于流动；其流动的客观障碍少，体制灵活、信息充分、生活条件（居住条件、上班交通条件、子女上学条件、工作地点的物质文化生活等）易于解决和满足，就易于流动；其流动的个人成本与需求方担负的费用小，也易于流动。

对于一个较小的产业或部门来说，其非特质性岗位和无高技能要求的岗位，由于人力资源流动性的作用，有可能出现某地区、某行业、某职业"人力资源供给无限"的局面。例如，经济特区需要招收些许人才，应聘者却成千上万。

四、社会人力资源供给

（一）社会人力资源供给的基本特征

从宏观的社会层面角度着眼，全面研究人力资源供给，更为重要。因为社会人力资源供给状况，从一定意义上讲决定了社会就业的基本格局。

对于就业问题而言，宏观人力资源供给的基本数量特征，与微观人力资源供给的特征完全一致，即"工资水平越高，人力资源供给也越多；工资水平越低，人力资源供给也越少"。实际上，正是全社会的人们在人力资源供给方面自由选择的总体结果，才构成了社会人力资源供给，决定了社会人力资源供给的数量和方向。

（二）社会人力资源供给的数量结构

依据人的自然形态，可以对人口总体进行"劳动年龄"的划分，在劳动年龄上、下限之间取"劳动适龄人口"或者"劳动年龄人口"。劳动力人口的数量，与劳动适龄人口的数量大体一致。因为，在劳动适龄人口内部，存在着一些丧失劳动能力的病残人口；在劳动适龄人口之外，也存在着一批具有劳动能力、正在从事社会劳动的人口。在计量人力资源数量时，应当对上述两种情况加以考虑，对劳动适龄人口数量加以修正，就可以得到更加精确的人力资源数量。

因此，人力资源的数量即：一个国家或地区范围内劳动适龄人口的总量，减去其中丧失劳动能力的人口，再加上劳动适龄人口之外具有劳动能力的人口。

具体分析，人力资源的数量结构包括下列几部分：

1. 现实的人力资源供给

（1）处于劳动年龄之内，正在从事社会劳动的人口，它占据人力资源的大部分，可称为"适龄就业人口"。

（2）尚未达到劳动年龄，但已经从事社会劳动的人口，即"未成年劳动者"或"未成年就业人口"。

（3）已经超过劳动年龄，还在继续从事社会劳动的人口，即"老年劳动者"或"老年就业人口"。

（4）处于劳动年龄之内，具有劳动能力并要求参加社会劳动的人口，可称为"求业人口"。这实际上是失业人口。

这四个部分是经济活动人口，构成现实的社会人力资源供给，这是直接的、已经开发的人力资源。其中的前三个部分，构成就业者或"就业人口"的总体。

2. 潜在的人力资源供给

（5）处于劳动年龄之内，正在从事学习的人口，即"就学人口"。

（6）处于劳动年龄之内，正在从事家务劳动的人口。

（7）处于劳动年龄之内，正在军队服役的人口。

（8）处于劳动年龄之内的其他人口。

这四个部分并未构成社会人力资源供给，它们是间接的、尚未开发的、处于潜在形态的人力资源。

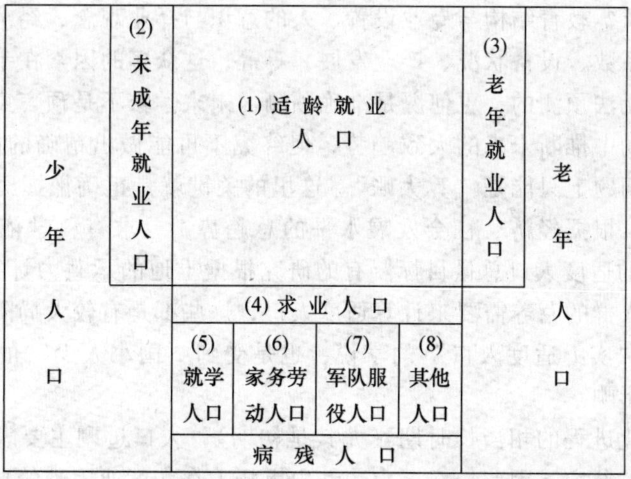

少年人口	(2) 未成年就业人口	(1) 适龄就业人口				(3) 老年就业人口	老年人口
		(4) 求业人口					
		(5) 就学人口	(6) 家务劳动人口	(7) 军队服役人口	(8) 其他人口		
		病残人口					

图 5-1 人力资源构成图

（三）影响社会人力资源供给数量的因素

从现实经济的角度看，影响社会人力资源供给数量的因素主要有以下几点：

1. 人口因素

决定宏观人力资源供给的首要因素，是人口因素。具体来看，它包括三个方面：

（1）人口总量。一个国家或地区人力资源供给的总体数量，首先取决于该国家或地区的人口总体规模。人口总量及变动决定了一国或一地区人力资源总量与变动趋势，从而在根本上决定了可能的人力资源供给数量。从动态的角度看，人口总量的变化体现为人口自然增长率的变化，而自然增长率又由出生率与死亡率的共同作用所决定。

人口自然增长率 = 人口出生率 - 死亡率

由此，一个年代的人口总量就是：

报告期人口数量 = 基期人口数量 × ［1 + （出生率 - 死亡率）］

在现代社会，人口死亡率水平的变动不至很大，且一般处于较低水平的稳定状态，这样，人口总量（相应地就有长期人力资源供给总量）就主要取决于人口基数和人口出生率水平。当然，人口从出生到成为人力资源，存在着长达十余年的时间差，因此，调节长期人力资源供给总量，必须时间领先、先期调节。

这里的问题是，谁能预测十多年后的人力资源供给？谁又能预测出十多年后的劳动需求？教育结构与专业设置、人的意识与择业观念、经济水平、市场消费、技术系数、设备状况、产业发展，等等，这众多的因素在十余年后的变化，似乎是无法预测的，更何况是准确预测。未来学家不是预言家，他们可以从目前的变动中推断未来的大致趋势，但终究不可能做出精确的回答。因此，人们在这个问题上只能是"算大账"。这里的关键就是正确把握经济、就业与人口的关系，根据经济、社会发展水平的总趋势，寻求有科学依据（尤其是经济依据）的适度人口总量目标。有的研究根据土地的承载力计算适度人口，有的研究从人群的营养需要来计算适度人口，这些都是有较大局限的。国外有的学者提出"实力适度人口"的学说，也是受到"国小人少"的条件影响和人口萎缩的影响。

在工业化进程的相当长时期（尤其是初期），人口过剩主要表现为社会失业大军和人的贫穷。因此，在城市劳动力市场上存在就业困难的局面下，人们减少生育从而节约现时支出的思想，可能成为控制人口增长的内部动因。但是，在小农生产方式占主体的农村，人口生产成本极低，贫穷反而会生产人口。在现代经济发达国家，由于人们除了谋求收入，还追求闲暇、舒适与自我，而且人口的生产成本也在增加，在利益比较和选择上，许多人不愿意生儿育女，因此，发达国家人口呈现零增长甚至负增长趋势，使人力资源供给下降，"市场调节"难于奏效。在人口明显过剩又实行控制生育的国家，人力资源供给过剩的信号会引起政府的重视，并通过控制人口而力图减少长期供给。这种减少人口以减少长期人力资源供给的政府控制行动，其有效性如何，要看人们的接受程度、家庭的经济抉择（即子女的经济价值及其他效用）、生儿育女的投入—产出比较等。需要注意的是，在贫穷国家，人口生产成本低而又能较早地回收（因为就业年龄低），这是"市场调节人口"的一大难题。

（2）人口结构。人口的结构，特别是年龄结构，对人力资源的供给状况起着非常重要的作用。在人口总量一定的条件下，人口的年龄构成直接决定了人力资源数量和宏观人力资源供给总量。用公式表示，即：

人力资源数量 = 人口总量 × 劳动年龄人口比例

此外，人口的性别结构以及文化结构等，也对人力资源供给有一定影响。

（3）人口迁移。人口地区间的迁移，由多种原因造成。在一般情况下，导致人口迁移的主要因素在经济方面，即人口由生活水平低的地区向生活水平高的地区迁移，由物质资源缺乏、机会少、工资水平低的地区向物质资源丰富、机会多、工资水平高的地区迁移。这必然对不同地区的人力资源供给造成"或增或减"的影响。人口在城乡间的迁移即农村劳动力转移进城，是一种历史趋势，它更会造成宏观人力资源供给格局的巨大变动。

2. 劳动参与率

劳动参与率是参与劳动活动的"经济活动人口"与总人口的比例。劳动参与率的公式为：

$$劳动参与率 = \frac{经济活动人口}{人口总量} \times 100\%$$

$$= \frac{就业人口 + 失业人口}{人口总量} \times 100\%$$

经济活动人口的数量和劳动参与的数量，实际上取决于劳动年龄人口愿意就业的程度。而人们的就业愿望程度又取决于教育的发展、经济水平的高低和社会习俗等诸多因素。因此，对于宏观人力资源供给的把握，要眼界更宽。

3. 劳动时间

如前所述，人力资源供给包含时间的因素。从宏观的和长期的角度看，经

113

济越发展，社会越进步，人们就越重视闲暇，劳动时间也就有所减少。工作时间的缩短，是历史的发展趋势。19—20 世纪，世界劳工在为实现每天 8 小时工作制而斗争。当今世界发达国家则已实行每周 40 小时工作制。许多国家还对公务员及劳工实行年休假制度，这实际上也大大减少了人力资源供给数量。

在市场经济条件下，作为人力资源供给因素之一的劳动时间，会随着经济的景气变动而灵敏地做出反应，这样会影响到诸多企业的用人行为。

（四）影响宏观人力资源供给质量的因素

影响宏观人力资源供给质量的因素，有以下几点：

1. 遗传、其他先天和自然生长因素

遗传因素、其他先天因素和自然生长因素，是造就人力资源供给质量的基础方面。人在体质、智力等方面所接受的父代遗传因素，对于其成年的素质和一生的发展都有着重大的影响。例如，犹太人智力比较发达，辈辈相传，中华民族也有着相当高的智力水平。人在胎儿发育期，其所获得的营养以及所受到的胎教，对其未来的素质也有重大的影响。"优生学"对此有重大贡献。在人的婴幼儿、少年和青年期，其营养、健康和体育锻炼状况，也对其体力、智力的发展大有影响。

2. 教育因素

教育作为极为重要的社会活动，对人力资源素质有着决定性的影响。"人的素质是先天遗传决定还是后天教育决定"，是一个长期的热门话题，诸多的思想家、不同领域的专家对于这个问题意见纷纷，见仁见智。经过科学实证研究，取得共识的结论是：先天遗传与后天教育都对人的素质具有重大的影响，二者相比，后天教育因素比先天因素更重要、影响更大。从形成人力资源供给的角度看，人要有一定的技能、本领，因此搞好专业教育、职业教育是极为重要的。

3. 人力投资数量

人力投资，是对人力这种资源进行投资。通过这种投资，可以促进人力资源的形成，构成生产能力，进而使其具有较高的质量，即赋予、改善和提高人力资源供给的质量。西方经济学家把人力投资称为人力资本，即通过对人力资源投资，可以使它具有较大的生产功用，使国民收入得以增加，这是一种非物质资本。由此，作为一国人力投资结果的人力资源数量与质量状况，也可以看做"人力资本的存量"。

通过人力投资，使人力资源供给质量提高，从而带来经济效益的提高，因而也就引起个人、从事社会经济活动的雇用主体和政府的重视。个人因进行人力投资而获得高工资，用人单位因进行人力投资而获得高利润，政府也会因进行人力投资而获得国民经济的高增长。

4. 人力投资的动力

人力投资的动力，从个人的角度看，取决于自身投资所付出的成本与取得的收益二者的比较。在社会有高质量劳动需求时，人们为能走上高质量劳动岗位要付出学习费用，也会放弃马上可得到的低质量岗位的收入（因为这是低收入，而他们有着从事高质量劳动的更高的预期收入）。这些直接成本和"机会成本"将要在以后高质量劳动岗位上的高工资中收回，并且应有投资的"利润"——更高的工资。当预期的收益率大时，人们就乐于花费金钱、花费时间接受教育，以提高自身的人力资源供给质量，增强自己在未来劳动力市场上的竞争力。

5. 经济发展水平与经济体制

一般来说，在经济发达国家，人们的教育水平高、观念开放、体质健康，人力资源供给的质量较好；在经济落后和贫困的第三世界国家，人们的教育水平低、体质较差、观念封闭，人力资源供给的质量较差。

实行自由市场经济的国家，竞争的利益与压力使人致力于提高素质，并迅速捕捉市场需求信号自动形成供给，在这些国家，"知识就是力量"，高质量的人力资源供给能够得到高收入。而在计划经济体制的国家，工资通过行政控制的手段决定，并由于一种错误的观念，认为高质量人力资源的生产成本是国家付出的，因此，他们从事多量劳动而不能得到多量报酬，使人力投资所得为负数。这样，许多人就丧失了提高素质的动机。

6. 社会文化与观念因素

在科技进步快的社会，或者文化历史悠久的社会，人们认识到人力资源供给高质量的多方面效用，就会致力于提高素质。今日的"知本"主义、过去的"学而优则仕"，都反映了人们对高素质人力资源供给的收益的期盼。

（五）动态人力资源供给——人力资源流

人力资源供给，具体体现在人力资源的经济运动上。我们知道，社会生产是一种再生产过程，现实的国民经济运动，既是过去国民经济运动的结果，也是未来国民经济运动的前提。对于人力资源供给，从动态角度进行考察，存在着一种人力资源流。

随着时间的变动，社会的人力资源会发生下述变化：

（1）一部分少年人口进入劳动年龄，转化为人力资源；

（2）一部分潜在人力资源提出就业要求，转化为现实人力资源，构成供给；

（3）一部分人力资源丧失劳动能力（主要因为超过劳动年龄），转化为非人力资源；

（4）一部分现实人力资源丧失就业要求，转化为潜在状况，退出供给；

（5）原有供给的维持部分，也会发生变化，一部分就业人员由某一岗位转向另一岗位，一部分就业人员脱离就业岗位转化为求业人员，一部分求业人员走上就业岗位转化为就业人员。求业人员与就业人员，即"经济活动人口"，是现实的人力资源供给总体；离业人员是对于过去人力资源供给的减少部分，其中一部分再次求业人员在一定条件下会转化为人力资源供给。求业人员大致是即时的增量人力资源供给，人们有时把求业人员看做狭义的人力资源供给，并从狭义角度，把就业理解为求业人员获得工作岗位。因此，"求业人员"这一市场增量，就成为研究人力资源供给的一个重要方面。

在现实经济管理工作中，人们经常使用"新成长劳动力"这一术语。应当指出，对于现实的经济运行，新成长劳动力不是简单地表现为某个年度年满16周岁、进入劳动年龄的人口数量，而是表现为该年度需要就业的大中专、职业技术学校、普通中学的毕业生和退伍军人（主体是青年）的数量。在一般情况下，毕业学生和退伍军人构成市场人力资源供给增量的主要部分。还应当指出，对于新增人力资源供给的职业倾向性，要给予高度重视，要做出准确的预测，进行科学的引导。

此外，就业人员内部的流动，会改变劳动者与物质资源的结合状态，从而导致劳动要素使用结构的改变，这对人力资源供给的方向也产生一定影响。当就业结构发生重大变化时，还可能对人力资源供给数量产生影响。例如，农业劳动生产率大幅度提高，从事农业生产的劳动力数量减少后，其多余部分就转向城市，转向工业、服务业等非农产业，这实际上等于增加了人力资源供给的总量。

第二节　企业内部人力资源供给预测

在进行了人力资源需求预测之后，就应开始对人力资源供给进行预测，即估计在未来一段时间企业可获得的人力资源的数量和类型。人力资源供给预测同人力资源需求预测一样，是人力资源规划的重要环节，但它与人力资源需求预测存在重要差别：需求预测只研究企业内部需求，而供给预测则包括两个方面：企业内部人力资源供给预测和企业外部人力资源供给预测。

虽然企业人力资源供给来自企业内部和企业外部两个方面，但是，企业内部人力资源供给通常是企业人力资源的主要来源，所以，为了满足企业未来对人力资源的需求，应该先从企业内部着手，充分挖掘现有人力资源的潜力，通过内部的人员选拔来补充未来可能出现的空缺职位或新增职位。

一、对企业内部选拔办法的评价

从企业内部选拔合适的人员来满足企业的人力资源需求，具有明显的优势。

从选拔的有效性和可信度来看，管理者和员工之间的信息是对称的，不存在"逆向选择"（员工为了入选而夸大优点，弱化缺点）问题，或"道德风险"问题。因为内部员工的历史资料有案可查，管理者对其工作态度、素质能力以及发展潜能等方面有比较准确的认识和把握。

从企业文化角度来分析，员工与企业在同一个目标基础上形成的共同价值观和行为规范，体现了员工和企业的集体责任及整体关系。员工在企业中工作过较长一段时间，已融入企业文化之中，视企业为他们的事业和命运的共同体，认同企业的价值观念和行为规范，因而对企业的忠诚度较高。

从企业的运行效率来看，现有的员工更容易接受指挥和领导，易于沟通和协调，易于消除摩擦，易于贯彻执行方针决策，易于发挥企业效能。

从激励方面来分析，内部选拔能够给员工提供一系列晋升机会，使员工与企业同步成长，容易鼓舞员工士气，形成积极进取、追求成功的氛围，以实现美好的愿景。

但是，内部选拔的不足之处也是不容忽视的。例如，内部员工的竞争可能影响企业的内部团结；企业内的"近亲繁殖"、"长官意志"等现象，可能不利于个体创新；领导的好恶可能导致优秀人才外流或被埋没；也可能出现"裙带关系"，滋生企业中的"小帮派"、"小团体"等不良倾向，从而削弱企业的效能。

二、企业内部人力资源供给预测方法

1. 人员接续计划

人员接续计划可以预测企业中具体岗位的人力资源供给，避免人员流动带来的损失。人力资源接续计划的过程是：首先，通过工作分析，明确工作岗位对员工的要求，确定岗位需要的人数；然后，根据绩效评估和经验预测，确定哪些员工能够达到工作要求、哪些员工可以晋升、哪些员工需要培训、哪些员工需要被淘汰；最后根据以上数据，企业就可以确定该岗位上合适的人员补充。如图5-2所示。

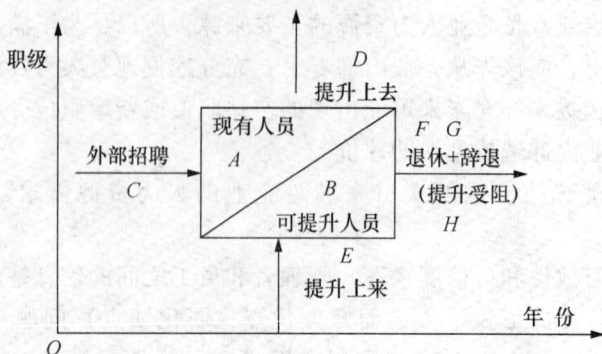

图 5-2　人员接续模型图

其中：$B = D + H$。

制订人员接续计划，可以避免企业人力资源供给中断的风险。通过人员接续计划，有利于建立后续人才储备梯队，并根据职位要求提早进行相关培训，这样，既培养了后备人才，又有效避免了企业人力资源供给的风险。

2. 管理人员晋升计划

管理人员晋升计划是预测企业内部管理人员供给的一种简单有效的方法。制定该计划的步骤如下：

（1）确定计划范围，即确定管理人员晋升计划包括的管理岗位。

（2）确定各个管理岗位上的可能的接替人选。

（3）评价各位接替人员的当前绩效和提升潜力。根据评价结果，当前绩效可划分为"优秀"、"令人满意"和"需要改进"三个级别；提升潜力可划分为"可以提升"、"需要培训"和"有问题"三个级别。

（4）确定接替人选。在确定接替人选时，要将个人目标与组织目标结合起来，这就是说，企业从组织目标出发根据评价结果所做的人事安排，应尽可能与接替人员的个人目标相吻合，以使之能尽快胜任从事的工作。

具体的管理人员晋升模型如图 5-3 所示。

通过管理人员晋升计划，能优先提拔培养企业的内部人员，为企业的内部人才的成长提供一个良好的发展平台，同时，也有助于确保企业有足够合格的管理人员供给，为企业的持久发展提供了保障。

3. 马尔可夫模型

马尔可夫模型是一种定量分析预测企业内部人力资源供给的方法。它是根据企业内从事某项工作的人员转移的历史数据，计算未来某一时期该项工作的

总　裁

人事副总裁		
★	张辉	50	☆
●	杜云	45	○
▲	白莲	45	△

执行副总裁		
●	陈德	45	○
★	万锦江	42	☆
▲	姚历	38	○

市场副总裁		
★	力娜	45	☆
▲	胡彬	48	△
●	赵云丹	35	△

财务副总裁		
●	任泉	40	○
▲	赵云峰	52	△
★	江波	45	○

家电部总经理		
●	陈沸	43	△
★	李小路	40	☆
▲	陆雨	38	○

服装部总经理		
★	于平江	50	☆
●	金良	45	△
●	何佳丽	36	○

人事经理		
●	赵为	40	○
●	王妃	37	☆
▲	邹迅	49	△

财务经理		
★	李佳	40	☆
▲	赵亮	42	○
●	沈丹	33	○

人事经理		
▲	金风	45	△
●	冯玉英	36	○
●	李小茜	39	○

财务经理		
●	郭赞军	45	☆
▲	龙以伟	40	△
▲	付晶	39	○

生产经理		
★	魏丹	50	☆
●	马俊	45	○
▲	冯华	40	○

销售经理		
★	孙起辉	42	○
▲	江南	45	○
▲	程笑凯	38	△

生产经理		
●	陆绪	45	☆
▲	韩小红	38	○
▲	遥远	42	△

财务经理		
●	李坤	46	△
★	罗绪辉	42	☆
●	肖凡	35	○

优　秀：★　　　　可以提升：☆
令人满意：●　　　需要培训：○
有待改进：▲　　　有问题：△

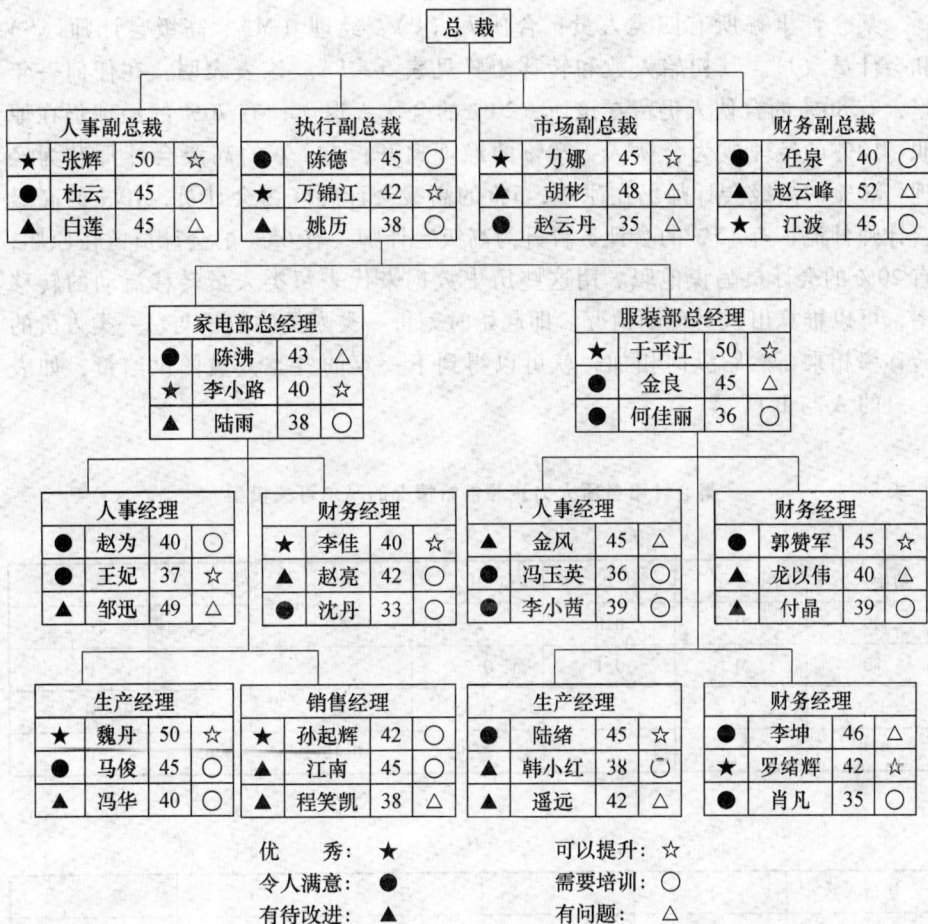

图 5 – 3　管理人员晋升模型图

119

人员转移的概率，或者说是根据人员转移概率的历史平均值，来预测企业内从事该项工作的人力资源供给。如果给定各类工作的初始人数、转移概率和补充进来的人数，那么各类工作在未来某一时期的人员供给数就可以根据以下公式来预测。

$$N_j(t) = \sum N_i(t-1) \cdot P_{ij} + R_j(t)$$

式中：$N_j(t)$ 表示时刻 t 时，j 类工作的人数；P_{ij} 表示员工在 $t-1$ 时刻到 t 时刻时间段，从 i 类工作向 j 类工作转移的概率；$R_j(t)$ 表示在时间 $(t-1,t)$ 内，j 类工作所补充的人数；$i,j=1,2,3,\cdots,k,k$ 为工作分类数。

　　某会计事务所有四类人员：合伙人（P）、经理（M）、高级会计师（S）和会计员（J）。其初始人数和转移矩阵见表 5 - 1A。该表表明，在任何一年里，有 80% 的合伙人仍留在该所，20% 的合伙人退出；有 70% 的经理仍在原职，10% 的经理成为合伙人，20% 的经理离开；有 5% 的高级会计师升为经理，80% 的高级会计师仍在原职，5% 的高级会计师降为会计员，10% 的高级会计师外流；有 15% 的会计员晋升为高级会计师，有 65% 的会计员留在原职，有 20% 的会计员另谋他职。用这些历史数据来代表每类人员转移流动的转移率，可以推算出人员变动情况。即起始时刻每一类人员的数量与每一类人员的转移率相乘，然后纵向相加，就可以得到下一年的各类人员的供给量，如表 5 - 1 的 A 与 B 所示。

表 5 - 1　　　　　　　　某会计事务所人力资源供给情况的马尔可夫模型

A

初始人数		P	M	S	J	离职
40	P	0.8	/	/	/	0.2
80	M	0.1	0.7	/	/	0.2
120	S	/	0.05	0.8	0.05	0.1
160	J	/	/	0.15	0.65	0.2

B

初始人数	P	M	S	J	离职
40	32	0	0	0	8
80	8	56	0	0	16
120	0	6	96	6	12
160	0	0	24	104	32
合　计	40	62	120	110	68

　　从表 5 - 1B 可以看出，该事务所下一年将有相同数量的合伙人（40 人）和相同数量的高级会计师（120 人）。但是，经理将减少 18 人，会计员将减少 50 人。可以根据这些数据和正常的人员扩大、缩减或维持计划来采取措施，使人力资源的供给与需求保持平衡。马尔可夫模型的关键是确定转移率。假定已有 $t = t - T$ 到 $t = t - 1$ 时刻的所有数据（T 为大于 1 的自然数）则可根据以

下公式计算转移率：

$$P_{ij}'(t) = \sum_{t=t-T}^{t-1} M_{ij}(t) \Big/ \sum_{t=t-T}^{t-1} N_i(t)$$

式中：$P_{ij}(t)$ 表示在 $t-1$ 时点到 t 时点的一个单位时间里，从 i 类工作向 j 类工作转移人员的概率；$M_{ij}(t)$ 表示在 $t-1$ 时点以前的若干单位时间段里，从 i 类工作向 j 类工作转移人员的数量；$N_i(t)$ 表示在 $t-1$ 以前的若干单位时间段，第 i 类人员的初始数量。

第三节　企业外部人力资源供给预测

任何企业都不可避免地要面对招聘和录用新员工的问题。无论是由于生产规模的扩大，还是由于劳动力的自然减员，企业都需要从劳动力市场上获得必要的人员补充或扩充企业的员工队伍。因此，对企业外部的人力资源供给进行预测是一项不可缺少的工作。

一、对外部招聘的评价

虽然从外部招聘人力资源只是从内部选拔人力资源来满足企业对人力资源需求的一个补充方法。但是，外部招聘也有其独特的优势：

（1）新员工会带来不同的价值观以及新观点、新思路、新方法。从外部引入的优秀技术人才、营销专家和管理专家，他们会给组织带来新的"技术知识"、"客户群体"和"管理技能"等，这是企业因人力资源的引入而新增加的巨大财富。

（2）外聘人才可以在无形中给企业原有员工施加压力，使其形成危机意识，能激发出他们的斗志和潜能，共同促进企业的发展。

（3）外部挑选的余地很大，使企业能招聘到许多优秀人才，尤其是一些稀缺的复合型人才。这样，不仅可以使企业节省大量内部培养和培训的费用，而且有助于促进各类人才的合理流动。

（4）外部招聘也是一种有效的信息交流方式，企业可以借此树立积极改革、锐意进取的良好形象。

当然，外部招聘也不可避免地存在着不足。例如：由于信息不对称，往往造成筛选难度大、成本高，甚至会出现"逆向选择"；对外聘的员工需要花费一定时间来进行培训和定位；可能挫伤有上进心的内部员工的积极性和自信心；可能引发内、外部员工的冲突等。

121

二、影响企业外部人力资源供给的因素

影响企业外部人力资源供给的因素是多种多样的，在进行人力资源外部供给预测时主要应考虑以下四个方面因素：

（1）宏观经济形势。宏观经济形势越好，失业率越低，劳动力供给越紧张，企业招聘越困难；宏观经济形势越差，失业率越高，劳动力供给越充足，企业招聘越容易。

（2）人口状况。人口状况是影响企业外部人力资源供给的重要因素，主要包括两个方面：一是人口总量和人力资源率。人口总量和人力资源率决定了人力资源供给总量。人口总量越大、人力资源率越高，人力资源供给越充足。二是人力资源的总体构成。主要包括人力资源的年龄、性别、教育、技能、经验等，该因素决定了在不同的层次与类别上可以提供的人力资源的数量与质量。

（3）劳动力市场的状况。劳动力市场是劳动力供给者寻找工作和劳动力需求者寻找雇员的场所。它主要从以下六个方面来影响人力资源的供给：一是劳动力供应的数量；二是劳动力供应的质量；三是劳动力职业选择中的价值取向；四是当地经济发展的现状与前景；五是雇主提供的工作岗位数量与层次；六是雇主提供的工作地点、工资和福利等。

（4）政府的政策法规。政府的政策法规是影响企业外部人力资源供给不可忽视的一个因素。各地政府为了各自经济的发展，为了保护本地劳动力的就业机会，都会颁布一些相关的政策法规。例如，不准歧视妇女就业；保护残疾人就业；严禁雇用童工；员工安全保护法规；从事危险工种保护条例等。

三、外部人力资源供给的来源与预测

企业外部人力资源供给的来源主要包括各类学校毕业生、转业退伍军人、其他企业流出人员和失业人员等。随着社会主义市场经济体制的确立与不断完善，各地劳动行政主管部门建立了许多劳动力中介机构，这些机构经常向社会发布劳动力供求信息，这些信息是企业预测外部劳动力供给的重要依据。

第四节　人力资源供求平衡办法与措施

企业人力资源需求与供给预测的结果，一般会出现三种情况：一是人力资源供大于求；二是人力资源供不应求；三是人力资源供求总量平衡，但内部结构不平衡。针对三种不同情况，企业应采取不同的调整方法。

一、人力资源供大于求的调整方法

（1）通过开拓新的经营领域或扩大经营规模吸收富余的人力资源。例如，开发新产品，或上新的生产经营项目等。

（2）撤销合并不必要的机构，减少冗员。对相当一部分企业（特别是国有企业）而言，机构臃肿问题是通病。因此，在人力资源供大于求时，首先应该考虑的办法就是撤销合并不必要的机构，减少冗员。

（3）对过剩的员工进行技能培训。将暂时富余的员工组织起来，对他们进行技能培训，一方面能为企业做好人力资源的储备工作，在企业经营规模扩大时，能使他们很快适应新岗位的需要；另一方面，也有利于被裁员的员工自谋职业。

（4）鼓励提前退休。通过制定提前退休激励计划促使老员工自愿提前退休，一方面可以减少老年员工较高的人工成本；另一方面，可以为年轻员工的成长提供更多的发展机会。但是，由于老年员工大多经验丰富，因此，企业也不应该忽视实施该项计划时可能带来的损失。

二、人力资源供不应求的调整方法

（1）通过企业内部员工流动的办法解决。企业内部的员工流动，是指将企业内部符合条件的人员调往空缺的职位，以增加劳动力的供给。

（2）制定外部招聘政策。在内部流动不能满足某些职位需求时，企业应制定招聘政策，有计划地从外部招聘。

（3）对企业现有员工进行必要的技能培训。通过技能培训使其提高工作效率，以便胜任或从事更高层次的工作。

（4）提高企业的资本有机构成。通过提高企业的机械化水平的途径，能有效降低企业对劳动力的依赖程度，在一定程度上实现资本对劳动的替代。

（5）雇用临时工。对于一些临时性工作，企业可以采用雇用临时工的办法应对。这种办法不仅有利于保持企业生产规模的弹性，而且可以减少人员福利成本和培训费用方面的支出。但是，企业必须注意调节临时工与全职员工间的关系，以防止负面影响的发生。

三、人力资源结构不平衡的调整方法

人力资源结构不平衡是指企业内某些职位的人员过剩，而另一些职位的人员短缺。对人力资源结构不平衡的调整，除了综合利用上述方法之外，还可以采取以下措施：

（1）通过企业内部人员的晋升和调任，以满足空缺职位对人力资源的需求。

（2）对于供过于求的普通人力资源，可以有针对性地对其进行培训，在提高他们的知识和技能的基础上，将其补充到空缺的岗位上。

（3）招聘与裁员并举。即一方面要从外部招聘企业亟须的人员；另一方面，对企业内的冗员进行必要的裁减。

本章学习要点提示

【重要概念】

个体人力资源供给　部门的人力资源供给　现实的人力资源供给　潜在的人力资源供给　劳动参与率　人员接续计划　管理人员晋升计划　马尔可夫模型

【复习思考题】

1. 人力资源供给的特点有哪些？
2. 如何理解工资和个人人力资源的关系？
3. 部门人力资源供给的影响因素有哪些？
4. 简述社会人力资源数量结构及其影响因素。
5. 如何理解动态人力资源供给？
6. 企业内部人力资源供给预测的方法有哪些？
7. 企业外部人力资源供给预测的方法有哪些？
8. 简述人力资源供求平衡的办法与措施。

讨论案例

朱经理的烦恼

晋光公司的总经理朱先生对于自己一手创建、已成一定规模的企业，现在却越来越力不从心，他经常说："我觉得公司肯定存在很多的问题，但是就是不很清楚问题出在哪儿？"朱的秘书和其他的工作人员也反映，他们的老板很忙很累，可公司内部呈现的问题却越来越多，员工的抱怨也越来越多。

晋光公司如今已是华北地区一家规模较大的民营房地产企业，而1998年创建晋光的时候仅有30万元资金和3个员工。8年的摸爬滚打，晋光形成了一定规模，目前拥有员工300多人，资产规模两亿多元。但是，随着企业的"高速长大"，问题越积越多，内部的人力管理、外部的市场、业务各个方面都存在问题，朱先生日益感觉自己对公司的管理、驾驭越来越难。

这家公司是典型的那个时代的产物。1998年，朱先生凭着敏锐的商业意识，凭着一股激情，毅然离开了国家机关，经过多方集资筹到了30万元。刚开始时对《公司法》并不了解，东奔西跑注了册，成立了一家房地产公司，经营房地产项目。3个成员全面担当公司的日常管理行政事务。其中，财务人员是他的一个亲戚，原来也在事业单位工作，在他的劝说下才离开了铁饭碗，她仅仅懂得基本的会计知识。负责开拓市场的是他参军时的战友，多年的好友，原来开过一家小饭店，学历为初中。他自己则全面负责公司的日常运行工作等所有杂务。

晋光公司的飞跃发展是在1999年。公司成立一年后，朱先生凭着对市场的敏锐感性果断决定投资征地，而那时晋光公司所在的地区房地产才刚刚起步。准确的判断、广阔的市场、成功的运作给晋光公司带来较高的回报和巨大的动力，于是，他又加大了商品房地产的开发力度。随后几年，房地产市场高速发展，朱先生开发的几个楼盘项目都销售良好，公司规模进一步扩大。

随着公司的规模的迅速扩大，过去原有的3个部门逐年增加，人员也由过去的3个人发展到现在的300多人。人员的增加，诸多的管理问题也频频出现。比如公司提出了明确的战略规划，但是总不能落实，追究责任的时候，好像大家都有责任，每次都是大伙一起进行一次自我批评，下次的规划依旧不能落实。比如员工内部出现小利益团体，各部门的管理人员都经常各自为政，意见不一，不再那么团结与直率。让朱先生忧闷的还有，一方面公司觉得员工的整体素质较低；另一方面员工对薪酬不满，抱怨没有公平的考核体系。

"目前公司最为缺乏的是人力资源。我们市仅有一所普通高校，两所专科学校，较高素质的人才十分匮乏，而其他发达地区高校的毕业生比如北京，大家又不愿意到我们公司工作，原来去过北京参加了几次招聘会，也是空手而归。"朱先生认为，不解决人力资源问题，公司发展必然受阻。

最为要命的是，最近两年，万科、香港汇达等数十家实力雄厚的企业纷纷进入了该地区，直接让晋光公司感觉到了生存的压力。因为与这些公司相比，晋光公司的竞争优势在于低成本的土地开发，但是在管理、销售以及人力资源方面存在的缺陷令自己的竞争优势日益丧失。另外，随着竞争对手的进入，该市的房地产开发迅速升温，众多的楼盘都在较短的时间内推销，销售价格也在逐渐降低，这直接影响到该公司固守的价格优势防线。

目前晋光公司手中仍然有约120万平方米面积的待开发土地，朱先生犯难的是，别的当家愁的是无米下锅，而他愁的是要不要下锅，怎么下锅？企业目前的状况已经让他忙得焦头烂额。

[讨论题]

1. 如何看待本案例中晋光公司人力资源供给的矛盾，如果你是朱先生，你该如何尽快走出困境？

2. 如果一个企业走过了它的创业期，它该如何利用人力资源市场尽快优化它原有的人力资源配置？

第六章　人力资源规划制定

学习目标

- 掌握人力资源规划制定与实施
- 掌握实施和制定有效人力资源规划的要点
- 掌握实施和制定有效人力资源规划的关键
- 理解与掌握人力资源规划制定的应用

本章导读

联想集团的人力资源管理

联想的核心理念中，有一句非常经典的话——办公司就是办人。企业所有行为其实是人行为的反映，所以正视人的作用，才能把企业办好。

一、培养人才的方法

（一）"缝鞋垫"与"做西服"

联想认为，要培养一个战略型的人才就和培养一个裁缝一样，有着相同的道理。刚学缝纫的时候，不拿上等的毛料去做西服，而应该先学缝鞋垫。只有通过不断地实践和学习，才能培养出手艺，最后做出上等的西服。企业培养人也是一样，要逐步提高，不可一步登天。

联想科技公司（现神州数码科技公司）经理郭为，就是一个典型的例子。郭为在联想集团工作九年，岗位就变动了近十次，每一次都是不同类型的工作，他担任过总裁秘书、公关部经理、办公室主任经理、业务部门经理、企划部总经理等职务，工作中也有过差错，甚至在全体员工大会上作过检查。正是通过多次的磨炼，才使他真正成为联想集团的精英。

联想集团的新总裁杨元庆，也经历了同样的锻炼才成为联想的领袖。他从中国科技大学研究生毕业到联想，并不是直接干上重要的工作，而是当了一名推销员，又慢慢成为业务部经理，才被调到最重要的微机事业部做总经理。在微机事业部，他的才华能到充分的展示，最终被推上了当家人的位置。

这种扎实地培养方法，在企业间并不多见，但是正是通过稳扎稳打的培养，才造就了一批经验丰富、见识卓越的联想人。

（二）"赛马中识别好马"，"谁跑得快支持谁"

识别人才的最好方法，是在工作中观察；培养人才的最好方法，也是在工作中锻炼。在工作中培养出来的人才，才是最适合企业需要的人。在动态的过程中，通过实践、认识、再实践、再认识不断地循环，以工作为中心提高能力，提高的能力是最符合实际需要的。通过观察，发现出优秀的人才，给予更多的支持和培养。从1990年以来，联想就一直大量起用新人，每年几乎都要提拔数十名的年轻人。年轻人先是到副职岗位工作，处在正职的联想人经验丰富，在工作中有意地培养年轻力量，从"赛马中识别好马"。只要个人有能力，"谁跑得快支持谁"，联想给予更多的机会，让人才有充分的发挥空间。

在与跨国公司的较量中，在一线展开生死搏斗的人员，有90%都是培养的新人，他们为联想创下了赫赫战绩。联想的创始人已不像过去一样管理事务，而把更多的精力放在了对新人的培养上。

（三）训练搭班子、协调作战的能力

团结的领导班子是企业有竞争力的基本条件，这些核心人物是企业核心力量的缔造者。现在已不是孤胆英雄闯世界的年代，讲求的是互相合作。领导团体是最重要的一个团体，是由企业的精英组成，每个人都有独当一面的能力，但又有强烈的合作精神。班子里面的人不是随声附和的人，而是有不同专业背景、不同性格的人才，每个人从不同的角度看问题，互相交流，最后综合意见定案，这个过程需要懂得在坚持原则下协同。

联想在1994年成立了总裁办公室，办公室内有来自各个职能部门的经理，为总裁需要决策的项目出谋划策。这些人员很可能是企业将来的重要领导者，把他们集中在一起不但能集思广益，还能培养相互合作的融洽性，利于将来他们站到重要领导位置时形成团结的领导班子。极早地为企业将来发展做准备，找好团结的接班团体，是企业将来继续发展的保证。

二、薪酬福利

联想的薪酬福利制度经历了四个发展阶段：第一阶段是1984—1988年的低工资、低福利阶段，公司刚成立，条件很艰苦，资金也很困难，只能维持原有的工资水平，基本没有什么福利。第二阶段是1988—1992年的低工资、中福利阶段，公司得到逐步发展，有条件提高员工的待遇，但是当时社会大环境不便于开高的工资，而且个人调节税的起点很低，联想就保持工资变动不大，增加福利，采用了季度性劳保、年度职工置装、食堂补贴和年节发实物性奖励等福利措施。第三阶段是 1993—1998 年的中工资、低福利阶段，随着整个社会工资的上调，联想在 1993 年也进行了一次大规模的调整，不再按事业单位的工资标准，工资往上提，但是减少福利部分。联想只是把实物发放和置装费等放入工资，比起同行业，待遇水平偏低。第四阶段是 1998 年年底至今的高工资、中福利阶段，改等级工资制为岗位工资制，以为企业做的贡献为评定基础，进行了大规模的改革。联想的工资水平高于一般国有企业，达到上等水平，开始为职工办理养老保险、住院基金和医疗保险等。

薪酬福利改革是手段的改变，其目的是激励作用。薪酬福利的绝对值直接影响激励效果，但薪酬福利的相对值最终决定激励作用。根据公平理论，人们会把自己的收入与自己的过去纵向比较，也会与别人的收入横向比较，如果认为所得的相对值是合理的，就认为分配制度公平，会激励他的工作积极性；相反则会挫伤他的工作积极性。所以，对薪酬体系进行统一是非常必要的。联想按照国家标准和岗位的重要性来评定薪酬，体现分配的公平性激发员工的工作热情，同时也控制了人力成本。

联想统一薪酬的价值标准体系分为三方面：一是贯彻事业部管理体制和扁平化管理思想；二是借鉴先进的经验对人力资源系统规划，为联想的人力资源管理规范化和科学化打基础；三是体现企业文化的"以人为本"思想和"公正、公平、公开"原则，把个人的价值实现与企业的价值实现结合起来。在统一薪酬上还有三个原则：一是形成统一、合理的结构，工资、奖金、福利、股份等要素的比例要合理；二是确定统一的定薪方法，采取 CRG 的岗位评估方法和总额控制；三是确定统一的调薪原则。

联想已经将员工的薪酬福利体系合理化，对各个部门和相关问题都进行了明确，并且根据行业情况和企业情况进行了调整，使薪酬体系既公平又有激励作用。薪酬福利是员工所获得的所有报酬，其中包括工资、年终奖金、员工持股、社会福利和公司福利，联想对此都有相关政策：

（1）工资。依据 CRG 国际职位评估方法，确定岗位工资。岗位的职责大小、劳动强度、劳动难度、贡献大小等，都是支付工资的标准。并根据国家的标准对不同地区的工资进行调整。

（2）年终奖金。总部职能部门的年终奖金与全集团的业绩挂钩；子公司的年终奖金与子公司的业绩挂钩；个人的年终奖金与个人的业绩挂钩。发放的目的，就是肯定一年的工作，并给予物质上的奖励，起到激励下年继续努力的作用。

（3）员工持股。遵循全员持股的原则，只要是在公司工作过一段时间的普通员工都可以分配到认股权利，具体分配的数量根据岗位的价值决定。

（4）福利。统一薪酬后，员工享受越来越多的福利。企业按国家规定给员工社会统筹养老保险、医疗保险、失业保险等法宝福利，还为员工建立住房公积金等。福利政策要遵循"福利社会化"原则，逐步减少公司福利。为提高员工工作效率和工作积极性的带薪休假和工作餐等福利将继续保留。

薪酬福利的进一步完善，是人力资源管理的规范化内容之一。通过合理的薪酬福利结构、公平的制定标准，让员工的收入明确，更好地激励员工工作。

三、严格文化

联想为了适应规模扩大发展，产生了加强内部管理规范性的需要，于是提出了严格文化。在人力资源管理的过程中，联想将各种人力资源管理制度进行规范。在1990—1991年间，联想集团就制定了《联想集团管理大纲》、《联想集团干部管理暂行规定》、《联想集团关于职工录用、调配、辞退的暂行规定》、《专业技术职务评聘工作管理条例》、《联想集团职工守则》等，形成了一套规范的人事管理制度。

制度严明，管理才有依据，管理才能严格。严格的管理是企业高速运转的内在需要，保证人、事、物到位，保证竞争能力增强。以严格文化来影响整个企业，特别是人力资源管理方面得到了充分的体现。对事业的严格，是从对人的严格开始的。

130

第一节 人力资源规划制定概述

一、人力资源规划制定与实施的四个阶段

在确定了制定人力资源规划的任务、指导思想和原则的基础上，人力资源规划的制定与实施大体可分为收集研究相关信息、人力资源供求预测、总体规划与业务规划制定和人力资源规划执行四个阶段。如图6-1所示。

（一）收集研究相关信息阶段

信息资料是制定人力资源规划的依据。一般情况下，与制定人力资源规划有关信息资料主要包括三个方面内容：

1. 企业战略

由于人力资源规划是战略性人力资源规划，因此，搞清楚企业的战略是制

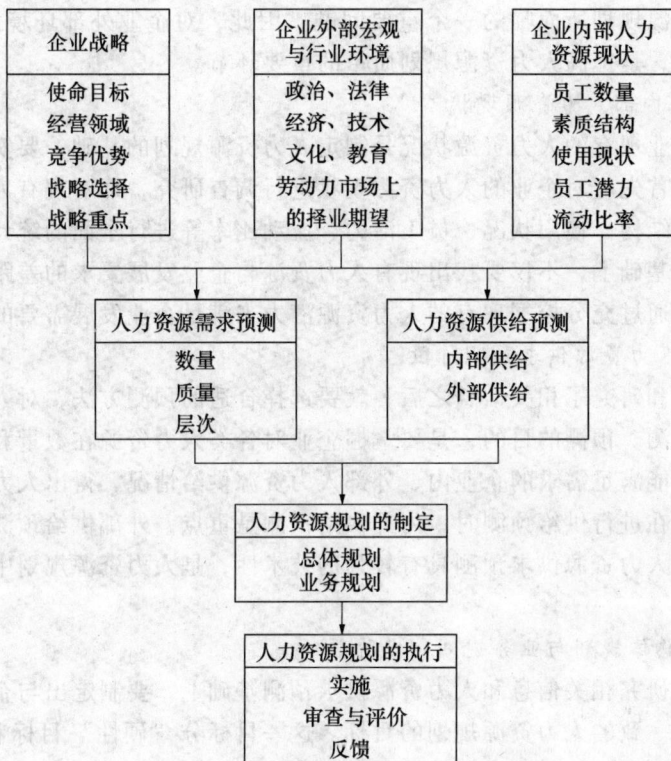

图 6-1　人力资源规划制定与实施阶段图

定人力资源规划的前提。企业的经营战略主要包括企业使命与战略目标、经营领域、竞争优势、战略选择、战略重点。这些因素的不同组合会对人力资源规划提出不同的要求。因此，制定人力资源规划时，必须要收集并深入研究与企业战略相关的信息。

2. 企业外部环境

企业的人力资源规划必然会受到企业外部环境的制约。例如，相关的政治与法律、经济、人口、社会文化、教育等环境，劳动力市场的供求状况，劳动力的择业期望等。随着知识经济时代的到来，市场变化愈加迅速，产品生命周期越来越短，消费者的偏好日趋多元化，导致企业面临的外部环境越来越难以预测，这对人力资源管理工作，特别是对战略性的人力资源规划提出了更高的要求。如何使企业的人力资源规划既能适应外部环境变化导致的人力资源需求变化，又能摆脱传统的人力资源管理框架造成人力成本过高的缺陷，已成为战略性人力资源规划所面临的一个重要问题。因此,对企业外部环境进行细致、深入的分析,是提高人力资源规划质量的重要环节。

3. 企业内部人力资源现状

分析企业现有的人力资源状况是制定人力资源规划的基础。要实现企业的战略目标,首先应对企业的人力资源现状进行调查研究,即对现有人力资源的数量、素质结构、使用状况、员工潜力、流动比率等进行全面的统计和科学的分析。在此基础上,不仅要找出现有人力资源与企业发展要求的差距,而且还要找出如何通过充分挖掘现有的人力资源潜力来满足企业发展需要的途径。

(二)人力资源供求预测阶段

在收集和研究了相关信息之后,就要选择合适的预测方法,对人力资源的供求进行预测。预测的目的,是要掌握企业对各类人力资源在数量和质量上的需求,以及能满足需求的企业内、外部人力资源供给情况,得出人力资源的净需求数据。在进行供给预测时,内部供给预测是重点,外部供给预测应侧重于关键人员。人力资源供求预测具有较强的技术性,是人力资源规划中的重要组成部分。

(三)总体规划与业务规划制定阶段

在收集研究相关信息和人力资源供求预测基础上,要制定出与企业战略相吻合或基本一致的人力资源规划的目标。这一目标分"硬性"目标和"软性"目标两种。"硬性"目标是指企业的人力资本的总量、一线员工占全部员工的比例、人员年龄结构、学历层次、职称比例等一些可以用定量来表达的目标。"软性"目标是指员工满意度、员工成熟度、员工岗位的适合度、经理人或领导者素质与形象提升程度、组织效能的提高程度、企业文化建设目标等不宜量化的目标。提出的人力资源规划的目标,需要取得企业高层领导者的认同和支持。

人力资源规划的制定工作,包括人力资源总体规划的制定和各项业务规划的制定。供求预测的结果是制定人力资源总体规划和各项业务规划的一项重要依据。对供大于求和供小于求的情况应分别在规划中采取不同的政策和措施,使人力资源达到供求平衡。同时应注意各项业务规划的相互关系,以确保它们之间的衔接与平衡。

(四)人力资源规划执行阶段

执行人力资源规划是人力资源规划的最后一项工作。主要包括实施、审查与评价和反馈三个方面。

1. 实施

实施是人力资源规划执行中最重要的步骤。实施前要做好充分的准备工作，实施时应严格按照规划进行，并设置完备的监督和控制机制，以确保人力资源规划实施的顺利进行。

2. 审查与评价

当人力资源规划实施结束后，并不意味着对人力资源规划执行完毕。接下来，对人力资源规划进行综合的审查和评价也是必不可少的。通过对人力资源规划的审查，可以调整企业有关人力资源方面的项目及其预算，控制人力资源成本；可以听取管理人员和员工对人力资源管理工作的意见，充分调动广大管理人员和员工参与人力资源管理的积极性，以利于调整人力资源规划和改进人力资源管理。在经济发达国家的大企业中，人力资源规划的审查工作通常是由人力资源管理委员会完成的。该委员会由一位副总裁、人力资源部经理以及若干专家和员工代表组成。委员会的职责是定期检查各项人力资源政策的执行情况，并对相关目标和政策的修订提出修改意见，交董事会审批。这一做法值得我国企业借鉴。

对人力资源规划的评价，可以采用比较法：①实际招聘人数与预测需求人数的比较；②劳动生产率实际提高水平与预测提高水平的比较；③实际的执行方案与规划的执行方案的比较；④实际的人员流动率与预测的人员流动率的比较；⑤实施行动方案后的实际结果与预测结果的比较；⑥劳动力的实际成本与预算成本的比较；⑦行动方案的实际成本与预算成本的比较。在比较过程中，以上各项目内部之间的差距越小，说明人力资源规划越合理。

3. 反馈

对审查与评价的结果进行及时的反馈是实行人力资源规划不可缺少的步骤。通过反馈，可以知道原规划的不足之处。通过对总体规划与业务规划进行动态的跟踪与修改，使其更符合实际，能更好地促进企业战略目标的实现。

二、人力资源规划的制定程序

人力资源规划的制定工作是由一个专门的工作小组完成的，这个小组通常由公司总裁或分管人事的副总裁直接领导，协调各部门，以利于协同工作。该小组的工作内容包括：收集相关信息、预测人力资源供求、起草及修改规划文件、给企业高层领导审核批准。具体制定程序如下：

（一）人力资源总体规划的制定

虽然各个企业的人力资源规划不尽相同，但是典型的人力资源总体规划应该包括以下基本内容，如表6-1所示。

表 6-1　　　　　　　　　　　　　人力资源规划范本

人力资源总体规划
1. 规划的时间段：
2. 规划的目标：
3. 目前情景分析：
4. 未来情景分析：
5. 具体内容：执行时间　负责人　检查人　检查日期　预算 （1） （2） （3） （4） …
6. 规划的制定者：
7. 规划的制定时间：

（1）规划的时间段。确定规划期的长短，并具体写明开始时间和结束时间。人力资源总体规划属于战略性的长期规划，其规划的时间段通常为三年或三年以上。

（2）规划的原则。确定规划的目标应遵循以下原则：①规划的目标要与企业整体目标紧密联系起来，因为人力资源规划是企业整体规划的有机组成部分，所以，人力资源规划的目标必须服从于企业整体目标。②规划要具体明确，不要泛泛而谈。③规划要简明扼要，以便于理解和记忆。

（3）目前情景分析。主要是指在收集信息的基础上，对企业现有的人力资源状况进行分析，作为制定人力资源规划的依据。

（4）未来情景分析。主要指在收集信息的基础上，在规划的时间段内，预测企业未来的人力资源供求状况，进一步指明制定人力资源规划的依据。

（5）具体内容。这是人力资源规划的关键部分。具体内容。要表达得十分具体，比如进行招聘时，不要仅写招聘人员，而要详细写明××公司招聘××位××人才。

每一方面都要包括以下几项内容：

①执行时间。写明从执行开始和执行结束的具体日期，例如，2006 年 7 月 1 日至 2009 年 7 月 1 日。

②负责人。即负责执行该具体项目的人员，例如，人力资源部经理赵丹

女士。

③检查人。即负责检查该项目执行情况的人员，例如，人力资源管理副总裁林峰先生。

④检查日期。写明具体的检查日期与时间，例如，2006 年 7 月 1 日上午 8 时。

⑤预算。写明每项内容的具体预算，例如，人民币贰拾万元整。

（6）规划制定者。人力资源规划的制定者既可以是人力资源部，也可以是其他人员。例如，高层管理人员、其他职能部门管理人员以及人力资源专家等。同时，既可以是一个人，也可以是一个群体。

（7）规划制定的时间。是指规划正式确定的日期，例如，董事会通过的日期、总经理批准的日期，总经理工作会议通过的日期等。

（二）业务性人力资源规划的制定

业务性人力资源规划的制定涉及人力资源管理的各个方面，如人员补充计划、人员使用计划、人员补充计划、人员培训计划、绩效考评计划等。由于这些计划是相互影响的，因此，在制定时要充分考虑到各项计划的综合平衡问题。比如，人员培训计划会使员工的素质通过培训得到提高，工作绩效有改善，但如果其报酬没有改变，这就会使员工觉得培训是浪费时间，从而挫伤其参加培训的积极性。同时，各项计划还应与企业中的其他计划相互协调，避免出现不一致甚至冲突，如薪酬激励计划要与企业的财务计划等协调起来。

第二节　人力资源规划制定的技巧

一、实施和制定有效人力资源规划的要点

许多企业都在雄心勃勃地组织制定三年或五年规划，其中少不了的是人力资源规划。

纵观各个企业的人力资源规划，稍加比较，会发现一些共性：从表面上看，位置靠后，比上不足，比下有余；"人力资源规划"一般属于"支撑性"内容，细看内容，缺乏针对性和建设性，历年的人力资源规划，除了指标差异外，纵使不是千篇一律，也是大同小异，数字虽然罗列不少，目标也尽可能量化，但往往是感觉悬在空中，难以落实，更不知如何着手操作。

可以想见，如此规划的最后结果，肯定会沦为"纸面工程"，要么弃而不用，要么在实行过程中矛盾重重。如何让人力资源规划真正有效？首先需要改变思维方式，重新理解人力资源规划的意义：不在于预测未来，而在于从现实

出发，如何去创造未来。

做人力资源规划，通常要把重点放在"计算"上，将企业产值和效益目标，除以人均产值和效益要求，得出一个所谓的"队伍规模"，再加上时间维度，就形成了人力资源规划，但是没有哪一年的实际队伍状况和这个数学结果相符。人力资源规划的重点，不是计算达到 50 亿元需要多少人，而是思考什么样的人力资源状况才能支撑达到 50 亿元。我们更应该问自己的是：作为最重要的驱动要素之一，人力资源如何才能推动、支持甚至牵引经营目标的实现？如何有系统、有重点地向目标状态迈进？从这两个问题出发，人力资源规划的要点应该是：定规矩，划红线。

（一）定规矩

所谓的"定规矩"，就是找到人力资源对企业经营的关键价值点，进而制定导向性的机制和可操作性的举措。例如，某工业部件制造企业，通过深入分析市场需求，在三年规划中，明确提出要由"部件生产商"向"客户解决方案提供商"转变。这必然带来组织运作模式的变革，由现在的"生产导向的职能型"转为"客户导向的流程型"。那么，人力资源规划如何能够支持这种转变呢？关键在于，有没有一批既懂零部件研发技术，又精通客户产品和需求的复合型人才。为此，在该企业的人力资源规划中，核心目标就是培养"技术＋客户"型人才。具体的措施包括：组建"客户工作团队"，由现在的技术人员和市场人员共同参与；加强技术人员的岗位轮换，扩展相关知识和技能；改变人才来源和结构，不再只招收机械制造专业的毕业生，而要从大客户所在行业的企业中引进人才。这样，人力资源规划就兼具了方向性和操作性。

"规矩"如何能定好？关键在于把握两点：其一，要面向企业未来，有利于企业的发展，而不是停留于解决当前问题。为了解决现存的管理问题，很多企业要么实行"新人新体系，老人老办法"，要么采用新老体系并轨的折中方案。无论哪种方式，如果不能起到"吸引新人、激励老人"的作用，不能支持企业的进一步发展，就没有多大的价值。其二，要基于企业的环境和资源状况，找到最有效的切入点。比如，面对激烈的市场竞争，如何让中层干部真正感受到压力？对很多企业来说，与其建立一套复杂的绩效管理体系，实施强制性的"末位淘汰"，还不如实行定期的公开竞聘办法，来得更简便、直接、有效。

（二）划红线

所谓的"划红线"，就是建立一套针对价值产出的衡量指标，在过程中监控规划的实施情况，不断地进行动态调整。衡量指标的设定通常有两类：一类是从关键价值点出发的牵引性指标，这类指标要择优选择。比如，将"人均效益"作为指标，应该比"人员规模"更能反映企业经营的健康状况，管理起来也更为灵活。"人力资本投入产出比"较之"人均培训次数或费用"，更能牵引企业的价值创造。另一类是针对结果的预警性指标，用来反映企业的异常状态。比如，"骨干人员流失率"和"目标高校招聘吸引力"，可以作为两个预警性指标，如果指标值发生了显著的变化，就应立即着手分析，可能是经营体系的某一环节出现了问题。

定规矩，划红线，是一个从经营价值出发，建立人力资源机制并进行动态调整的过程。只有做好这两个方面，人力资源规划才能真正落到实处，人力资源规划才会在企业总体规划中找到位置。

二、实施和制定有效人力资源规划的关键

具有"指导意义"的事物，往往在引人关注的同时容易流于形式。企业人力资源规划工作有时也是如此。为了让规划有亮点和冲击力，人力资源部门常常会绞尽脑汁创造一批批的新概念，制定逻辑严密的目标体系，规定清晰的实现路径，最后整合成一份沉甸甸的规划报告。但在很多时候，辛辛苦苦弄出来的规划报告，却常常与岗位说明书一类的文本一起被束之高阁，没有起到实际的作用。

那么，如何才能制定出有用的人力资源规划呢？现阶段我国企业的发展特点，决定了企业在制定有用的人力资源规划时，必须在内容和操作过程中，切实地体现战略协同性和选择灵活性。具体体现在以下三个关键点。

（一）贯穿两个层面

人力资源应承载组织战略，但人力资源与组织战略并非单线的关联关系。组织运作的基本逻辑是：一群"文化理念"相近的"人"，通过开展一定形式和内容的"业务"，达成"组织目标"。业务模式、人力资源和组织文化是形成组织战略的核心要素，各项要素相互影响，系统支持组织战略的达成。这也就意味着真正的人力资源问题，不是仅通过人力资源专业体系自身的建设和改进就能解决的。

例如，传统国有企业在向市场化、国际化公众公司转变时，在用工管理上要求必须开放组织内部与外部人才市场，使其良性流通，然而在执行过程中却困难重重。一方面，受传统国有企业文化惯性的影响，员工对企业的依赖情结严重，普遍都有在企业工作一辈子的想法，企业身份而非社会身份的观念重；另一方面，各级直线经理从国有企业的社会责任和义务角度，以及从构建和谐社会和谐企业的角度考虑，在用工市场化工作上的主动性和开创性较差，除非上级部门做出刚性要求，一般不愿意在人员退出、岗位调整、薪酬变化等方面

137

有较大动作。这种稳定、和谐、逐步推进的企业文化和员工观念，使得处于变革中的国有企业在人员配置、调整和相关机制的推行过程中阻力重重。而这一矛盾不是仅靠人力资源专业体系自身的优化，就能有效解决的。

因此，在进行具体分析时，人力资源规划应围绕组织战略这个核心，贯穿"整体协同"和"专业功能"两个层面。一方面，让业务目标和人力资源队伍和机制建设的目标协同起来；另一方面，提出用业务经营的手段化解人力资源问题的具体建议，冲击和推动组织文化和员工观念的转变，真正从战略协同的高度，认识和解决人力资源问题。

（二）强化过程认同

"管理不在于知而在于行"，对于人力资源规划工作来说也是如此。战略的协同如果不能体现为组织中承担战略任务的人的观念与行为协同的话，规划目标必将成为人力资源部一相情愿的乌托邦。

当前，我国企业特别是传统国有企业，由于长期延续的职能制组织管理模式，组织中各专业和业务领域的运作自成体系：业务部门往往仅从纯业务发展的角度被动地考虑人员投入的规模，人力资源投入产出效益观念不强；一线经理无论从观念上还是能力上，都没能有效承担起人员培养发展的责任。如每次企业进行战略调整时，都会把组织的整体战略规划硬性拆分为所谓的"人力资源规划"、"财务规划"、"各业务规划"等，由各职能口、业务口分别收集现状数据、预测未来目标并组织上报汇总。结果常常是业务部门带有夸大性的人员需求，与人力资源部门的控制性人员供给"牛头不对马嘴"；要么是一方对于另一方意图被动响应和跟从，使得规划内容和结果过于理想化或过于妥协现实。

因此，人力资源规划（及其他专业职能和业务的规划）应积极融合到组织整体战略规划中，成立组织层面的规划委员会全面负责、总体推动。在规划各关键环节（现状盘点、未来预测和落地举措）上，整合各专业职能和业务领域的直线经理和骨干人员开展积极有序的集体研讨和决策，强化过程中的认同，找到理想效益需求和现实承载配置的平衡点。

（三）营造选择空间

"迫不得已"和"意料之外"，是这个动荡的时代里组织经营管理环境的常态。在需求日趋多样化、个性化和综合化的今天，基于某种假设的理性路径按图索骥，在市场竞争中将会风险重重。而"定规矩，划红线"式的清晰、严格的量化目标，以及瞄准这些目标制定的行动步骤，也常常与现实的选择和结果大相径庭。

因此，从成果角度来审视人力资源规划，绝不是仅凭几个明确的僵化指标值，就能给未来发展搭设一座独木桥，而是通过对内外部环境的分析，充分把握和理解现实可能发生的变化，并结合自身的能力和优势，预见可能的选择方向和原则。

举例来说，对成本中心的人员规模预测模型和管控方式，可能将不再是某种单线的与实际工作投入（如工作量、工作难度或目标费用等）挂钩，而可以将管控理念和方式转变到调控效益指标上来。将人工成本与组织整体收入/利润挂钩联动，当组织收入/利润增加时，成本中心可以根据自身的管理基础和资源状况，自行做出增加人员数量而保持人均成本不变，或者增加人均成本而保持人员规模稳定，或者人员数量和人均成本同时小幅增加的选择。由此，通过充分的发展情境假设，提供选择性解决的可能，让规划的内容更具适应现实变化的弹性，从而降低组织内部的管理成本。

第三节 人力资源规划制定的应用

一、人力资源规划困惑与解决之道

在企业的人力资源管理中，人力资源规划不仅具有先导性和战略性，在实施企业总体发展战略规划和目标的过程中也具有举足轻重的作用。当前，越来越多的企业人力资源规划的制定更是存在许多困惑和无奈。

在知识经济条件下，人力资源对企业的发展具有举足轻重的作用。越来越多的企业主、企业管理层也逐渐认识到人力资源管理对企业发展的重要性，但对于人力资源规划的制定却始终存在许多困惑和无奈。

"人力资源规划很简单，不就是些招聘、薪酬之类的内容，有时再加点儿培训方面的东西"、"老总还在拍脑袋定战略，我又怎么搞得出规划（人力资源规划）"、"人力资源规划做了也没多大意义，计划没有变化快，到头来能兑现的也不过 20%—30%"。以上便是许多企业人力资源管理者对于人力资源规划的看法。那么，究竟企业有没有必要进行人力资源规划？怎样才能制定出科学的人力资源规划？

（一）人力资源规划的困惑

企业人力资源规划实施效果不尽理想的原因：

1. 对人力资源规划的认识不全面

做好人力资源管理有三部曲：明确战略规划—人力资源规划—人力资源管理体系与具体的执行计划。企业的整体发展战略目标决定了人力资源规划的内容，而这些内容又为建立人力资源管理体系、制定具体的人员补充计划、人员使用计划、人员接替与晋升计划、教育培训计划、评估与激励计划、劳动关系计划、退休解聘计划等提供了方向指引和依据。广义上的人力资源规划包含了所有这些具体内容，而决不仅仅只是些招聘、薪酬之类的内容，有时再加点培训方面的东西。

人力资源规划是企业发展战略规划的重要组成部分，同时也是企业各项人力资源管理工作的基础和依据。而企业的管理者和人力资源管理者恰恰没有充分意识到这一点，从而在具体制定和实施过程中缺乏足够的重视，各级部门主管和直线经理也未能有效配合。

2. 公司战略目标不明确

人力资源部门必须结合企业战略的实施予以人力资源的支持和保证。在人力资源开发与管理活动中，应从战略目标出发，以战略为指导，确保人力资源政策的正确性与有效性。因此，人力资源规划的前提是企业发展与企业战略首先要明晰，而后才能分解到人力资源方面，随后才会有人员需求计划、招聘计划、薪资福利计划等与之相配套。而企业一般缺乏较明确的发展战略，尤其在快速扩张阶段，往往涉足于不同的业务领域，其中不乏许多新兴产业。而这些新兴产业在研发、营销、管理、服务等各个环节没有成熟的经验可以借鉴，尤其是一些新开拓的项目，定岗定编工作不像传统业务那么成熟。因此在人力资源管理方面也不可能有明确的规划，只能是走一步，看一步。

3. 企业外部环境变化太快，不易规划

市场发展变化速度很快，而行业尽管随市场变化而做规划，到年终目标达成率也不过20%—30%。如某 IT 公司是联想在某区域的大代理商之一。在年初，该公司的人力资源部根据公司的年度发展战略制定出了本年度公司的人力资源规划。但是在新的一年开始不到三个月的时间里，联想集团自身的战略、组织结构发生重大变化。于是作为供应链上的一个环节，该 IT 公司也必须随之调整整个公司的人力资源规划，根据要求重新进行公司的人员设置与编制，重新制定与之相关的一系列培训计划等。事实上，企业外部的政治、经济、法律、技术、文化等一系列因素一直处于动态的变化中，会相应地引起企业内部的战略目标不断地变化，从而又会导致人力资源规划随之变化。

4. 缺乏人力资源规划的专门技术与人才

目前，虽然许多企业成立了人力资源部，但在行使部门职能的时候，普遍存在一些问题，主要表现在：第一，整体素质不高，专业人员很少，专业知识储备不足，专业技能不够；第二，缺乏系统的职业培训；第三，许多人力资源工作者土生土长，没有受过良好的培训，没有经过正规大公司的熏陶，眼界不高。人力资源工作是一项非常独特的工作，对个人素质、领悟能力和学习能力要求都很高。而在这些综合因素中，有很多不是通过正规教育过程所能获得的。一位优秀的人力资源工作者不是靠认证也不是靠理论培养的，需要的是其对工作深刻体验和对社会的敏锐洞察。否则，单纯依靠原理、技术或数据处理的培训造就的人力资源工作者无异于纸上谈兵。鉴于人力资源开发与管理正在向企业渗透的现实，随着各家企业对人力资源工作认识和实践的不断加深，人力资源规划工作一定会在企业的发展过程中发挥出强大的推动作用。

（二）人力资源规划的解决之道

人力资源规划工作是组织可持续发展的保障，其重要性对于寻求发展壮大的企业尤为突出。而能否制定并有效实施人力资源规划并不取决于公司规模的大小，最关键的是依据公司的发展战略和经营管理特点制定出适合的政策。针对当前大多数企业的经营特点和工作当中面临的问题，应该采取几点策略：

1. 明确企业核心人力资源

人力资源规划的起点是明确界定企业的核心竞争优势，也就是在企业的经营环境中，它的生存价值是什么？它保持竞争优势的资源（技术、资本或管理）是什么？如此才能真正找到保持竞争能力的核心人力资源。核心人力资源是决定企业生存发展能力的关键因素，需要激励机制、教育培训、设计合适的职业生涯计划、不断的招聘才能确保核心人力资源群体量的扩充，质的提高，并能长期地驻留于企业。

2. 制定具有前瞻性的弹性人力资源规划

所谓弹性人力资源规划，就是基于企业的核心竞争能力，重新评估并规划企业的人力资源，形成一个一般性的人力资源组合，以便在保证企业核心竞争优势需要的条件下，达到满足因外部经营环境变化导致的临时性人力需求的目标。具体而言，就是在评估现有人力资源存量和界定企业核心人力资源的基础上，制定预备性的支援人力资源规划，并做出相应的培训计划，其目标是在企业面临生产或服务能力扩张性机遇时，尽可能快地为核心人员配备中层支援人员，以提高组织的反应能力。

随着知识经济时代的到来，企业面临的经营环境越来越无法预测，充满变数又商机无限。人力资源规划必须适应企业经营管理的需要，保持一定的弹性，以免企业发生战略转移时出现人力资源僵化、失调而妨碍企业的发展。同时要进一步加强人力资源规划对人力资源管理活动的前瞻性、方向性和预见性功能。

3. 建立三维立体人力资源管理模式

切实可行的人力资源规划一定是建立在内部充分沟通、相互协作基础之上的。根据企业人力资源管理的特点，建立一个在决策层、一线经理和人力资源管理部门之间科学分工协作的三维立体管理模式，将有助于人力资源战略规划的制定与实施。

三维立体模式是指由决策层、人力资源管理部门、一线经理科学地分工负责人力资源管理的各项业务，并进行相应的协作。总的来说，决策层负责人力资源战略规划（同时人力资源部门和一线经理要给予协作）和支持人力资源部门、一线经理的人力资源工作；人力资源管理部门负责岗位分析、岗位评价等基础业务，并协助一线经理做好核心业务（如大量的人力资源管理标准建设和事务性服务）和协助决策层做好人力资源战略规划；一线经理负责在人力资源管理的核心业务中把持关键环节，并协助人力资源部门做好岗位分析和岗位评价等基础工作，以及协助决策层做好人力资源战略规划。

二、人力资源规划制定的应用范例

根据企业发展战略、人力资源供需预测和平衡的结果等资料，编写企业人力资源规划范例如下：

（一）职务设置与人员配置计划

根据某公司 2005 年发展计划和经营目标，人力资源部协同各部门制定了公司 2005 年的职务设置与人员配置。2005 年公司将划分为 8 个部门，其中行政副总负责行政部和人力资源部、财务总监负责财务部、营销总监负责销售一部、销售二部和产品部、技术总监负责开发一部和开发二部。具体职务设置与人员配置如下：

142

（1）决策层（5人）：总经理1名，行政副总1名，财务总监1名，营销总监1名，技术总监1名。

（2）行政部（8人）：行政部经理1名，行政助理2名，行政文员2名，司机2名，接线员1名。

（3）财务部（4人）：财务部经理1名，会计1名，出纳1名，财务文员1名。

（4）人力资源部（4人）：人力资源部经理1名，薪酬专员1名，招聘专员1名，培训专员1名。

（5）销售一部（19人）：销售部经理1名，销售组长3名，销售代表12名，销售助理3名。

（6）销售二部（13人）：销售二部经理1名，销售组长2名，销售代表8名，销售助理2名。

（7）开发一部（19人）：开发一部经理1名，开发组长3名，开发工程师

12 名,技术助理 3 名。

(8) 开发二部(19 人):开发二部经理 1 名,开发组长 3 名,开发工程师 12 名,技术助理 3 名。

(9) 产品部(5 人):产品部经理 1 名,营销策划 1 名,公共关系 2 名,产品助理 1 名。

(二)人员招聘计划

(1) 招聘需求。根据 2005 年职务设置与人员配置计划,公司人员数量应为 96 人,到目前为止公司只有 83 人,还需要补充 13 人,具体职务和数量如下:开发组长 2 名,开发工程师 7 名,销售代表 4 名。

(2) 招聘方式。开发组长:社会招聘和学校招聘;开发工程师:学校招聘;销售代表:社会招聘。

(3) 招聘策略。学校招聘主要通过参加应届毕业生洽谈会、在学校举办招聘讲座、发布招聘张贴、网上招聘四种形式。社会招聘主要通过人才交流会、刊登招聘广告和网上招聘三种形式。

(4) 招聘人事政策。

本科生:

①待遇:转正后待遇 2000 元,其中基本工资 1500 元,住房补助 200 元,社会保险金 300 元左右(养老保险、失业保险、医疗保险等)。试用期基本工资 1000 元,满半个月有住房补助。

②考上研究生后协议书自动解除。

③试用期 3 个月。

④签订三年劳动合同。

研究生:

①待遇:转正后待遇 5000 元,其中基本工资 4500 元,住房补助 200 元,社会保险金 300 元左右(养老保险、失业保险、医疗保险等)。试用期基本工资 3000 元,满半个月有住房补助。

②考上博士后协议书自动解除。

③试用期三个月。

④公司资助员工攻读在职博士。

⑤签订不定期劳动合同,员工来去自由。

⑥成为公司骨干员工后,可享有公司股份。

(5) 风险预测。①由于今年本市应届毕业生就业政策有所变动,可能会增加本科生招聘难度,但由于公司待遇较高并且属于高新技术企业,基本上可以回避风险。另外，由于优秀的本科生考研的比例很大，因此，在招聘时应留有候选人员。②由于计算机应届毕业研究生愿意留在本市的较少，所以研究生招聘将非常困难。如果应届毕业研究生招聘比较困难，应重点通过社会招聘来填补"开发组长"空缺。

（三）选择方式调整计划

去年开发人员选择实行了口试和笔试相结合的考查办法，取得了较理想的结果。在 2005 年首先要完善非软件开发人员的选择程序，并且加强非智力因素考查。另外，在招聘集中期，可以采用"合议制面试"，由总经理、主管副总、部门经理共同参与面试，以提高面试效率。

（四）绩效考评政策调整计划

去年已经开始对公司员工进行了绩效考评，每位员工都有了考评记录。另外，在去年对开发部进行了标准化的定量考评。今年，绩效考评政策将做以下调整：

（1）建立考评沟通制度，由直接上级在每月考评结束时进行考评沟通。

（2）建立总经理季度书面评语制度，让员工及时了解公司对他的评价，使其能感受到公司对员工的关心。

（3）在开发部试行"标准量度平均分布考核方法"，使开发人员更加明确自己在开发团队中的位置。

（4）加强考评培训，减少考评误差，提高考评的可靠性和有效性。

（五）培训政策调整计划

公司培训分为岗前培训、岗位培训、管理培训三部分。岗前培训在去年已经开始，岗位培训、管理培训工作，从 2005 年 10 月 1 日起开始由人力资源部负责，培训政策做以下调整：

（1）加强岗前培训。

（2）管理培训与公司专职管理人员合作开展，不聘请外面的专业培训人员。该培训分成管理层和员工两个部分，重点对公司现有的管理模式、管理思路进行培训。

（3）技术培训根据相关人员申请进行。采取公司内训和聘请培训教师两种方式进行。

（六）人力资源预算计划

（1）招聘费用预算。①招聘讲座费用：计划本科生和研究生各 4 个，共 8 次，每次费用 300 元，预算 2400 元；②交流会费用：参加交流会 4 次，每次平均 400 元，共 1600 元；③宣传材料费：2000 元；④报纸广告费：6000 元。

（2）培训费用。去年实际培训费用 3.5 万元，按 20% 递增，预算今年培训费用约为 4.2 万元。

（3）社会保险金。去年社会保险金共交 1.5 万元，按 20% 递增，预算今年社会保险金总额为 1.8 万元。

本章学习要点提示

【复习思考题】

1. 简述人力资源规划制定与实施的阶段。

2. 人力资源规划的制定程序是怎样的？

3. 人力资源总体规划包括哪些基本内容？

4. 实施和制定有效人力资源规划的要点有哪些？

5. 实施和制定有效人力资源规划的关键是什么？

6. 结合企业人力资源规划的困惑，阐述人力资源规划的解决之道。

讨论案例

洛江公司的人才战略实施方案

一、背景

美国通用公司总裁韦尔奇说过："人才即是一切，有人才就是最大的赢家"。企业的竞争说到底是人才的竞争，有合格的员工才能创造出优质的产品。建筑行业在我国起步较晚，产品是国外移植过来的，真正先进的设备主要是一些进口设备，由于这几方面因素的影响，造成了建筑行业人才数量少，总体水平较低，制约了行业的发展。

洛江公司作为建筑行业内集工程施工，建筑器材研发、制造、销售为一体的集团化企业，与之竞争的不单是同行业建筑工程公司，还有其他建筑材料厂家。这就要求本公司的工程安装质量好，产品质量好，价格有市场竞争力，售前服务、售后服务以及运输管理及时到位。要拥有一批具备一流管理水平与工程施工水平的经理人；懂得建筑推销技术的销售队伍；精通建筑技术的专业人才；熟练的操作工人等。只有这样，才能将建筑事业做强做大，在行业中处于有利的竞争地位。因此说，挖掘人才、培养人才、用好人才对本公司实施发展战略尤为重要。

二、人才战略的整体策划

（一）人才层次的确定与任免

结合公司的实际情况，公司决定人才战略的实施，以人力资源部为实施单位，以董事会的战略支持为基点，在人力资源部的配合下，分层次、分阶段进行。

建筑行业所需人才，分为三个层次。第一层次是企业高管人员（包括财务）。对于这一层次人才的管理放在公司董事会，由董事长提供任免建议，对于能为公司创造相应价值的合格员工，公司将发给相应的薪酬待遇与其他各项配套待遇。第二层次的是专业技术人才。这一层次人才的工作放在工程部、车间部、技术部，即施工专业技术人才和生产车间专业技术人才。第三层次的人才是熟练的操作技工。由于熟练掌握设备操作的人很少，而产品的质量、产量和设备的使用寿命又完全取决于主机操作工的水平，所以培训和储备这一类的人才很重要。

上述人才的提前储备是必要的，而高管人员（包括财务人员）、专业人才的上岗是需要一定培训时间的，同时，他们也需要一定的时间来适应企业文化和环境。

人才的培训放在公司总部会议室和生产基地会议室。公司总部的培训，主要是对高级管理者进行专业方面的培训，而生产基地的培训重点放在利用一定的工余时间与工程业务的淡季，对员工的专业技能进行培训，以达到充实业务水平，为员工综合素质的提高打下基础，同时也为公司进一步的发展储备实力。以后每年初，要制订全年的培训计划，根据市场的发展、新技术的应用，办各个层次的培训班，不断提高高管人员和技术人员的水平，以适应企业发展的需要，打造一支高素质的团队。

（二）人才待遇与任免

洛江公司在用人方面的政策主要是采取事业吸引人、待遇留住人、感情感染人、环境塑造人、合作培养人的方针。支付优秀与合格员工最具行业竞争力的薪资，实行末位淘汰机制，这是企业为保持活力和参与竞争的必需手段。通过鼓励先进，淘汰末位，不断提高职工的整体素质和敬业精神。只有在事业具有吸引力，员工对企业的前景看好，工资待遇又能留住人的前提下，员工才会珍惜这个工作岗位，努力工作，不被淘汰。否则，实行末位淘汰制，会使有一定能力的员工，觉得工资不高，工作压力较大，选择其他企业，企业就只能招聘新手，从新培养，反而增加成本。

高管人员、技术人员和技工的待遇，建议招聘的原则是基本工资参照同行业、同专业、同地区水平。培训合格上岗后，按绩效工资挂钩，略高于同行业水平。避免培训后的人才被竞争对手挖走，前期培训、培养成为为他人作嫁衣裳。

高管人员的管理放在公司董事会，由人力资源部负责档案保管，定期做培训、职称、职务晋升、绩效考核等方面的管理。这些人员的调配也由公司各部门报人力资源部提供任免、调动建议。其他技术人员及技工在部门的任免、调动也需提供书面材料报人力资源部。工人层次的任免、调动由各部门主管、经理提供任免、调动建议，并提供书面材料报人力资源部备案；各部门主管、经理的任免、调动由人力资源部提供任免、调动建议，并提供书面材料报董事长备案；总监层次与公司基地一些关键经理的任免、调动由董事会提供任免建议。以上变更均以通知形式通报公司全体员工。

三、实践是检验"人力战略"的唯一标准

为检验以上人力资源战略的可行性，公司进行了长达三个月的实践与分析后，完成了对该战略的实际检验，并决定在下阶段，切实做好以下两方面的工作：

其一，将公司前期的工作成果通过会议、考核、培训等形式全面推行，传达到每一位员工，在要求各岗位员工各司其责的同时，并落实好本部门的工作。

具体操作步骤如下：

（1）召开公司全体员工会议。在会上向全体员工详细介绍公司前期的工作成果，要求员工严格按公司的管理体制要求做好各自的工作。

（2）要求各部门负责人切实学习好公司的文件，人力资源部将去督促并考核其对职责的掌握情况，以及其对部门内下属的宣传情况，对于考核不符合要求的负责人，人力资源部将要求其重新学习，并要下次继续进行考核，对连续两次考核不合格的负责人，人力资源部将上报董事长，处罚该负责人200元，并建议重新考虑其任免。

（3）公司各部门严格按照公司的整体体制框架与流程，切实做好自己部门内的制度框架与流程，人力资源部将提供相应的指导，并监督、考核其完成情况。

其二，为确保公司一年内实现5000万元销售额的目标，以及切合公司长远的战略发展需要，公司董事会经反复研究、讨论，公司决定投入大量人力、物力、财力，将技术部、设计部、工程部、财务部等各部门的人才培养出来。

具体操作步骤如下：

（1）在拟订详细的培训计划后，公司将挑选出各部们具有潜质的技术人才，与其商讨公司的培训计划，对有合作意向的人才，公司与其签订定向培养合同，期限为两年（或三年），合同签订后，员工在两年（或三年）内不得离开所在公司的岗位。

（2）根据公司的实际情况与员工的意见和建议，在培训计划实施前期，不断改进、调整培训方案，以使方案进一步趋于科学化、合理化。在方案完善后，公司一定要坚定不移的贯彻实施方案。

（3）在制订详细的人才招聘计划与标准后，公司将继续通过报刊、招聘会等形式招进人才，同时积极鼓励公司现有员工举荐人才，对于员工所举荐的人才，半年内符合公司需要，且没有离开公司岗位，公司将因员工的人才推荐单奖励该员工。

（4）公司在招聘人员的过程中，首先需要确定该岗位是否可以通过内部招聘来解决，并将所需岗位的条件公布在该部门（这样可有效防止老员工的流失与心理不平衡）。

[讨论题]

1. 人力资源战略在怎样的背景下才能顺利的实施？

2. 洛江公司是怎样一步步推行其人力资源战略的？其改革方向是否正确？

3. 请结合洛江公司的实际情况，拟订一份人才培养计划。

第七章 人力资源管理信息系统及其应用

学习目标

- 掌握人力资源管理信息系统的含义、相关概念与特点
- 了解人力资源管理信息化发展沿革
- 理解人力资源管理信息系统的应用
- 理解并掌握规划和实施人力资源管理电子化
- 理解对人力资源管理信息系统的评价与相关思考

本章导读

航运企业的人力资源规划

任何航运企业要想有合理的人员结构、高效的运作方式，就必须进行人力资源规划。这是因为现代企业都处在一个外部环境和内部结构频繁变化的状态之中，如企业所处环境中政治、经济、技术等一系列因素的变化，都要求企业对人力资源进行调整。而过去，大多航运企业并没有重视这种调整，没有科学地实施这种调整，既没有考虑企业长期的战略规划所决定的企业需求，也没有考虑企业中长期经营规划所决定的人员数量及结构的预测，仅凭企业短期内的需要去确定人员数量和结构，从而造成了目前大多航运企业富余人员多，人员结构不合理，人员变动大起大落的人力资源现状。因此，对航运企业的人力资源现状进行诊治，必须从做好人力资源规划入手。

一、航运企业人力资源规划的主要步骤

（1）分析人力资源现状。主要包括：数量、年龄结构、文化结构、专业结构、性别结构、主要优势和主要不足等。

（2）确定未来人力资源需求。该项工作要与企业的发展规划相结合，通

过征求意见等方式采集规划期内人力资源的需求信息。

（3）进行定量、定性分析，弄清人力资源和资本资源的匹配关系，求出人力资源的最佳变动率。

（4）制定人力资源政策。主要包括规划期内该企业要保持多大的人力资源规模，年人力资源变动率是多少（是正增长还是负增长），重点的专业目录是什么，进人条件是什么等。

（5）制订培养计划。人力资源规划如果作为一个过程，它必须输出几个结果：一是重点培养对象名单，二是培养方式（如培训、轮岗、挂职等）。即：要满足企业发展的需求，需要对哪些人进行培训，培训什么，什么时间进行培训等。

现代航运企业在运营过程中积累了许多宝贵的经验，尤其是建立起一支人才队伍，这是企业巨大的财富。

从国有大型航运企业人力资源的现状来看，许多企业经过数十年的工作实践和市场风浪的锤炼，培育起政治和业务素质都较高的职工队伍，船舶管理水平日渐提高，基本具备了较强的驾驭国际航运市场的能力，并为分散经营风险，在发展陆产经营和管理过程中，也积累了一定的经验；船舶管理、航运管理人才队伍较齐备，人员充足，年龄梯次结构趋于合理，文化层次相对较高。

但是，随着航运企业的不断发展，目前国内大多航运企业的人员在结构和数量上越来越暴露出如下问题：①专业结构不太合理，适应陆上产业急需的专业人才较少；②业务型干部多，管理型干部较少，经营型干部较缺，懂经营会管理的干部更缺；③知识结构单一的人多，复合型人才少；④守摊子的人多，开拓创新型人才少；⑤专业带头人少；⑥职工素质尚不能完全适应市场经济的需要。

二、航运企业各类人才规划

鉴于目前的业务范围和未来几年的发展规划，以下几类人才将成为紧缺的资源，航运企业必须把他们纳入人力资源规划中，逐步培养起来。①航运管理人才群体。主要包括租船揽货、调度业务、保险理赔、商务和货物监督等。②船舶管理人才群体。主要包括船技、造船、海务、通导、船舶政工和劳保等。③财务管理人才群体。主要包括会计、金融、审计、国际结算、产权交易、租赁、证券等。④人事管理人才群体。主要包括人力资源管理、教育培训、劳动工资、保险统筹、船员调配与管理、离退休人员管理等。⑤企业管理人才群体。主要包括企业战略管理、企业管理、经济管理、法律、投资和质量管理等。⑥宾馆旅游、物业管理人才群体。⑦房地产、建筑、装饰装潢人才群体。⑧贸易人才群体。⑨工业制造人才群体。⑩综合管理和政工人才群体。

此外，还必须着力培养一支懂经营会管理、知识结构为复合型、既能主内又能主外、文武兼备的企业家人才队伍。

三、航运企业人力资源政策

从以上论述中可以看出，现代航运企业必须制定相应人力资源政策。结合当前的实际情况，政策应该以"控制总量、保证质量、调整结构、突出重点"为重点。

（1）控制总量。这一政策的依据即为人力资源与资本资源的合理匹配。以一般航运公司为例，2000多人配20条船左右，再适当的发展三产和搞船员外派，即达到人力资源与资本资源的合理匹配的状态。而大多航运企业经过数十年的发展，由于政治、经济、技术以及企业决策等多方面的原因，形成今天人多船少的局面，即人力资源投入多，资本资源投入少。这种客观现状要求这些企业的人力资源必须呈负增长，即今后增员数必须要少于自然减员数。以青远公司为例，根据计算，每年以0.3%—1%的比率递减为好。到2005年正式职工总数应控制在6200人以内。

（2）保证质量。高质量的人才是企业发展的动力，低素质的职工是企业的包袱，尤其在企业规模不大，吸纳劳动力能力有限的情况下更为如此。因此，航运企业今后应在提高职工素质上下工夫。具体措施有：

①保证每年有限的进人指标全部用在引进高素质的人才上。

②非紧缺人才一律不调入，紧缺人才调入必须按企业产业发展所急需，且企业目前从事该专业的人数不能满足发展需要的专业等掌握标准。制定专门的紧缺人员引进办法，对引进的条件和操作规程进行严格的规定。

③加大教育投入，以岗位规范的要求作为教育的重点。

（3）调整结构。由于过去重视不够，造成目前航运企业人才的结构性短缺。因此，必须在对各类人才群体分析的基础上，加大人才结构调整的力度。

①注意专业结构，重点接收企业紧缺专业的人才，同时应有针对性地进行转岗培训；②注意年龄结构，通过调整使每年的退休人数趋于均衡，避免出现大起大落；③注意层次结构，使决策层、管理（控制）层、操作层等布局合理。

（4）突出重点。应该承认人的性格和素质是有差异的，不可能所有员工都能成为骨干，因此，不能按一种模式对人才进行培养。而且，公司财力有限，在人才培养方面必须突出重点。这里指的重点，一是中层以上干部，即复合型的高级管理干部，二是专业技术带头人。培养和发育这支队伍应遵循的原则是：巩固提高现有的，着力培养一批新的。

通过培训、轮岗、船岸交替工作等形式进行培养，可使航运企业人才匮乏的局面在三至五年内得到缓解。

第一节　人力资源管理信息系统概述

一、人力资源管理信息系统的含义

（一）人力资源管理信息系统概念

本书将人力资源管理信息系统统称为 e-HR 系统。

1. 国外的 e-HR 的概念

关于 e-HR 的定义的界定十分繁多，并且也随着人力资源管理信息化技术的变化而变化，但是大多数的定义还是集中在这几点上：

关于 e-HR 中的"e"的定义：①基于互联网的人力资源管理流程化与自动化。②实现人力资源管理的 BTOB，即商对商。③实现人力资源管理的 BTOC，即商对客户。

而爱德华·E. 劳勒（Edward E. Lawler）等人的著作中认为，信息技术 e-HR 有着巨大的作用，可以很大程度上改变人力资源服务的管理和行为方式。计算机系统使人力资源的工作更加有效，在此基础上人们也更加关注 e-HR 系统的发展和如何积极提高在员工满意度方面的影响，以及更好地进行经营战略信息的分析。

多数认为 e-HR，就是可以自动处理很多核心程序，"e-HR"中的"e"即为更强大的功能（enabling）、更有能力（empowering）和人力资源功能的扩展（extending）。但是计算机系统并不是代替文件柜，人力资源管理工作通过使用 e-HR 将发生巨大的变化，并把它的管理方式带入互联网时代。一方面这种新的工作方式改变了传统人力资源部门的角色，另一方面其他部门的员工的工作方式也随着发生了变化。

2. 国内 e-HR 概念

虽然国内的 e-HR 发展落后于发达国家，但是今日互联网的便捷使得外国的先进管理经验可以更快更好地传入国内，而国内的一些企业接受并应用，也使得国内与国外的差距在缩小。国内与国外所不同的是提出的 e-HR 这个观念最早产生于一些外资咨询公司。国内对于 e-HR 的学术认识基本与国外的一致，e-HR 是通过现代信息技术手段，提高人力资源管理效率，实现人力资源信息共享及有效整合的解决方案。e-HR 可以缩短管理周期，减少 HR 工作流程的重复操作，使工作流程自动化，减少不必要的人为干扰因素，使最终用户（员工）自主选择 HR 信息和服务。另外，e-HR 可以使 HR 部门从提供简单的 HR 信息转变为提供 HR 知识和解决方案，随时将向管理层提供决策支持，向 HR 专家提供分析工具和建议。

郑大奇认为，"e-HR"就是指电子化的人力资源管理，任何利用或引用了各种 IT 手段的人力资源管理活动都可称之为"e-HR"。目前所说的"e-HR"都是包含"电子商务"、"互联网"、"人力资源业务流程优化（BPR）"、"以客户为导向"、"全面人力资源管理"等核心思想在内的新型人力资源管理模式；它利用各种 IT 手段和技术，包括一些核心的人力资源管理业务功能，代表了人力资源管理的未来发展方向。

（二）人力资源管理信息系统概念总结

通过对国内和国外概念的综合总结，可知人力资源信息化管理是一个循序渐进的过程。它使员工对自己的工作更具有自主性，通过因特网技术将信息及时和准确地传递给员工。它相较传统的人力资源管理模式具有创新性和极大的自主性，使员工本身的优势得到发挥。

"e-HR"通过网络来放权，使得员工及时地参与到公司的工作中去，极大地调动了员工的积极性，全员参与的新型管理模式，真正确立人力资源管理的战略地位，实现人力资源管理理念的变革。

信息化人力资源管理基于高速度、大容量的硬件和先进的 IT 软件，通过集中式的信息库、自动处理信息、员工自助服务（ESS）、外协以及服务共享，达到降低成本、提高人力资源管理效率，实现人力资源管理信息共享及有效整合的解决方案，它能使企业和变革同步进行，达到日新月异的效果。

起初，e-HR 将内容、信息处理、模式制作的工具放在网上。最终，e-HR 组织将会在网上即时运作，通过一个集成化的、人性化的平台来完成信息互动。它创新的平台模式，使得管理者、员工扮演着"生态圈"中"生态链"的角色，如图 7-1 所示。这种全新的操作规则和模式不仅能充分利用内部资源，还能充分地调动外部资源，使得原本松散、平面的管理模式变得井井有条和立体起来。这样，管理者也能更好地对企业的人力资源管理战略进行进一步规划。

人力资源信息化中的"e"包含了三种中文释义，它不仅仅是"electronic"——电子化人力资源管理，还是"efficiency"——高效的人力资源管理和"employees"——全员共同参与管理过程的人力资源管理。信息化人力资源管

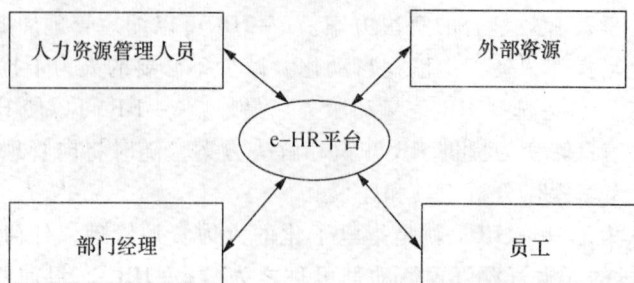

图 7 - 1　e - HR 创新的平台模式

理实现了人力资源管理效率、工作质量、工作效益的三重提升，大大增加了人力资源管理上升到企业战略地位的可能性。

二、相关概念与特点

（一）相关概念

1. 与系统信息有关的外部概念

（1）互动语音应答及呼叫中心。希望询问人力资源问题的员工可以接通呼叫中心，进入一个经常是由交互式声音应答（IVR）和计算机电话控制的系统。通过使用电话屏，可以获得一系列的菜单选项，输入 ID 号，获得进入客户服务代表（CSR）的路径。

（2）内部网及外部网。公司内部网或局域网经常和呼叫中心一起密切协作。许多以互联网为基础的应用程序系统，使员工能持续访问储存的相关知识，登记或修改个人的信息，寻找公司内部招聘信息和培训与进修机会等。

（3）互联网电话随着利用 T－1 和 DSL 线路进行办公室与住宅连接的不断普及，员工可以通过一部未与公司局域网直接连接起来的计算机连接，上公司局域网。通过互联网电话、计算机的 TCP/IP 连接的现场声音流，计算机或电话旁的员工就有机会通过扬声器或电话与客户服务代表交谈。如果增设小型廉价、置于显示器上方的摄像头，就可以与客户服务代表召开可视会议。

（4）人工智能（AI）。一些公司的计算机系统已经使用了智能应用软件。它在接收员工递交到内部网的问题之后，将句子的结构拆减成关键词，电子人力资源管理是工作人员在人工智能（AI）计算机的帮助下营运，而不再是通过电话及看不见的客户服务代表进行交谈。

（5）企业信息化应用的相关概念包括 OA，即为 Office Automation，办公自动化；ERP（Enterprise Resource Plan）是指企业资源规划系统；SCM（Supply Clain Management）供应链管理，CRM（Customer Relation Management）是指客户相关管理系统。

（6）网络服务商相关的概念包括 ASP（Apply Service Management Producer）是指应用服务提供商；ICP 是指提供互联网信息服务的单位，即通过互联网开办网站提供有偿或无偿信息服务的单位，简称 ICP。ISP 是指提供互联网接入服务的单位，如中国电信、中国移动等单位的局域网专线单位。

2. 与人力资源管理信息系统相关的概念

即为 HR 部分。包括招聘电子化、薪资电子化、保险电子化、报表电子化等。

（1）招聘电子化（e – Recruiting）：建立资料库对于招聘信息进行更好更准确的保存，有利于信息的最大利用和储存。

（2）薪资电子化（e – Salary）：随时提供线上个人薪资总额的查询，最大化方便了员工。

（3）保险电子化（e – Insurance）：以 EDI 的方式与社会保险部门连线，当员工要离职时可很方便地计算员工的投保金额等。

（4）文件电子化（e – Document）：提供各种人力资源所需要的文件。

（5）报表电子化（e – Report）：提供各种报表类的信息。

（二）特点简介

e – HR 相对于传统的人力资源管理系统有很多优点，它实现了传统系统所不能及的功能，具体内容如下：

（1）纸张化管理转向电子网络化管理。传统的人力资源管理往往是档案大量的堆积，通知或信息传达往往通过大量的纸张，效率低下而且浪费公司的资源，但是人力资源电子化系统极大地应用了互联网资源，员工可以通过局域网络了解情况，而管理者可以通过网络了解员工情况及时制定决策。

（2）传统技术模式转向全新的技术模式。在人力资源管理活动中，技术较强的工作变得更为简单顺畅。如企业人员的招聘、甄选、录用会因互联网而拓宽企业人才甄选的范围，而且效率大大提高。自动绩效评估系统和绩效考核及职业培训支持体系将大幅度降低考核成本和复杂程度，也会大大提高新员工的培训效率。人力资源管理工作已日趋科学化，首先，有高效率、标准化的现代装备，包括计算机、通信、文印等设施。其次，人力资源管理为了配合各业务工作单位和部门的活动，人事档案资料的存储、索取、传递已电脑化，职务分析和人员选择方法已科学模型化。

155

（3）松散化转向规范化。传统的管理模式比较扁平化、松散化，现在由于要实施 e - HR，则要求各种规章制度必须规范标准，这样才能使系统的运转处于正常水平。一方面促进了各项资源管理工作标准规范化，另一方面也促使发生业务联系的各个环节管理规范化。

（4）部分管理者参与转向全员参与。人力资源管理信息系统最大的特点就是实现了全员参与。企业的人力资源管理活动是需要通过企业不同角色（人力资源管理专业人士、决策层、中层经理以及员工）的共同参与来完成的，而不只是人力资源管理部门的工作。这也就是所谓的"全面人力资源管理"。理想状况下，企业不同角色之间应该建立起一条良性的人力资源管理生态链。

（5）管理手段单一转向丰富化。信息系统的投入，以技术手段促进了管理手段的进步，使各种现代统计理论、运筹学知识得到广泛的应用。在管理过程中衡量各项工作通过定性和定量双方面，避免单一的考察方式对工作衡量的失真。

（6）时间单一化转向时间再分配。时间的节省，效率的提高使得人力资源管理人员可以有更多的时间和精力关注人力资源管理战略制定，扶助企业的战略性经营计划的制订。

（三）e - HR 对各个层级的影响

人力资源管理首先是企业经营的需要；人力资源部门为满足这种需求设计和制定各种用于加强人力资源管理的各项规章和制度（比如薪酬福利体系、绩效管理体系、招聘甄选体系以及员工培训和发展体系等），并通过分析市场的各种反馈，来帮助企业提升需求的层次；同时，人力资源部门还需要将企业内部的各级中层经理培养成为各项人力资源规章制度的代言人和实施者，由中层经理直接面对作为最终用户的员工进行日常管理。

（1）e - HR 规划与企业高层。过去高层经理人都习惯于看销售额、利润、利润率、增长率等经营指标，却很少去分析人力资源状态指标与经营指标的内在联系，因而很难从根本上找到提升企业经营绩效的办法；但如果能够建立起不同部门（机构）、不同人群（如销售、研发、管理和服务等）的经营指标与关键的人力资源状态指标（如总人数、学历结构、年龄结构、工龄状况、离职率、晋升率、人力成本等）之间的关系，就能使高层比较直观地掌握企业经营指标受人力资源状态指标影响的规律，从而有针对性地制定相应策略、通过人力资源管理、开发、经营手段来提升组织绩效。

一旦企业高层真正意识到人力资源经营的重要性，并掌握了人力资源经营效果的评价方法，他们就会成为对人力资源管理需求的发起者，从而使人力资源管理真正列上决策者的重要议事日程，而不是通常人们所说的："人力资源管理是重要但不紧急的"。因此，人力资源部门针对企业高层进行的人力资源宣传推广策略应该是：通过提供一些关键的、可获取结果的人力资源投入产出经营指标以及人力资源状态指标，将人力资源经营的理念传递给高层。

由上所述，可以看出企业高层在公司人力资源管理中起着主导的作用，正所谓是"蛇无头不行"。所以，一个企业若想建立好 e - HR 系统，高层必须支持和很好地掌握系统的运行和控制。

（2）e - HR 规划与企业中层管理者。对于中层管理人员而言，他们往往是业务能力强于管理能力，而其中最为薄弱的恐怕是对人力资源的管理了。原因在于，过去人们普遍认为人力资源管理只是人力资源部门的事，人力资源管理得好与坏也只与人力资源部门有关系。

但现代人力资源管理的发展趋势是：多数人力资源活动（比如员工招聘与录用、绩效管理、培训与发展、薪酬管理、企业文化和员工关系等）的实施将由中层经理与人力资源部门共同完成，甚至委托或授权给中层经理独立完成。

事实上，人力资源部门是无法了解到每一个员工的详细情况的，只有一线中层经理才对自己下属的状况与需求最为熟悉。人力资源部门要做的，是制定人力资源管理的计划、流程以及策略（即设计制造人力资源管理产品、并提供顾问咨询和服务平台），通过培训一线中层经理熟悉并善于在日常管理中贯彻这些计划、流程与策略。同时，人力资源部还可以通过着重培养一线中层经理的沟通技巧，以确保沟通渠道的畅通和有效。通过培训与授权，让中层经理参与到人力资源管理全部活动中来，使得他们在管理能力得到提升的同时还能促进其业务的发展。

企业中的中层管理者是中间力量，起着由下至上的疏通作用。建立 e - HR 系统，中层管理者也是企业管理的强大支援之一，所以在企业建立 e - HR 系统高层、中层缺一不可。

（3）e - HR 规划与企业一般员工。对于一般员工而言，一套完善的人力资源管理体系以及对管理体系的执行力度是他们最为关注的。因为大多数人都会倾向于选择一个有序、透明的工作环境。人力资源管理体系的建立与对管理体系的宣传指导应该由人力资源部门来统一实施，而作为人力资源管理产品和服务代言人的一线中层经理将负责在管理体系上的执行。让员工共享更多的信息，是增进员工与人力资源部门之间信任度的重要因素。

第二节　人力资源管理信息化发展沿革

人力资源管理系统的发展历史可以追溯到 20 世纪 60 年代末期。由于当时计算机技术已经进入实用阶段，同时大型企业用手工来计算和发放薪资既费时费力又非常容易出差错，为了解决这个矛盾，第一代的人力资源管理系统应运而生。当时由于技术条件和需求的限制，用户非常少，而且那种系统充其量也只不过是一种自动计算薪资的工具，既不包含非财务的信息，也不包含薪资的历史信息，几乎没有报表生成功能和薪资数据分析功能。但是，它的出现为人力资源的管理展示了美好的前景，即用计算机的高速度和自动化来替代手工的巨大工作量，用计算机的高准确性来避免手工的错误和误差，使大规模集中处理大型企业的薪资成为可能。

第二代的人力资源管理系统出现于 20 世纪 70 年代末。由于计算机技术的飞速发展，无论是计算机的普及性，还是计算机系统工具和数据库技术的发展，都为人力资源管理系统的阶段性发展提供了可能。第二代人力资源管理系统基本上解决了第一代系统的主要缺陷，对非财务的人力资源信息和薪资的历史信息都给予了考虑，其报表生成和薪资数据分析功能也都有了较大的改善。但这一代的系统主要是由计算机专业人员开发研制的，未能系统地考虑人力资源的需求和理念，而且其非财务的人力资源信息也不够系统和全面。

人力资源管理系统的革命性变革出现在 20 世纪 90 年代末。由于市场竞争的需要，如何吸引和留住人才，激发员工的创造性、工作责任感和工作热情已成为关系企业兴衰的重要因素，人才已经成为企业最重要的资产之一。"公正、公平、合理"的企业管理理念和企业管理水平的提高，使社会对人力资源管理系统有了更高的需求；同时由于个人电脑的普及，数据库技术、客户/服务器技术，特别是互联网/局域网技术的发展，使得第三代人力资源管理系统的出现成为必然。第三代人力资源管理系统的特点是从人力资源管理的角度出发，用集中的数据库将几乎所有与人力资源相关的数据（如薪资福利、招聘、个人职业生涯的设计、培训、职位管理、绩效管理、岗位描述、个人信息和历史资料）统一管理起来，形成了集成的信息源。友好的用户界面，强有力的报表生成工具、分析工具和信息的共享使得人力资源管理人员得以摆脱繁重的日常工作，集中精力从战略的角度来考虑企业人力资源规划和政策。

近几年来，国内外与人力资源管理有关的系统和程序的发展都非常迅速，众多软件如雨后春笋般地不断涌现。这些软件尽管各有特点，但从功能上来分类，大致可分为如下五种：

（1）薪资和福利计算程序。这类程序通常可用于管理企业薪资和福利计算的全过程，其中包括企业的薪资和福利政策设定、自动计算个人所得税、自动计算社会保险等代扣代缴项目。通常，这些程序还可以根据公司的政策设置并计算由于年假、事假、病假、婚假、丧假等带薪假期以及迟到、早退、旷工等形成的对薪资和福利的扣减，能够设定企业的成本中心并按成本中心将薪资和总账连接起来，直接生成总账凭证，还能存储完整的历史信息供查询和生成报表；这类系统也可处理部分简单的人事信息。

（2）培训管理系统。如何能留住人才一直是困扰企业主管的难题。诺基亚中国学院曾做过一次调查分析，其结果是培训机会仅列在个人事业发展空间之后，在保持人才留用的诸多因素中位居第二。由此可见培训对于留住人才的重要性。同时，培训也是改进企业服务、产品质量、工作效率的有效途径之一。培训管理系统一般通过培训需求调查、预算控制、结果评估和反馈以及培训结果记载等手段，实现培训管理的科学化，并且和人力资源信息有机地联系起来，为企业人力资源的配备和员工的升迁提供科学的依据。

在此值得一提的是，虽然严格地讲，基于计算机的培训管理系统不能归于人力资源管理系统，但由于学员可以不受时间、地点和教员讲课水平的限制，自学后通过联机考试，其结果也可以记入人力资源管理系统中，因而受到很多公司的青睐。不少公司甚至自己组织力量投资开发专用的培训软件。现在，"线上学习"（e - learning）如同互联网一样，正在风靡全球，它不仅可以节约可观的训练费用和人力投资，而且，正在给传统的培训业造成一定的冲击。有人甚至断言"线上学习"将成为未来的主要学习途径。

159

（3）考勤管理程序。为了有效地记载员工的出勤情况，很多企业购置了打卡机、考勤机等设备。考勤管理程序一般都与这些设备相接，根据事先编排的班次信息，过滤掉错误数据，生成较为清晰的员工出勤报告，并可转入薪资和福利程序中，使考勤数据与薪资计算直接挂钩。其生成的文档还可作为历史信息保存，用于分析、统计和查询。

（4）人力资源管理系统。人力资源管理系统从科学的人力资源管理角度出发，从企业的人力资源规划开始，一般包括招聘、岗位描述、培训、技能、绩效评估、个人信息、薪资和福利、各种假期，到离职等与员工个人相关的信息，并以一种相容的、一致的、共享的、易访问和检取的方式储存到集中的数据库中，从而将企业内员工的信息统一地管理起来。其灵活的报表生成功能和分析功能使得人力资源管理人员可以从烦琐的日常工作中解脱出来，将精力放到更富有挑战性和创造性的人力资源分析、规划、员工激励和战略等工作中去。完整的历史信息记载了员工从面试开始到离职整个周期的薪资、福利、岗位变迁、绩效等信息。同时由于这类系统可管理较全面的人力资源和薪资数据，因而还可以生成许多综合性的报表供企业决策人员参考，如生成按岗位的平均历史薪资图表，员工配备情况的分析图表，个人绩效与学历、技能、工作经验、接受过的培训等关系的分析，等等。

（5）e-HR。互联网/局域网不仅冲击了传统的市场、供应、销售和服务等领域，也给人力资源管理带来了新的挑战和机遇。e-HR 实际上是一种基于互联网/局域网的人力资源管理系统。为了将人力资源管理人员从繁重琐碎的日常事务性工作中解脱出来，e-HR 强调员工的自助服务，如果员工的个人信息发生了变化，他本人就可以去更新自己的信息，经过一定的批准程序即可生效。同样，对于培训、假期申请、报销等日常的行政事务也可做类似处理。这样不仅减轻了人力资源管理人员用于数据采集、确认和更新的工作量，也较好地保证了数据的质量和数据更新的速度。而且由于互联网不受时间和地理位置的限制，即使经理远在国外，他也可以及时地处理其员工的各种申请，不会因为人不在公司而影响工作。同时，公司的各种政策、制度、通知和培训资料也可通过这种渠道来发布，有效地改善了公司内部沟通途径。e-HR 对公司的硬件环境、员工的素质和公司的管理水平都提出了较高的要求；这是 e-HR 在现阶段发展的一个最主要的制约因素。

此外，还有一些较为专用的系统，如用于福利管理和规划的专用程序等，在此不一一列举。

第三节　人力资源管理信息系统的应用

一、系统组成

人力资源管理信息系统本身的理论体系都是建立在管理信息系统的理论基础之上的。可以这么说，人力资源管理信息系统是一个十分规范化的系统，系统本身需要一系列支持决策和控制的相关要素，包括一系列的系统和软件运行。这就好比是一个时钟的运转离不开里面的每个小部件一样，信息系统是基于计算机信息系统，依赖于计算机技术，规范的、有组织的信息系统。

人力资源管理信息系统是由以下内容构成：

（1）计算机硬件。包括主机（中央处理器和内存储器）、外存储器（磁盘系统、数据磁带、光盘系统）、输入设备、输出设备等。

（2）计算机软件系统。包括系统软件和应用软件两大部分。系统软件有计算机操作系统、各种计算机语言数据库管理系统等；应用软件可分为通用应用软件和专用软件两类。

（3）数据及其存储介质。有组织的数据是系统的重要资源。数据及其存储介质是系统的主要部分。有的存储介质包含在计算机硬件系统的外存设备中。

（4）通信系统。用于通信的信息发送、接收、转换和传输的设施如无线、有线、光纤、卫星数据通信设施有关的计算机网络与数据通信的软件。

（5）非计算机系统的信息收集、处理设备。如各种电子和机械的管理信息采集装置。

（6）规章制度。包括各类人员的权利、责任、工作规范、工作程序、相互关系及惩罚办法的各种规定、规则、命令和说明文件，有关信息采集、存储、加工、传输的各种技术标准和工作规范。各种设备的操作维护规程等有关规定。

（7）工作人员。计算机和非计算机设备的操作：维护人员程序设计员、数据库管理员，系统分析管理信息系统的管理人员及人工收集加工传输信息的有关人员。

二、系统生命周期

人力资源管理信息系统的实现主要通过系统规划、系统分析、系统设计、系统实施、系统维护等部分组成。这些部分也构成了人力资源管理信息系统的整个生命周期。如表 7 - 1 所示。

表 7 - 1　　　　　　　　人力资源管理信息系统的整个生命周期表

阶段		主　要　活　动
系统规划		战略规划：根据企业的目标和发展战略确定管理信息系统的发展战略
		需求分析：对组织为实现目标的信息需求进行总体分析，根据应用需要与可能划分建设科目
		资源分配：估计系统所需硬件、软件、网络、资金、人员等各项资源
系统开发	系统分析	系统初步调查，开发项目范围内新系统逻辑模型的提出 系统详细调查，开发项目范围内新系统逻辑模型的提出
	系统设计	系统总体结构设计、输入设计、输出设计、处理过程设计、数据存储设计、计算机处理方案选择
	系统实施	软件编程和软件包购置、计算机和通信设备的购置，系统的安装调试与测试，新旧系统的转换
系统运行与维护		系统运行的组织与管理、系统评价、系统纠错性维护、适应性维护、完善性维护、预防性维护
系统更新		现行系统问题分析、新系统的建设

系统规划是指对较长时间的活动进行总体的、全面的计划。根据企业目标和发展战略以及管理信息系统建设的客观规律，考虑到企业面临的内外环境，科学地制定管理信息系统的发展战略和总体方案。

系统实施包括物理系统的实施、程序设计、系统测试及系统转换。系统测试原则：测试工作应避免由系统开发人员或小组本身来承担；涉及测试用例不仅要包括合法的或者有效的输入数据，还要包括无效的或不合法的各种数据形式；不仅要检验程序是否执行了规定的操作，还要检查它是否同时做了不该做的事；保留测试用例给今后进行重新测试和追加测试提供方便。

系统维护的内容可以分为应用系统的维护、数据的维护、代码的维护、文档的维护、硬件设备的维护。维护可划分为正确性维护、适应性维护、完善性维护和预防性维护。

三、规划 e–HR 的步骤

整体来讲，e–HR 系统规划和执行的程序大致有五个步骤。

（1）认清企业人力资源管理的发展方向和优先次序，它需要你通盘考虑，最后确认系统的目标和可能会涉及的一些变量，决定 e–HR 信息系统计划的范围和重点，接着应该建立设计小组。

（2）建立 e–HR 系统运行模型，要争取管理层的支持，并获得资金和其他资源的支持。

（3）设计解决方案，这包括优化 e–HR 管理的流程，明确 e–HR 的功能和技术需求，设计、购买或租赁功能模块，了解用户的使用体验，改进用户友好度。

（4）实施解决方案，设计、安装系统，建立 e–HR 工作流程、用户角色、界面等内容。

（5）实施推广和效果评估，这包括开发新的功能和流程，应用、技术支持和维护及系统的整体效果评估。

这五个步骤构成一个循环系统，不断地优化人力资源管理信息系统。

四、如何实施 e–HR

作为一种新的人力资源管理理念和方法，e–HR 自产生以来已得到飞速发展。现在，许多跨国企业已实现 e–HR 功能，而 HRMS 是实现 e–HR 的重要工具。国内企业在选择人力资源管理解决方案时，不能盲目地追求技术的新潮。而应更加关注其适用性与可扩展性。应该说 HRMS 与 e–HR 的结合是一种最佳解决方法。

企业在实施 HRMS 之前，首先要对自身做一个客观而充分的评估，要了解企业人力资源管理当前所处的阶段、实施 HRMS 的资金预算以及人力资源部门配备的管理人员数量等，最后才能确定将要实施的范围与边界。

在了解自己需求后就要选择一家合适的公司商谈人力资源管理系统中涉及管理技术层面的问题，最好的解决办法是由专业的人力资源咨询机构通过对企业的预先分析与诊断，开出对症下药的处方后，再装载到软件供应商的系统平台上去，而不能简单地要求软件供应商去完成咨询服务商擅长的工作。

接下来就是项目的实施。项目的实施过程可分为与供应商共同进行需求分析流程设计、系统实施与客户化改造以及应用培训三个阶段。项目实施完成后，用户还应该与供应商进行售后技术支持的合作，以确保系统能适应企业人力资源管理不断变化的需求。

实施前与供应商配合进行的需求分析与流程设计阶段往往会占据整个项目实施周期的一半以上的时间，这个阶段，对人力资源管理者来说，是一个难得的整理与完善人力资源管理运作体系的过程，它有利于将以往离散的工作规范化、系统化，对供应商来说，事先对客户的需求理解，对整个项目的顺利实施也起着关键的作用。至此，用户与供应商部应认真对待这一阶段的工作，而不应急于马上就要看到系统运行的效果。

需求分析与设计阶段完成后，供应商将会根据用户的特殊需求对系统进行定制化改造。这期间，用户应与供应商之间保持频繁的沟通，避免用户需求在定制过程中走样。供应商在完成所有功能的开发之后提交给用户的，还只是一个系统框架，并不能马上就运行，用户还需要在供应商的帮助下进行系统初始化与数据转换工作，使企业基础数据在尽可能短的时间内转移到系统中来。系统框架加上企业/人员基础数据，就构成了完整的人力资源管理系统的基础设施平台，相关的人力资源业务管理职能就可以在这个平台上执行了。

五、系统的评价

对于系统实施的成败，系统理论中提供了一套评价体系，包括技术上的评价和经济上的评价：

（1）系统的技术评价包括信息系统的总体水平、系统功能的范围与层次，信息资源开发与利用的范围和深度，系统的质量，系统的安全与保密性，系统的完备性。

（2）经济上评价包括系统的投资额、系统的运行费用、系统运行所带来的新增效益和投资回收期。间接评价内容有对企业形象的改观、员工素质的提高所起的作用。对企业的体制与组织结构的改革、管理流程的优化所起的作用。对企业各部门之间、工作人员间协作精神所起的作用等。

从这两方面可以比较全面地对人力资源管理信息系统进行评估，对以后的运行也具有很好的指导作用。

六、研究思考

计算机系统相对来说是十分完善的，但是现在要将计算机系统加入到人力资源管理中去运用，在运行的过程中难免会出现一些问题。人力资源管理信息系统作为一个整体，不但受系统内部各组成要素的相互作用影响，与周围的运行环境更是息息相关。当前，人力资源信息系统表现出来的问题是比较具有普遍性的。

（一）人力资源管理信息化系统运行环境问题

1. 外部环境

据有关数据显示，国内仅有25%的内地公司开始试用人力资源信息系统。而且调研结果表明，超过55%的企业是在两年内实施了HRMS系统，而2年以上的占29%。这表明中国企业把IT技术运用到管理中去也就是最近两年的事。比如，71%的企业仅仅用其搜集员工信息，拟制有关报告，68.2%的企业用于工资发放管理，59.5%的企业用于员工考勤管理。当然国内也不乏一些公司已经开始了进一步的探索，而这些企业主要是比较大型的企业，并且大部分分布在金融业和高科技行业领域里。除了最基本的人力资源工作，如员工招聘、工资管理、绩效考评之外，已经开始注重员工的职业生涯管理。

随着中国经济发展的成熟和与国外企业合作的频繁化，会有越来越多的企业参与这个过程，而现在这个行业的先行者也必然逐渐向高端的领域发展，倾向于建立人力资源管理的平台。而且这些公司所取得的经验也会为后来的企业做榜样和提供值得借鉴的经验。

2. 内部环境

正所谓"没有规矩不成方圆"，一套完善的人力资源管理规章制度，是人力资源部门一切管理活动的内部"法律依据"。如果没有标准化的操作流程做支撑，管理过程一定会出现这样那样的混乱状况。目前我国很多的企业实施人力资源管理操作流程时，缺少的就是完善的规章制度。

国际上居于领先的企业正在应用人力资源信息系统无不是建立在坚定的管理基础和成熟的系统配置上的。因此信息技术与管理的融合在人力资源管理信息化过程中起着重要的作用，人力资源管理工作者要懂得整合硬件、软件、内外部网络服务等。而建设以上的设施不仅仅是积累起来的，否则再好的资源也会因为运用不善而被白白浪费，这样信息化人力资源管理不但不能起到降低成本的作用，反而会加重企业的财务负担。

此外，最重要的是现在国内的企业员工计算机知识不普及，很多员工对相关的知识一知半解，因此软件在运用的过程中，十分容易出现问题。而人力资源管理信息化可以说是人力资源领域里的一场革新，将人力资源管理和电脑技术融合，这样对员工的心态转变和适应等都提出了很大的挑战。

（二）系统功能与结构问题

在新的人力资源管理的形势下，不免有很多旧的人力资源管理系统并不能够适应这种新形势下的人力资源管理活动。据有关数据显示，18%的企业需要更换系统。其中主要的原因之一就是，原有的人力资源管理信息系统的大部分的功能太过简单，相互之间的协作性较差。需要更换的企业中，自我开发者超过了50%。另外，人力资源信息化管理产品个性体现得很不明显，很多企业都是共用一种软件，忽视了企业之间的不同性。

现在比较流行的几种软件大多源于国外，而国外的软件不论是理论套数还是实际操作都跟国内企业有很大的出入，这样造成的结果是企业花了钱却收不到实际的效果。由此可见国内软件的开发是一个很薄弱的环节，应该加强。

（三）专业开发人员知识结构的问题

人力资源管理信息系统应该是管理技术与信息技术、管理思想与中国传统文化之间完美融合，在消化吸收先进的人力资源管理理念的基础上，可以在软件中包括人力资源管理的全部内容与业务流程，从而使得人力资源管理信息系统可以被用来定义人力资源部门的工作内容，优化和规范其业务流程，从而成为企业人力资源部门信息化、职业化、个性化的管理平台。

但是目前大多数的实施信息化人力资源管理的技术人员普遍存在一个实际知识的缺口，这些软件的开发者往往是计算机人员，而不是人力资源管理专家，他们开发出来的软件不一定适合企业人力资源板块，造成企业花了钱买回去却收不到实际效果。

（四）正确认识人力资源管理信息化作用

对于人力资源管理信息系统到底能对企业有多大的作用？外面的报道和研究经常会有很夸张的报道。企业运行是一个整体的、全员协作的过程，并不是一个软件或者一台计算机就能解决的。人力资源信息化只能帮助我们更好的工作，但是想通过一套软件实现企业的质变是不可能的。

第四节　案例分析

一、企业背景介绍

（一）企业介绍

三九企业集团是国务院国有资产监督管理委员会直接管理的国有大型中央

企业。集团组建于 1991 年 12 月，由原国家经贸委、中国人民解放军总后勤部批准成立，其前身是总后勤部所属企业深圳南方制药厂。集团以医药为主营业务，以中药制造为核心，同时还涉及工程、房地产等领域。目前，集团拥有上市公司"三九医药"以及 20 多家通过 GMP 认证的医药生产企业，拥有近 1000 个中西药产品和覆盖全国的医药销售网络。并已建成国家级企业技术中心，部分项目列入国家"863"计划，曾多次获国家及省部级技术进步奖项。

而企业的下属公司包括：三九医药股份有限公司、三九宜工生化有限公司、上海三九科技发展有限公司。一直是行业内的佼佼者。自从 2004 年公司传出债台高筑、赵新先辞职等一系列新闻后，公司终于由 2005 年开始重组。作为生物和医药企业的代表公司率先提出了实施信息化管理的理念。

（二）公司架构

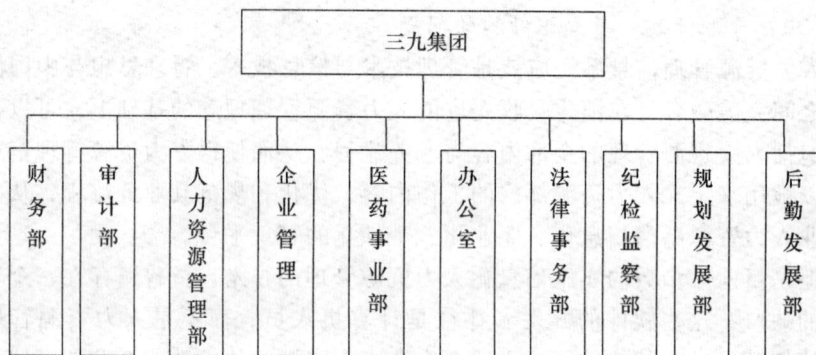

图 7 - 2

（三）公司人力资源管理部组织结构

在三九医药进行人力资源电子化项目之前，休伊特（Hewitt）咨询公司已经进驻企业，进行人力资源管理的顾问咨询工作，先后涉及企业的岗位体系、薪酬体系、绩效考核体系。

从梳理出来的人力资源管理流程图出发，三九医药需要以现有情况为基础，获得更加高效的管理过程与业务数据，但是传统的管理手段显然不能适应变革的要求，因此就要考虑用一种相对固定的管理过程方法或体系来体现并实施咨询结果。而东软与休伊特联合开发的慧鼎人力资源管理软件就正是这一思想的结合品，因此成为三方合作的基础。

二、公司具体实施方案

企业要发展，离不开人力资源管理，而人力资源管理要很好地发挥作用就要跟得上时代，并且要找出最适合的发展策略。

（一）总体的理论规划

三九企业在研究了企业的实际情况后，决定实施"以咨询带动电子化"的方案，他们首先请了著名的休伊特进驻公司，这样做的好处在于可以完全地了解企业，帮助人力资源电子化的正确实施。而且企业还请来了东软公司，这样三方面共同运作后制定了一套策略：

（1）结合企业情况，分阶段实施。根据企业的自身情况，东软与三九医药共同确定了人力资源电子化实施的三个工作阶段。

阶段一：在岗位体系咨询完成的情况下，进行组织机构管理、人员配置管理的系统开发、安装调试及培训工作。

阶段二：在薪酬体系咨询完成的情况下，进行薪资福利管理及招聘管理的相应工作。

阶段三：在绩效体系咨询完成后，进行绩效管理、培训管理及全方位的员工自助系统的开发与实施。

（2）三个阶段中电子化与咨询相辅相成、相得益彰。电子化的人力资源管理系统验证并推动了咨询的结果；咨询的结果使管理系统的应用与推广变得易于接受与使用。

（二）具体的解决方案

在研究了三九的企业特点和现状后，制定出了适用的人力资源管理方案：在绩效管理、薪酬管理、员工自助等方面，紧密地与咨询结果和流程相结合。将咨询结果通过电子化手段转化为企业与人力资源部可以利用的宝贵管理与信息财富，为人力资源部的工作服务、为企业领导的决策服务、为员工与企业之间搭起沟通的桥梁。

具体实施和解决方案如下：

1. 员工角色区分的薪资管理解决方案

三九医药在员工的薪资管理方面，根据员工的编制状态区分为干部与工人两个管理集群，为其量身订制了薪资管理解决方案。

不同的群组采用不同的员工进行管理，相互间信息没有交差，保证了薪资数据的严密与不外泄。不同的群组间采用不同的薪资管理体系，采用不同的薪资项目定义与发放策略定义，保证可以灵活地定制两个群组自身的特定薪资管理内容。对于不同的群组提供了不同的报表分析结果，用信息的划分来得到不

167

同的数据，企业管理者可以有针对性地得到两个群组的薪资成本统计，以助其决策。

2. 全新的绩效管理流程

三九医药强调流程中员工的参与、主管人员与员工间的交流与互动，让绩效考核不只停留在案头与书面，而是在企业运作的各个时刻，所有人员都在执行与努力完成企业的绩效目标。

考核指标体系中完全适应了同样的人员对于同样的指标描述会采用不同的评分标准，达到了指标的复用与个性化兼备。全方位的评估，多角度的评测。多方位多角度评估体系让人员可以参与到对同样一个对象的评估过程中，他们有不同的权重，他们会评估不同的绩效目标与绩效领域。员工最终的考核结果将是对于上述信息总体的评价结果，充分体现了科学、高效、合理与公正。

在有计划完成目标的基础上，加入了"反馈与指导"的操作环节。同时，针对员工存在的问题，可以进一步修订员工的绩效目标与目标的行动计划，以达到及时灵活的调整员工或是部门的计划与步骤，为更好地完成企业的绩效目标服务。

强有力的"绩效跟踪"，管理者可以不定期地对于员工的绩效目标进行跟踪，以达到及时对目标完成情况的了解与评估，从而可以有针对性地对于员工的绩效目标进行调整与跟踪。

岗位能力评估。管理者可以针对不同的岗位特性对于员工的岗位能力进行评估与评测，得到一定的岗位能力评估数据，从而为员工的职位升迁与薪资调整服务。

与薪资管理有机的结合，让绩效考核的结果转化为与员工密切相关的奖金与薪酬。绩效评估结果将直接作用于绩效奖金的发放，能力评估的结果将直接作用于员工的薪级调整与岗位升迁。

3. 体现员工参与的培训管理解决方案

三九医药的培训管理具有灵活性高、员工参与性高的特点，一次培训也许完全是由员工自发参加的，而在此过程中人力资源管理者只是对于培训过程进行侧面的规划与管理。因此，针对这一特点，方案为三九医药设计了更加合理与高效的培训管理流程。

员工自主决定将要参加何种培训以及何时参加等信息，而不需要依赖于人力资源管理者规划的培训方案体系。

人力资源管理在得到员工的信息时，及时对于信息进行整理，规划员工的培训过程，在企业培训目标的指导下，体现"以人为本"，注重员工个人能力的发展与提升。

分级审批流程使培训活动的决定不再是直接主管一人的决定，员工可以灵活地根据企业现有的组织管理体系来制定审批流程，更加体现了管理方式上一定程度的集中与一定程度的民主。

及时的交流强化了培训的效果。企业的培训不再只是培训者自身的参与过程，系统通过培训前交流与培训后交流两种手段，达到了管理者与参与培训的员工对于培训目的的一致，并以此来检验员工的培训成果，使企业的培训不流于形式，而更加强调了其产生的效果。

在这个系统中，采用以人力资源部的日常管理与操作为主体，让员工与企业的各个阶层的管理人员参与到工作中来为原则，将人力资源管理的各个方面转化为可以收集的信息，同时对于这些信息进行分析与抽取，为企业的决策服务、发展提供强有力的信息支持。

三、方案实施后的效果和方案特点

（一）方案实施后的效果

三九医药人力资源管理系统的成功实施，将在企业管理的各个环节发生巨大的作用，成为全体员工参与人力资源管理的平台。全体员工均可通过该系统不同程度地参与人力资源管理，提高全员的凝聚力和归属感。目前三九医药员工已经可以通过本系统提交绩效方案，提交培训需求。人力资源管理者与企业领导可以通过本系统及时了解员工的意愿，从而调整管理的流程与企业的目标。

三九医药人力资源管理系统具有智能化功能，对于组织结构的分析、人员趋势的分析、薪酬分析、绩效分析等都提供强大的支持，可以为公司高级管理人员提供多种形式的分析报表，方便及时了解公司人力资源管理各方面的变化趋势。同时，也为决策执行者提供了有力的信息支持与保证。

由此可见，三九实施了人力资源管理信息化后，企业由原来的情况而转变到现在的"知识型"企业，最重要的是提高了员工的归属感和参与的积极性，极大地提升了企业的活力。可以说三九企业的人力资源管理的电子化已经向前迈进了很大一步。这也为三九摆脱以前债务和企业重振增加了可行性。

（二）方案的特点

在人力资源信息化的潮流中，很多企业去尝试了，有的失败了，有的却成功了。例如三九集团。总结三九集团成功的原因，我们不难发现有几点是三九集团特有的。

1. 集中管理

三九医药 e-HR 通过电子化手段将一切人力资源管理集中在企业的人力资源部门，自然而然地打破了"干部"与"工人"的界线。人力资源部作为整个系统的核心，担负起所有人力资源管理运作环节的发起和管理职能。不仅具有传统人事管理职能，而且担负起进行岗位设置与测评、规划工作流程、协调工作关系的任务。管理范围也从传统的正式组织扩大到非正式组织，包括团队建设、员工与顾客、员工与其他企业合作者之间的利益共同体、上层领导与下层员工为重构组织或企业再造所需的合作等。

三九医药 e-HR 体现了"集中管理全员参与"的应用模式与手段。e-HR 的自助化，使高级的有关信息和资料可以直接传递到基层员工，利于管理和政策的实施。可以迅速、有效地收集各种信息，加强内部的信息沟通，根据相关的信息做出决策和相应的行动方案。如企业员工可以通过一定的程序自己更新变化个人信息，也可以在网上自助申请培训、假期、报销等日常事务。这样不仅减轻了人力资源管理人员用于数据采集、确认和更新的工作量，也保证了数据的质量和数据更新的速度。而且 e-HR 是完全基于互联网/局域网的网络系统，不受时间和地理位置的限制，企业的任何员工可以在任何时间和任何地点联入网络进行操作。有效地改善了公司内部沟通途径，扩展了沟通的渠道。这对传统的人力资源管理信息系统来说是不可想象的。

系统实施完成后，人事部门的工作量大大减少，打卡、考勤等在新系统的帮助下不必再由人事部门专门派人亲力亲为，而薪资等工作也可以轻松完成，以往几个人几天的工作，现在只要一个人在很短的时间内就可以完成，而且准确率提高了不少。

2. 全员参与

在三九医药 e-HR 各个管理流程中，员工是人力资源管理者信息的来源与依据，员工的参与也使人力资源管理者在制定管理流程中，做到"有法可依，有律可循"，极大地调动了员工的积极性，增强了参与感和责任心，真正成为企业的一员。

作为一种新的人力资源管理概念，e-HR 就是要通过互联网技术让 HR 从管理走向服务，使得员工的管理由被动变为主动。通过 e-HR，企业可以挑选最合适的员工，上下级之间可利用 e-HR 的协同功能，为工作表现做出实时的回馈，高层领导对于员工的工作状况及想法可以了如指掌，还可以利用所有实时数据，做出有效分析，以支持长远的人力资源计划，从而把人力资源管理提升到策略性的层面。

e-HR 倡导人力资源的全员管理，这与传统人力资源管理大不相同。e-HR 软件不仅把人力资源管理者从行政人事事务中解放出来，将工作重心放在服务员工、支持公司管理层的战略决策以及员工和员工的集体智慧的管理上，成为 HR 决策以及其他企业决策的参考。达到一对一的关系管理，并且使人力资源管理更快捷和方便。整合人力资源管理的各方面流程运作，给企业提供 360°的管理，把人力资源管理伸延到每一个运营流程里，从而支持企业发展目标。

3. 人性化与安全相结合

三九医药 e-HR 从更好地为用户服务与跟踪出发，结合企业自身的环境与条件，确定实现这一解决方案的技术体系与架构。其中，员工人性化的个人工作区非常具有特色，为不同类型的用户定制不同风格与重点的工作区，让不同的用户在同样的操作权限内可以得到不同的信息支持，并且这样的定制可以根据用户情况的变化而发生相应的调整。

在安全机制方面，对于薪资、人事等重要数据进行加密，保证了重要数据的安全；用户之间的权限划分逻辑严密，采用严密的不可逆算法进行加密，防止盗用用户口令与密码的现象发生。并且，详细的系统日志提供了对于系统的操作复查的依据。

4. 系统的可扩展性

一套系统的价值不仅在于满足现在的工作需要，同时需要考虑企业未来发展的融合性。e-HR 系统考虑到企业信息化建设的发展趋势，通过数据传递的方式实现了与企业其他运行管理系统的信息共享。

四、相关思考与研究结论

171

（一）相关思考

一个企业信息化系统的成功运行需要多方面、全方位的保障。实施方要提供高质量的软件与服务；客户方要全方位的配合与推动；企业领导的密切关注也是成功不可或缺的要素。回顾整个项目先后经历了酝酿期、启动期、实施期、维护期、成熟运行期。这样的经历对于企业本身与实施而言都是一笔宝贵的财富。

e-HR 在中国实施遇到的第一个难题应该是改革管理手段和思想，e-HR 的推进在管理层和员工层都会有阻力。人力资源管理距离日常运作可能太远，员工也不一定习惯以自助的形式处理人力资源管理的事务。但是 e-HR 能否成功还应取决于实施时的手段。

其次，e-HR 的成功在于员工的主动参与和领导对人力资源管理权的下放。中国的新兴企业没有太多包袱，在实施 e-HR 时，只要高层领导有决心，就很快会取得成果。员工对 e-HR 的接受程度会非常高，因为 e-HR 为他们带来了前所未有的参与机会和自主权。对于领导来说，他们可以营造一个更直接、更高透明度的人力资源环境。实施时可以从试点做起，e-HR 系统往往为企业提供最优化的流程，这些流程可以成为新的人力资源管理的框架，对于推动改革是一件重要的工具。

最重要的一点，e-HR 实际上可以解释为为人力资源管理而服务的电子化手段，电子化只是一种手段，中心是强调以人为本的全员自助服务等，提高效率是 e-HR 的根本目的。这里的"e"应包含了两层含义：不仅仅是"Electronic"即电子化的人力资源管理，同时更重要的也是"Efficiency"即高效的人力资源管理。

（二）研究结论

1. 不同的类型与实行 e-HR

（1）e-HR 规划与政府机关。在目前国内的人力资源管理观念中，"人事管理"还是大于"人力资源管理"。尤其是政府部门中，多数还是人事科，在解决日常的公文和人事具体细节处理中环节多、速度慢、效率低下就成了这些部门的问题。

建立了人力资源管理的政府机关部门到底有多大的必要性建立 e-HR 系统呢？根据 2003 年 7 月埃森哲咨询公司发表的题为《中国电子政务的现状——构建未来发展的平台》的报告，我国政府电子政务的总体成熟度仅为 23%，尚处于正在建设平台的阶段，排在世界其他 19 个被调查国家之后。而有关的学者研究发现电子政务的不成熟和滞后已经成为影响我国电子政务发展的瓶颈问题。由此建设一套政府机关所真正需要和合适的 e-HR 系统已经成为发展要求的必然。具体的方案将会在后文详细论述。

（2）e-HR 规划与企业。毫无疑问的是任何一家企业都希望最大程度上实现利润，那么一个好的人力资源管理系统可以帮助企业实现管理目标吗？答案是肯定的。世界知名的跨国公司都争先建立起人力资源管理信息系统。

那么 e-HR 的力量有多大？加吉尔（Cargill）公司是明尼苏达州的一个多样化经营的农业公司巨头。该公司聘请翰威特公司制作了一个被称为 Waterway 的职业发展网站。这个网站可以进行评估测试，张贴招聘广告，在网上向员工提供电子表格。据该公司的人力资源经理乔迪·休伯（Jodi Huber）所说，员工们感到他们现在可以"一次性"地得到他们所需的全公司职业发展的信息，而不仅仅是他们自己部门的信息。员工得知更多的工作机会从而提高了工作效率、团队精神和员工留用率。类似例子举不胜举，人力资源系统不但能提高工作效益还能提升员工的留用率。但是不是每一个公司都可以建立 e - HR 的，不同的公司建立的不一样，在此不多做论述。

2. 中小企业是否需要 e - HR

社会上有一种观点认为，中小企业不需要构建 e - HR，那么中小企业是否也需要构建 e - HR 系统呢？中小型企业因为员工规模不大，所以在人力资源管理方面跨度相对较小，一般的做法是人力胜任，即不通过烦琐的电子信息技术管理，仅靠纸和笔的记录。

但是实际上，人力资源管理的复杂与否，并不在于企业的员工数目是否能"数"得过来，而应该在于每一个员工在企业中的全部职业生命轨迹，都是需要企业完整地记录下来的。人工管理方式显然会极大地影响工作的效率，而 e - HR 系统就能较好地胜任这份工作。事实上，越是小的企业，越是有条件帮助员工进行个性化的职业发展规划。

在现在企业管理中，员工的留存与职业生涯规划已经形成了密不可分的关系。拥有一个比较完整的人力资源管理档案，不仅有利于保存员工资料，还有利于对员工个人的职业生涯规划进行进一步的规划。

通过 e - HR 系统对员工进行管理，将有力地支持企业对人力资源的深度开发。当然，在实施 e - HR 系统时，中小企业需要根据自身的实际情况选择适当的管理模块，不能一概而用，这样不但收不到好的效果，反而可能起到反作用。

3. 实施 e - HR 中的几个必须认清的事实

（1）e - HR 不等于万能药。对于人力资源信息化对企业的作用，外界媒体普遍有一种误导、夸大的宣传，认为在当今信息爆炸的时代，把信息化人力资源管理看做万事无不能的"灵药"。这种不负责任的宣传必然会使信息化人力资源管理建设走上弯路，不健康的发展。基于计算机的复杂信息系统已经极大地改变了管理者监督和控制组织活动的能力，但这种正式的系统只是对管理控制信息资源的一种增加而不是取代。对于传统的人力资源管理仍是获取信息的重要渠道。人力资源管理信息化的实现将使管理者信息获取渠道增加，信息量极大丰富，但是并不是信息越多越好，信息容量大反而会造成困扰。

（2）合格的软件不等于合格的人力资源管理信息化软件。我国大多数实施信息化人力资源管理的顾问人员，重视技术多于重视人力资源管理理念。纵观国内信息化人力资源管理产品的研发机构情况及从业人员的专业构成，我们不难发现一个规律，那就是信息化人力资源管理产品的研发机构及从业人员，大都是从事计算机软件开发的，对信息技术的发展十分关注，但是对于人力资源管理他们可能认识还停留在表层。虽然在开发过程中，他们会不断和人力资

173

源管理的有关人员沟通，但是也不可能达到精通的地步，因此他们所开发出来的系统往往只是把人力资源管理的一些相关管理模块机械化地连接起来，在应用的时候很难发挥人力资源信息动态化、智能化的特性，这也是国内信息化人力资源管理产品在设计方面存在的致命缺陷。

（3）人力资源管理部门不等于全部员工。现在还有一种错误的言论，认为人力资源管理部门就是管理所有关于人事决策的部门，当然也就包括了人力资源管理的信息化。但是人力资源管理发展到今天已经是一项全员参与的工作了。人力资源管理首先是企业经营的需要；人力资源部门为满足这种需求设计和制定各种用于加强人力资源管理的各项规章和制度（比如薪酬福利体系、绩效管理体系、招聘甄选体系以及员工培训和发展体系等），并通过分析市场的各种反馈，来帮助企业提升需求的层次；同时，人力资源部门还需要将企业内部的各级中层经理培养成为各项人力资源规章制度的代言人和实施者，由中层经理直接面对作为最终用户的员工进行日常管理。

本章学习要点提示

【重要概念】

人力资源管理信息系统　系统生命周期　招聘电子化　薪资电子化　保险电子化　文件电子化　报表电子化

【复习思考题】

1. 简述人力资源管理信息系统的含义、相关概念与特点。
2. 简述人力资源管理信息化发展沿革。
3. 如何理解人力资源管理信息系统的应用（包括系统组成、系统生命周期等）？
4. 怎样规划 e‑HR 的步骤？
5. 如何实施 e‑HR？
6. 如何理解对人力资源管理信息系统的评价和相关思考？

讨论案例

蓝天公司的人力资源信息化管理

最近几年，人力资源管理在企业的管理工作中越来越受到关注，同时，信息化的浪潮也冲刷到了每个领域，并且成为继财务之后又一个管理信息化的热点模块。在这样的形势下，面对管理的困惑和信息化的冲击，很多人力资源管理者面临很大的挑战。

一、背景介绍

蓝天公司是一家外向型股份制企业，经过多年的发展，生产与销售能力居国内同行业的前列。该公司现有员工 2000 余人，其中大中专以上文化程度者 200 多人，各专业工程技术人员百余人。公司现有多个生产车间，其设备及配置的先进程度堪称国内一流。在北京、上海、香港及欧洲等地设有分公司或办事机构，多渠道的营销网络，使产品尽产尽销。

然而，尽管蓝天公司设备和技术都非常先进，但管理比较落后，信息化程度较低。面对行业竞争，企业的高层管理者意识到解决企业的管理问题迫在眉睫。

那么，如何解决企业管理问题？从哪里入手？经过慎重的思考和多方面考察，企业决定先从人力资源管理入手做些尝试，并由专人负责。考虑到公司原有人力资源管理基础薄弱、信息化程度低的现状，该公司总经理李明决定，工作通过三步来实现：

第一步，完善人力资源管理体系，并应用到企业的实际管理操作中去。

第二步，在管理体系规范、稳定运行的情况下，归纳、提炼企业人力资源管理信息化的需求，并结合当前 e-HR 软件功能，确定企业信息化的内容及范围，并选定合适的 e-HR 软件。

第三步，将人力资源信息化的需求做到软件中去，并且通过对软件实施过程的关键点的控制，实现预期的效果。为平稳、高效地实现这三步，总经理李明选择了一家咨询公司来帮助自己完成这项工作。

175

二、三部曲之一——人力资源管理

在第一个阶段，企业需要进行全面人力资源管理体系建设，首先需要从诊断问题开始。通过使用各种方法，如资料收集、内部访谈、调查问卷、外部分析等发现如下问题：（1）岗位缺乏系统设计；（2）薪酬管理不科学；（3）缺乏系统化的绩效管理体系；（4）员工培养体系缺失；（5）员工对公司缺乏认同感，员工队伍缺乏凝聚力；（6）信息化实现方式单一，实现过程充满曲折；（7）现有的信息系统应用不充分，部分业务没有实现信息化管理。

根据对这些问题的分析，咨询公司项目经理丁力认为就目前状况而言，企业的人力资源管理水平相对来说比较低，所以应该把人力资源管理体系建设从基础做起，并选定岗位分析、薪酬激励、绩效考核、培训四个主要方面来构筑企业的基本人力资源管理平台。而对于一些更高要求的管理体制放到将来再做完善。以岗位分析和薪酬激励为例说明：

（1）岗位分析：通过岗位价值评估，分别将岗位分成 5 大序列（管理、营销、技术、操作、专业）并划分为 10 级宽带职级体系。以此作为薪酬、绩效等体系的参考标准，同时规范岗位名称及岗位说明书。

（2）薪酬激励：根据公司岗位情况，制定 4 种不同模式薪酬分配制度（计时、计件、岗位绩效、年薪制），然后根据 4 种薪酬政策形成分层分类的薪酬结构，并且确定每个工资项目的计算方法。

通过这些内容，企业基本完成了人力资源管理平台的搭建。

三、三部曲之二——e 化梳理和提炼

在企业完成人力资源管理平台的搭建以后，可进入信息化咨询阶段。值得注意的是，信息化的梳理和提炼最好在企业管理走上正轨，稳定运行一段时间以后再进行。具体时间需根据企业的状况而定，笔者建议，以两年内核心框架不变为好。

对打算购买 e-HR 的企业来说，管理体系不是直接的需求，而应是描述 e-HR 需求的素材，e-HR 甚至不关注咨询结果的合理性，所以，企业迫切需要系统化梳理人力资源管理体系（制度、流程、表格等），把管理语言转化为实施人员易于理解的信息技术的语言（业务规则、业务流程、数据项等），并且选定合适的软件，以平稳地实现管理在软件中的落地。

目前很多企业在从管理到软件的过程中，缺少此环节，结果出现了以下几类问题：（1）实施服务商几乎不做需求梳理与系统规划，简单的调研使用户需求被缩小或被遗漏；（2）企业对自己的需求定位不明确，求大求全，结果劳财伤神，企业用户满意度很低；（3）实施服务商一般会以产品为导向来引导客户的需求，忽视企业的个性化需求；（4）需求不明确，导致软件选型的被动和盲目。

在此阶段，蓝天公司借助咨询公司的帮助，比较有效地避免了这些问题的发生。首先在研究管理体系的基础上，全面梳理企业的所有人力资源业务，提炼出 e-HR 总体需求及核心模块，然后对每个核心模块进行细化提炼，转化为软件的语言。最后，对各个模块做集成点分析。完成了这些工作以后，根据提炼的成果，开始 e-HR 软件选型。通过供应商介绍以及产品展示、测试案例演示、供应商考察、客户参观、分析并编写选型报告等环节，蓝天公司选择了一家国内软件产品。该产品核心的人事、薪酬、绩效模块功能强大，并且有很强的可配置性，正好达到了蓝天公司要求基础功能强大，软件灵活性较高的要求。此外，根据对该软件公司的考察，认为未来扩展其他模块（招聘、培训

176

等）和原模块升级非常方便，而且选择国内的软件公司对于蓝天公司这样规模和状况的企业来说真的算是价廉物美了。

蓝天公司的做法很值得借鉴，选合适的软件，选适量的模块，选可靠的供应商，做到了量体裁衣，也为企业节约了人力、财力、物力。

四、三部曲之三——e-HR 软件的应用

当软件选定之后，企业就需要进入软件的实施阶段。软件厂商各有自己的实施方法论，但基本都按照一定的模式进行。

经过前面管理体系的建立和 e 化梳理和提炼以后，对于实施服务商来说，软件的实施要比通常直接进行的软件实施容易很多。而对于企业来说，项目实施的风险也大大降低了。

之后，蓝天公司继续选择咨询公司帮助自己实现软件实施项目的管理和控制，由蓝天公司总经理李明和咨询公司曾参与前面咨询的顾问丁力分别担任项目经理和项目副经理。这样的实施方式使整个项目的实施产生了如下优势：

（1）知根知底。需求清晰、有条理、有科学性；需求较为确定，不易频繁改动。

（2）情同手足。充分理解客户的业务；对客户业务有深厚感情；客观把握需求的轻重缓急。

（3）沟通无限。沟通是桥梁，与客户沟通和实施服务商沟通都很容易。

（4）专业品质。专业人员监理，保证实施品质。

这些优势为项目的成功打下了很好的基础。蓝天公司的软件应用在一步一步踏实的进展中终于圆满结束了。回顾蓝天公司人力资源管理信息系统建设三部曲，不难看出，蓝天公司最终能够圆满地完成企业的人力资源管理和信息化建设，一要归功于企业领导者的一步一步稳扎稳打的作风；二要归功于企业很好地借助外力，借助第三方咨询机构来帮助自己完成一些专业性较强的工作。

177

[讨论题]

1. 如何看待本案例中蓝天公司的人力资源信息化管理，如果你是李明总经理，你该如何进一步促进企业的发展？

2. 如果一个企业进入二次创业期，该如何利用人力资源信息化管理，优化它原有的人力资源战略规划？

第八章 国际企业人力资源战略管理

学习目标

- 了解我国人力资源战略管理的现状
- 了解美国企业人力资源战略管理的特点
- 掌握我国企业与外国企业人力资源战略管理的异同点
- 了解英特尔、沃尔玛等知名企业人力资源战略管理的基本情况

本章导读

在战略图上规划人力资源

人力资源规划是企业对人力资源需求的保证，对于处于快速变化的环境和**激烈**市场竞争中的企业，人力资源的需求和供给的平衡不可能自动实现，必须**分析**供求的差异，并采取适当的手段来调整差异，这也就是人力资源规划的基本职能。

人力资源规划是控制人工成本的重要手段。企业工资总额在很大程度上取决于企业中的人员分布状况。人员分布状况是指企业中的人员在不同职务、级别上的数量状况当一个企业规模小的时候，问题不大，但随着时间的推移，人员数量的增加和职务等级水平的上升，人工成本可能将超过企业所能承担的能力。而在没有人力资源规划的情况下，未来的人工成本是未知的，很难控制，企业的效益就没有保障。因此，在预测未来企业发展的条件时，有计划地逐步调整人员的分布状况，把人工成本控制在合理的支付范围内，"规划"就变得尤为重要。

同时，人力资源规划是人力资源管理的基础，也可以说是"纲"。随着企业规模的扩大和结构的复杂化，管理的工作量和难度都在迅速增大，无论是确定人员的需求量、供给量、职务，还是岗位和任务的调整，不通过一定的周密

计划显然难以实现。例如，何时需要补充人员，补充哪些层次的人员，如何补充；如何组织多种需求的培训，对不同层次和部门的员工如何考评和激励等。这些管理工作在没有人力资源规划的情况下，必然陷入相互割裂和混乱的状况。因此，人力资源规划是组织管理的重要依据，它会为组织的录用、培训、考评、激励、人员调整以及人工成本的控制等活动，提供准确的信息和依据。

最后，人力资源规划能够充分调动员工努力工作。只有在人力资源规划的基础上，才能引导员工进行职业生涯设计和发展，让员工清晰地看到自己的发展前景，从而去积极地努力争取，这对调动员工的积极性非常有益。

一、制定人力资源规划

企业制定人力资源规划，一般分为五步：

（1）分析企业的战略、经营环境和组织结构，这是人力资源规划的前提。不同的产品组合、生产技术、生产规模、经营区域对人员会提出不同的要求。而诸如人口、法律、竞争、择业期望则构成外部人力供给的多种制约因素。

（2）分析企业现有人力资源状况，是制定人力资源规划的基础工作。实现企业战略，首先要立足于开发现有的人力资源，因此必须采用科学的评价分析方法。人力资源主管要对本企业各类人力数量、分布、利用及潜力状况、流动比率进行统计。

（3）对企业人力资源需求与供给进行预测，是人力资源规划中技术性较强的关键工作，全部人力资源开发、管理的计划都必须根据预测决定。预测的要求是指出计划期内各类人力的余缺状况。

（4）制定人力资源开发管理总计划，是编制人力资源规划过程中比较具体细致的工作，它要求人力资源主管根据人力供求预测提出人力资源规划各项要求。

（5）不断对人力资源规划的执行过程进行监督、分析、评价，找出计划的不足，给予适当调整，以确保企业整体目标的实现。

二、做好人力资源规划需要注意的观点

在人力资源规划中流传着一些独到的观点：

（1）总部与分支机构。在制定和执行人力资源规划的过程中，总部和分支机构扮演着不同的角色。人力资源规划一般是由企业总部和高层管理机构来进行，总部根据企业的整体战略规划对人力资源进行通盘考虑，根据需要达成的战略目标，规划企业的人才数量、质量和结构。企业的分支机构更多的是按照整体规划制订详细的执行计划，并在执行过程中及时发现和反馈问题，并采取相应的调整措施。

（2）高层与中基层。对于人力资源规划企业的高层管理团队有着更多更深刻的思考，往往是企业的最高领导者或人力资源主管副总主导着人力资源规划，而具体制定规划的是人力资源部门的负责人。因此，人力资源规划者应积极与高层管理者进行沟通，明确企业远景规划，领会领导意图，并取得高层管理者的支持。

人力资源需求规划应根据公司发展的不同阶段和不同对象区别对待，突出重点。在客观分析企业人力资源现状的基础上，按照企业实现战略目标的要求，寻找人力资源现状与目标的差距，然后进行调整。对于基层的员工，更多的是关注人员数量和结构调整；而中高层管理人员，应更多地关注基于企业文化和经营理念基础上的人员能力、素质的提高，价值观念和行为取向的转变。

（3）执行、理念与形式。从国际和国内的大企业来看，人力资源规划在理念和具体执行方面体现的很多，而以明确的书面形式出现的并不多。因此，企业在制定和执行人力资源规划的过程中，更多的精力应该关注在人力资源规划的核心理念和具体执行措施上，关注其具体的实施效果，而不必拘泥于其具体的表现形式。

通俗地说，卓越企业血液里处处流淌着人力资源规划，但并不都有厚厚一沓人力资源规划的文件。

（4）广义与狭义。做好人力资源管理需要三部曲"战略规划—人力资源规划—人力资源管理体系与具体的执行计划"。

从狭义来看，人力资源规划就是"纲"。人力资源规划描述的是企业要达到未来目标所需要的人员的数量、质量和结构。

企业的整体发展战略目标决定了人力资源规划的内容，而这些内容又为建立人力资源管理体系，制订具体的人员补充计划、人员使用计划、人员接替与晋升计划、教育培训计划、评估与激励计划、劳动关系计划、退休解聘计划等提供了方向指引和依据；因此，广义上的人力资源规划又包含了这些具体的内容。

人力资源规划是企业发展战略规划的重要组成部分，同时也是企业各项人力资源管理工作的基础和依据。

（5）稳定与变化。在企业处于不同的发展阶段和环境中时，人力资源规划所发挥的作用和关注点也不同。在企业处于稳定的发展阶段时，人力资源规划发挥的作用更大一些，对于中高层管理者，企业更加关注其职业技能、行业知识等因素；而当企业处于高度不确定的环境时，人力资源规划发挥的作用就会减少，对于中高层管理者，企业更加关注其综合素质、通用技能等因素。

（6）静态与动态。人力资源规划的制定往往是在企业明确了战略发展方向和目标的基础上，在某一时段基于对未来的分析和判断做出的，是一种静态的决策。而当企业面对快速变化的内外部复杂环境时，就必须根据实际情况的变化对规划提出合理的调整，以适应环境，并尽量减少反应的滞后性。因此，人力资源规划又是动态调整的，而不是一劳永逸的，最重要的是要关注其实际的执行效果。同时每年都应该对上年的人力资源规划进行修订。

三、案例与点评

1. 华为的战略性人力资源规划：抢占人才高地，垄断后备人才

华为曾经是一个名不见经传的民营企业，在短短的十几年间，发展成为利润率最高、研发投入率最高的中国电子信息百强企业之一。究其成功的原因，其中重要的因素之一是按照战略规划目标，制定人力资源规划并大规模进行相关人才储备。

华为创业之始仅有 10 多人，逐步增加到 100 多人，20 世纪 90 年代中期以后，在确定了"华为将长期专注于通信网络从核心层到接入层整体解决方案的研究开发，同时以标准的中间件形式向用户提供开放的业务平台，并关注宽带化、分组化、个人化的网络发展方向"的战略发展方向之后，华为进行了人力资源的规划，开始了大规模的人才引进和储备。1998—2000 年，平均每年员工增长人数在 3000—4000 左右，居国内首位。以 1998 年为例，中国科技大学 1998 年毕业研究生除继续在国内外求学的，共有 400 人左右找工作，其中近 90 人到了华为公司，而华中理工大学则有近 200 人到了华为。到 2001 年华为已有员工 1.5 万余人，其中 85% 具有本科以上学历，45% 具有硕士、博士和博士后学历，员工平均年龄 27 岁。从人员结构看，科研人员占 40%，市场营销和服务人员占 35%，生产人员占 10%，管理及其他人员占 15%。（2001 年数字）

本案例值得关注的是，华为对人力资源的规划并非中规中矩，按照供给和需求的预测做出的，而是更多地从切断竞争对手人才补给线的战略高度出发制定与实施的。正是这一基于人力资源规划的战略举措，为华为的发展奠定了雄厚的基础，同时也对其他竞争对手产生了巨大的压力。

2. 美国电话电报公司人力资源规划的核心：关注高层管理者的素质模型

近年来，美国电话电报公司和许多跨国公司一样，在人力资源规划方面，极其重视对所需人员，尤其高层管理者的能力要求。公司需要一种"新类型"的经理，这些人对于公司的新产品和服务有丰富的知识，有能力对收购与合并进行管理，并有能力在不确定的环境中有效地行使其职能。

181

美国电话电报公司重新进行了详细的人力资源规划，并重点对高层管理者的素质和技能进行了描述，借助开发和实行一套职业生涯管理系统来解决了高层管理者配备的管理问题。这一系统有两方面的目的：第一，确认公司的新的全球商业计划所要求的管理技能；第二，追踪所有有志于高层管理职位的现有经理的技能水平。这样一个系统将允许美国电话电报公司能在出现空缺时去"推荐"并最终选择就任人选。

系统中存储了有关美国电话电报公司的人员和职位的大量的信息。例如，"人员档案"包括了有关每一个经理的信息，如工作历史、教育程度、优点和缺点、领导开发需要、开发计划、培训（参加过的和计划参加的）和特殊技能（例如对外语的精通程度）。对于每个作为目标的高层管理职位，"职位方案"都列出了如职位头衔、就任地点、技能要求（现在的和将来的）以及这一职位的可能的继任者。

美国电话电报公司借助人力资源规划保持了其组织的高层领导的连续性，具体地说，就是描述定义对于不同的高级职位所需的领导技能，了解有资格升至某个确定职位的雇员，对每个候选人进行充分的培训开发。

通过这些做法，公司掌握了一个在高层管理职位出现空缺时可以从中进行挑选的全世界的合格内部候选人的后备库。而且，规划具有相当的灵活性，允许公司对突然的变化需要做出快速反应。例如，当巴黎的高层管理职位由于合并而突然出现悬而未决的情况时，这一系统会迅速地确定一个能流畅地使用法语的合格候选人。

本案例给我们带来的启发是在环境激烈变化时，由于不能准确预测各级人才数量，人力资源规划的重点只能放在明确各级领导人的基本素质，以求不断发现、引进、培养带兵之人，也就是让船长和水手先上船，再决定船往哪里开。正可谓以不变应万变。

通过一系列案例，可以得出一个结论：人力资源规划就是围绕组织未来的战略目标，经过人才供需分析，对所需人员从数量、质量到结构的预测和规划。

第一节　中外企业人力资源战略管理比较

世界各国之间的综合国力的竞争，归根到底是人才的竞争。经济全球化的加快和我国市场经济体制的建立与完善，将使我国企业与国际企业的交往更加频繁，人员往来更加便捷，人才共用将更加明显，国际间的人才争夺将进一步加剧。在目前我国企业人力资源管理普遍落后于国际发达国家的情况下，怎样才能从外国发达国家企业中吸收先进的人力资源管理经验，提高自身管理水平，在之后的竞争当中迎头赶上，是我国企业要关注的重要问题。

一、我国企业人力资源战略管理的现状

2006 年，国务院发展研究中心企业研究所采用开放式问卷、半结构化问卷、调查、访谈、文献资料分析等方法，对国内几十家企业的人力资源管理现状进行了调查分析。从所调查企业的组织结构设置、人力资源工作人员配置、人力资源管理理念、人力资源管理机构与职能设置及制度建设等来看，目前国内企业的人力资源管理主要具有以下特点：

（1）大多数企业的人力资源管理还处于以"事"为中心。只见"事"，不见"人"，只见某一方面，而不见人与事的整体、系统性，强调"事"的单一方面的静态的控制和管理，其管理的形式和目的是"控制人"；把人视为一种成本，当做一种"工具"，注重的是投入、使用和控制。

（2）所调查的企业普遍缺乏人力资源规划与相关政策。人力资源规划是根据企业的发展战略、企业目标及企业内外环境的变化，预测未来企业任务和环境对企业的要求，从而为完成这些任务和满足这些要求而提供人力资源的一个过程。其开发和整合有赖于企业战略的确立与明确。但是，目前国内大多数企业人力资源管理往往注重于招聘、员工合同管理、考勤、绩效评估、薪金制度、调动、培训等与公司内部员工有关的事项，却忽略了与顾客的联系，没有关注顾客需求和市场变化、与企业经营战略、市场环境相一致的人力资源战略管理。

（3）许多人力资源管理的功能远未完善。整个人力资源管理系统中的各个模块之间相互矛盾或不一致，难以有效发挥人力资源管理的整体效能。

（4）人力资源部门无法统筹管理整个公司的人力资源。比如，人力资源部无法将公司和部门战略与人力资源战略统一和结合；受职权限制，人力资源部门与其他业务部门沟通困难；人事部的实际工作停留在主管层以下，造成考核体系不完善，激励机制不健全，继任计划不完整等问题；公司高级领导层受业务困扰，对人力资源重要性认识不够。

（5）十分缺乏将先进的人力资源管理思想转化为适合中国企业特点的、可操作的制度、措施的技术手段、途径。由于没有十分成熟的人力资源管理技术和完善的工作流程的实践，难以提炼、固化成为人力资源管理信息系统，电子化程度低，工作效率不高也就在所难免。

（6）薪酬福利难以有效激励员工努力工作。没有处理好资历、职位、能力、智慧、贡献等要素在薪酬分配体系中的关系，"凭能力上岗、凭贡献取酬"没有得到很好的体现。

二、美国企业人力资源战略管理的特点

早在20世纪初期，美国企业就把人力资源的开发和利用放在企业管理工作的首位，优先发展。美国企业人力资源管理模式的主要特点是：第一，突出个人能力，强调个人作用，人才可以得到快速提升。第二，重视职业培训和继续教育。第三，人力资源管理中制度化程度很高，追求理性管理。第四，企业与员工以契约方式确定劳资双方各自的利益，对抗性的劳资关系和刚性工资，导致企业员工流动性很大。随着时代发展美国企业人力资源管理也出现一些新形式和新特点。

（1）职能转变。20世纪90年代以来，美国企业人力资源管理职能发生重大转变，从维持和辅助性的管理职能上升为具有重要战略意义的管理职能，并成为许多美国企业赖以赢得竞争优势的重要工具。美国企业的人事部门是人力资源管理与开发的策略性角色，工作重点不是对雇员问题急救处理，而是积极参与企业的经营发展策略的拟定。从雇员招聘到使用都作为企业发展战略举措来认真对待；不断投资于培训和发展工作，营造员工和企业共同的企业价值观、经营理念和企业文化。美国微软公司，成立之初对招聘就非常重视，公司招聘宗旨是："招聘不是针对某个职位或群体，而是着眼于整个企业。"

（2）虚拟管理。互联网技术的发展使美国企业人力资源管理部门在行政管理事务方面所花时间比重越来越小。人力资源管理外包现象在美国企业中也越来越普遍。美国企业内部的人力资源管理者得以将更多的精力集中在对企业价值更大的管理实践开发以及战略经营伙伴的形成等功能上。如今美国很多企业把人力资源管理部门最基本的业务——工资发放外包给专营业主，使薪金支票发放率大为提高。同样，人力资源管理部门的福利与津贴管理业务、档案保存、工作安置与咨询以及信息系统等也外包给了专营业主或专业咨询公司。

（3）激励机制。美国企业人力资源管理的规章制度非常完善，对个人素质的技术要求、工作职责，对每一个人的分工、职责、权利和突发性问题处理的过程与政策都有具体的规章可循。职务分工细腻，是美国企业在人力资源管理上的最大特点。

美国企业的人力资源管理非常重视不断改进和完善员工工资福利对员工的激励作用，形成了比较灵活、有效的分配制度。美国企业在工资分配上注意合理拉开员工的收入差距。美国企业给予"人才"十分优厚的经济条件，如拥

有公司股票，提供交通、住宿补贴，提供401k保险（相当于中国的补充养老保险）和比较昂贵的牙齿保险等。相反，对没有技术、管理专长的人员，如工勤人员、普通雇员，仅提供十分有限的收入，甚至只提供政府规定的最低工资。

在上述的特点当中，虚拟管理即企业的虚拟化是最突出的一个特征。例如，耐克等企业，总部核心机构只掌握着最核心的设计开发的功能，而其他的制造等其他子功能则通过外包、长期契约的形式转移到其他国家。这种新的组织形式的出现，使传统的组织结构发生了重要的变化，从而直接导致人力资源战略管理重点的转移。

与传统的组织结构相比，虚拟企业的组织结构具有以下特点：

（1）企业的组织结构扁平化。虚拟企业并没有明确的组织构架，而是由一个独立公司所构成的暂时性网络，它是由不同企业组成的多功能项目组（团队）和来自统一企业的插件兼容式企业模块组成的，扁平化易于重构的柔性结构。

（2）企业组织的分权化，即虚拟企业是由以人物为导向的虚拟小组构成。在虚拟合作过程中，组织的边界不断地被重新界定，企业的构成单位就从专业化的职能部门转变以任务为导向，充分发挥个人能动性和多方面才能的过程小组——虚拟小组。

（3）网络化，即虚拟企业是以信息网络和信息技术为依托，虚拟企业成员可能分布在不同的地域甚至世界的不同角落，而依靠网络以及支持异地协同工作的计算机软件、虚拟实现技术等将它们联系起来。

（4）虚拟企业是动态的战略联盟。虚拟企业随市场机遇的存在，当市场机遇出现时，迅速组建；当市场机遇消失时，虚拟企业自行解体，进入下一轮的虚拟合作。

（5）虚拟企业是为满足特定用户需求而建立起来的独立企业间联合体。虚拟企业是由相互独立的企业组成的联合体，其优势的发挥取决于成员企业核心能力的整合。

虚拟企业组织结构的独特带来的人力资源战略管理的变化有两个方面：

（1）管理对象的特殊化。传统企业的人力资源管理对象仅限于单个实体企业内部部门或个人，而虚拟企业的人力资源管理范围涉及与虚拟企业相关的每一个企业，即为盟主企业旗下的所有合作者。如耐克与它在亚洲地区的生产制造商为一个虚拟企业整体。虚拟企业功能上与地域上的虚拟化使得其人力资源管理范围得到极大的延伸。

（2）员工个体的变化，主要体现在三个具体方面。首先，成员多为知识型员工。虚拟企业成员或多或少都涉及知识的传播、交流共享与整合，尤其是知识联盟型的虚拟企业。知识经济时代，人力资源创造财富的效率日益突出，企业之间的竞争也集中于知识型人力资源上的争夺上。其次，劳资双方的"契约关系"逐渐演化为"盟约关系"。虚拟企业的优势就在于整合各相关企业的核心能力并通过配置人力资源组成虚拟小组发挥出来，人力资本的地位发生了根本性的变革，劳资双方的"契约关系"逐渐演变为"盟约关系"。最后，员工间在工作方式、文化背景等方面存在巨大差异。虚拟小组的成员可能来自不同的企业、不同的国家，甚至在合作过程中从未谋面，因此，在工作方式、文化背景以及对工作的衡量标准等都会存在很大的差异，并且，因为合作过程短暂及虚拟合作环境等因素的影响，成员间相互深入了解几乎不可能，在合作期间也会出现一些摩擦、隔阂和误解。

三、中外企业人力资源战略管理的比较分析

总体上说，我国企业目前的人力资源战略管理水平要比美国（国外发达国家代表）企业对应水平要低，人力资源战略管理理论是由西方发达国家主导、我国的总体研究水平、在企业受重视的程度等方面都是导致目前状况的客观因素。但最关键的因素是我国企业整体发展阶段普遍要落后于西方发达国家，而企业发展的各个不同阶段都要求不同形式的人力资源战略管理模式，由此形成了目前国内外人力资源战略管理上的差距。

随着我国市场经济的开展，国内经济整体处于高速发展时期，很多行业被普遍看好，每年都有大量的企业新进入，整体而言，国内大部分企业发展的时间普遍不长，基本都处于生命周期的成长期。处于成长期的企业，随着工艺和性能的不断改进以及营销工作的展开，产品逐渐被消费者所接受。销售量、销售额、利润同步增长，开始出现稳定的现金净流入现象，这就表明企业已经迈上成长期阶段。与此同时，企业规模、员工队伍也在迅速扩大，从而出现授权与控制等管理层次上的要求和某些管理方面的特有现象。

（1）创业者作为企业领导者的绝对权威，其相应的社会地位得到了空前的确立。

（2）由于业务的不断增长带来了企业规模的扩大和员工的增加，企业内部的分工开始细化，管理层次开始裂变，从而出现了授权与控制的要求，因此，企业组织结构，正式化的要求越来越强烈。

（3）成长期企业的员工队伍开始出现分化的迹象。一方面，技术人员与营销人员队伍开始各成体系；另一方面，由于业务的扩展会引进了大量的科研、管理与营销人才，使得员工队伍出现新老之分。由于员工的分层化，在企业正式组织建立与完善的同时，非正式组织也开始形成，在企业整体文化的形成中，同时也酝酿着亚文化的形态。企业初创期的资金制约在成长期则转变为人力资源制约，特别是高级管理、营销、财务、金融以及科研人才。为了吸引这类高级人才加盟，企业就必须提供颇为丰厚的工资及待遇条件。老员工对此举抱有较为复杂的心态，从理性的角度看，他们也希望这些高级人才加盟企业，以保持企业的发展和领先地位，但从感性的角度他们很难认同为这类人员提供的优厚待遇。此时的企业领导者或决策者将会面对一个两难的选择，从情感上他们必须充分考虑到老员工的心态，因为他们之间有着患难与共的友谊；从理性上考虑，事关企业的发展与未来，他必须用当初创业时的冒险精神来大胆起用新人。因此，此时决策者的情感倾向或理性倾向将左右着企业成长的阶段选择，若情感因素占上风，企业将会经历一个较长时间的高原平台期；而理性因素占上风，企业将可能尽快地迈入成熟期。

（4）由于企业的发展，人员需求迅速增加，从而出现大量的职位空缺。非规范式的授权与控制过程产生了企业资源特别是信息资源分配上的严重不对称性，形成了围绕拥有企业控制权的领导者的一个稳固的既得利益群体，即所谓的企业"内部人"控制现象。"内部人"控制使得处于这一阶段的企业即使是股份制企业，也会在其内部表现为严格意义上的家族制风格，很难成长为现代形式的企业。

（5）人员的大量流动使得企业的人力资源管理首先从形式上健全起来，逐步形成一套标准的关于员工招聘、录用、培训、分配、考核、薪酬直至离退的详细操作规范。培训工作得到前所未有的重视，并开始建立内部的培训系统。然而，关于晋升的制度还远未健全，即使形成了文字上的制度，实际操作上也很难严格执行，特别是有关中高层人事方面的变动具有随意性。这种从孕育期延续、在成长期得到加强的随意性做法，其后果在企业的高原平台期将会得到充分体现，中高层人员会被频繁地随意调动，造成严重的人心浮动。

由于企业在成长期将会受到人力资源管理与开发上的严格制约，创业者必须尽快完成从创业者到企业家的角色转变，摆脱狭隘的个人权威主义和盲目自信的倾向。按照与企业成长阶段相适应的原则重新整合企业的组织结构，建立起规范化的各项管理制度，严格正式的授权与控制途径，以完善企业各组成部分进行自我"新陈代谢"的功能。特别要重视高层次人才的引进与培养工作，处理好正式组织与非正式组织的关系、企业文化与亚文化的关系。

相对国内的企业来说，西方发达国家的企业在经过长时间的发展壮大之后，基本上都已经到达成熟期。成熟期是企业成长的目标阶段，其主要特征是：

（1）企业的成长摆脱了产品生命周期的束缚，形成了一个连续不断的后续产品支撑体系。主要表现为：一是完备的科技人员队伍。即企业拥有一支围绕其核心技术和核心产品开发以及将其成功推向市场所必需的各类科技人员。二是完备的科研开发体系。走向成熟的企业必须形成和拥有自己的核心技术，以此形成企业的核心竞争能力。

（2）企业的成长摆脱了创业者个人因素的束缚。随着企业内外环境的变化，企业领导人和管理者的选择、任命与解聘将构成一种制度性的挑战，让最有能力的人拥有控制企业的权力，成为企业长期生存与发展的首要问题。

（3）具有创新精神的企业文化。成熟期企业形成了以价值观念为基础的行为规范和行为准则，具备了积极向上的企业文化生命力，决定了创新精神在企业文化建设中的主导性地位，标志着一个企业具备了成熟企业的基本要素。

处于成熟期的企业必然要求按照企业的基本特征来进行人力资源的管理与开发。比如，根据企业现时的特征、条件与手段，适时进行企业组织结构的扁平化和柔性化变革；努力使企业、员工尽快向学习型组织和学习型员工转变；适时调整员工的考核办法与考核标准，改进员工薪酬与激励手段等。因此，成熟期企业人力资源管理重点应该是充分调动企业全体员工的积极性和创造性，使员工的潜力得到最大限度的发挥。

当然，国内某些成功的企业也有着先进的人力资源管理理念，如联想集团"办公司就是办人"；海尔集团"我们现在唯一一怕的只是我们自己；领导者的任务不是去发现人才，而是建立一个可以出人才的机制"，等等，它们都是国内其他企业学习的典型。要改变目前普遍落后的状况，有一个客观存在的发展过程，我国企业目前要做的就是努力从西方发达国家学习人力资源战略管理的经验，促进自身企业更快更好地发展，从而缩短赶超西方发达国家的时间差。

第二节　典型企业人力资源战略管理

一、英特尔公司人力资源战略管理

（一）英特尔公司的发展背景

英特尔公司是芯片创新、开发技术、产品与计划的全球领先厂商，它成立于 1968 年，具有 40 年的技术产品创新和市场领导的历史。1971 年，英特尔推出了全球第一台微处理器。对整个工业产生了深远的影响，带来了计算机和互联网的革命。英特尔一直排在美国《财富》周刊"世界五百强企业"前列，2006 年全球雇用员工接近 10 万人。

1985 年英特尔在北京设立了第一个代表处，至今英特尔进入中国已经超过 20 年。从 1985 年至今，英特尔已承诺在中国的直接投资达 13 亿美元，共有本地员工 7000 多人。

2005 年，英特尔全球年收入为 388 亿美元。2005 年 1 月，在达沃斯召开的"世界经济论坛"上，英特尔被评为"全球百佳最具持续性发展的企业"之一。

英特尔一直关注企业社会责任工作，在中国和世界其他地方开展社区建设，为贫困地区的教师和学生提供广泛的科技培训，为技术条件相对有限地区的年轻人创造更多上网途径，鼓励年轻学生参与国际新发明和新技术的交流。

英特尔的企业社会责任工作，与公司人力资源战略管理和公司战略发展相结合。英特尔通过企业社会责任项目资助有前途的年轻人，进修相关的技术学位，并将这些有才华的人纳入自己麾下。通过这项工作，英特尔有效扩大了具有忠诚度的核心研发人员队伍，为改善企业招聘效率和提高员工满意度创造了良好条件。

（二）英特尔公司的技术研发人员招聘

英特尔公司从建立之初，就一直采取"只有偏执狂才能生存"的超负荷工作方法，鼓励员工竭尽全力的创新和工作。作为一家高科技企业，技术研发人员是英特尔最为重要的企业组成部分。

然而，在具有高度流动性的美国劳动力市场，研发人员供给有限，企业总是面临核心技术人才匮乏。英特尔以往采取直接招聘和校园招聘相结合的方法，通过公司网站、媒体、中介等途径招聘社会人员加入公司，同时，也深入各知名大学，招募毕业生参加英特尔。

这些招聘方式，对于短期内扩大英特尔的技术研发队伍起到了积极作用。比如，从 1990 年起的 10 年中，美国有超过 3 万人是通过直接招聘进入英特尔的，同期，校园招聘为公司招募了 1 万名左右的年轻技术人才。

这些人才进入英特尔后，英特尔对他们为期 1 个月至 1 年不等的岗前培训。力图通过培训和学习，使新员工在最短时间内熟悉工作环境和企业文化，特别是加强团队工作能力，为公司的创新提供支持。

但是，大量新员工加入，对公司提出了三个方面的挑战。第一，英特尔超负荷的工作方式，令许多员工无法适应，产生了巨大的职位和预期落差，虽然有完善的岗前培训，还是造成了较大的人员流动性。第二，外部劳动力市场竞争剧烈，许多竞争对手不遗余力地"挖人"，英特尔招聘和培养的技术研发骨干，不少跳槽到微软和甲骨文等竞争对手公司，给英特尔人力资源战略带来很多压力。第三，从社会和学校招聘来的人员，可能具有良好的综合素质，但是却经常因为不了解英特尔的真正需求，而不能在公司内部发挥应有的作用。或者，需要经过较长时间的学习和适应，才能把握公司发展的核心方向，进行创造性的工作。

（三）企业社会责任与人力资源战略管理的结合

为了应对这些涉及英特尔核心技术人员队伍稳定发展的挑战，英特尔创始人及首席执行官安迪·格鲁夫提出，在公司人力资源战略管理中，借鉴一些企业社会责任运动中的内容。通过企业社会责任投资，间接服务于公司核心技术研发团队的招聘和培养，塑造符合公司需求且更具有忠实度的人才。

在制定策略时，英特尔定期召开由企业社会责任部门、人力资源部和技术研发部共同参加的三部门联合会议。由技术研发部门提出对核心技术人才的专业要求，人力资源部门对这些要求进行分析，并将其融入未来员工的招聘测评中。

之后，企业社会责任部门根据人力资源部提供的信息，在全美国范围内，寻找符合条件的高中学生。早先，英特尔企业社会责任部就通过企业慈善活动，与美国教育部建立良好的工作关系。当英特尔提出建立资助贫困且学习优秀的高中毕业生就读大学时，美国教育部立即表示支持，并许诺每年提供符合条件的学生档案，供英特尔选择。

英特尔人力资源管理部门在收到企业社会责任部转发的全美优秀高中在校生资料后，根据三部门联合会议的要求，筛选了 100 名具有潜质的高中学生，其中包括一个名叫林（Lynn）的女孩。

英特尔人力资源部门对林的素质测评显示，她具有很高的潜质和高压力下工作能力，符合英特尔对员工的基本要求。接着，林被邀请到英特尔总部，接受研发部门人员的面试。面试顺利通过，林拿到了英特尔资助的机会，那年，一共有 50 名理工科成绩优秀的高中学生得到了资助。

（四）战略人才储备与培养

在得到资助机会的同时，林也就成为英特尔人力资源战略管理中的战略人才储备开发的一名重点对象。根据林本人的意愿，英特尔人力资源部决定资助她，前往麻省理工学院就读数学系，充分发挥她本人的特长。

四年的大学期间，公司的人力资源部门主管和研发部门技术人员将定期同林和其他受资助的学生会面，组织学生们一起进行研讨和交流。同时，公司会在假期邀请学生们前往企业生产和技术部门进行实习。在这个过程中，公司人力资源部门将进一步向实习的学生们传播公司的经营理念和企业文化，一方面让学生们提前熟悉公司的工作环境，减少上班后的适应时间；另一方面通过与学生们持续接触，使公司理念和企业文化植根于他们的思想。既培养了学生们的技术知识，又培育了他们对于公司的忠诚度。

英特尔承诺，如果林完成本科学习后，希望继续求学深造，她可以采取半工半读方式学习，一边在公司工作，一边在学校求学。公司会负担其深造期间的所有费用。

林在学习期间，将不仅给她个人带来知识和命运的改变，也将给英特尔核心研发团队建设提供有利条件，一批具有忠诚度的高素质年轻人的加入，将极大增加研发团队的效率，帮助公司保持其在业内的竞争力。

二、沃尔玛人力资源战略管理

沃尔玛最独特的优势是其员工的献身精神和团队精神。山姆·沃尔玛和他的继任者一再强调人对沃尔玛的重要性，员工被视为公司最大的财富。

沃尔玛的人力资源战略可以归纳为三句话：留住人才、发展人才、吸纳人才。

（一）留住人才

沃尔玛致力于为每一位员工提供良好和谐的工作氛围，完善的薪酬福利计划，广阔的事业发展空间，并且在这方面已经形成了一整套独特的政策和制度。

1. 合伙人政策

在沃尔玛的术语中，公司员工不是被称为员工，而是被称为合伙人。这一概念具体化的政策体现为三个互相补充的计划：利润分享计划、雇员购股计划和损耗奖励计划。

191

1971 年，沃尔玛实施了一项由全体员工参与的利润分享计划：每个在沃尔玛工作两年以上的并且每年工作 1000 小时的员工都有资格分享公司当年利润。截至 90 年代，利润分享计划总额已经约有 18 亿美元。此项计划使员工的工作热情空前高涨。之后，山姆又推出了雇员购股计划，让员工通过工资扣除的方式，以低于市值 15% 的价格购买股票。这样员工利益与公司利益休戚相关，实现了真正意义上的合伙。沃尔玛公司还推行了许多奖金计划，最为成功的就是损耗奖励计划。

如果某家商店能够将损耗维持在公司的既定目标之内，该店每个员工均可获得奖金，最多可达 200 美元。这一计划很好地体现了合伙原则，也大大降低了公司的损耗率，节约了经营开支。

在沃尔玛，管理人员和员工之间也是良好的合伙关系。在公司经理人员的纽扣上刻着"我们关心我们的员工"字样，管理者必须亲切对待员工，必须尊重和赞赏他们，对他们关心，认真倾听他们的意见，真诚地帮助他们成长和发展。

总之，合伙关系在沃尔玛公司内部处处体现出来，它使沃尔玛凝聚为一个整体。

2. 门户开放政策

沃尔玛公司重视信息的沟通，提出并贯彻门户开放政策，即员工任何时间、地点只要有想法或者意见，都可以口头或者以书面的形式与管理人员乃至于总裁进行沟通，并且不必担心受到报复。

任何管理层人员如借门户开放政策实施打击报复，将会受到严厉的纪律处分甚至被解雇。这种政策的实施充分保证了员工的参与权，为沃尔玛人力资源管理的信息沟通打下了坚实的基础。

沃尔玛以各种形式进行员工之间的沟通，大到年度股东大会小至简单的电话会谈，公司每年花在电脑和卫星通信上的费用达数亿美元。沃尔玛还是同行业中最早实现与员工共享信息的企业。

授予员工参与权，与员工共同掌握公司的许多指标是整个公司不断升格的经营原则。分享信息和责任也是合伙关系的核心。

员工只有充分了解业务进展情况，才会产生责任感和参与感。员工意识到自己在公司里的重要性，才会努力取得更好的成绩。

3. 公仆领导

在公司内，领导和员工是倒金字塔的组织关系，领导处于最底层，员工是中间的基石，顾客永远是第一位的。

员工为顾客服务，领导则是为员工服务，是员工的公仆。对于所有走上领导岗位的员工，沃尔玛首先提出这样的要求：如果您想事业成功，那么您必须要您的同事感觉到您是在为他们工作，而不是他们在为您工作。

公仆不是坐在办公桌后发号施令，而是实行走动式管理，管理层人员要走出来直接与员工交流、沟通，并及时处理有关问题。

在沃尔玛，任何一个普通员工佩戴的工牌注明"我们的同事创造非凡"。除了名字之外，工牌上没有标明职务，包括最高总裁。公司内部没有上下级之分，可以直呼其名，这有助于营造一个温暖友好的氛围，给员工提供一个愉快的工作环境。

另外，还有离职面试制度可以确保每一位离职员工离职前有机会与公司管理层交流和沟通，从而能够了解到每一位同事离职的真实原因，有利于公司制定相应的人力资源战略。挽留政策的实行不仅使员工流失率降低到最低程度，而且即使员工离职，仍会成为沃尔玛的一位顾客。

（二）发展人才

沃尔玛的经营者在不断的探索中领悟到人才对于企业成功的重要。加强对员工的教育和培训是提高人才素质的重要渠道。因此，沃尔玛把加强对现有员工的培养和安置看做是一项首要任务。

1. 建立终身培训机制

沃尔玛重视对员工的培训和教育，建立了一套行之有效的培训机制，并投入大量的资金予以保证。各国际公司必须在每年的 9 月份与总公司的国际部共同制订并审核年度培训计划。

培训项目分为任职培训、升职培训、转职培训、全球最佳实践交流培训和各种专题培训。

在每一个培训项目中又包括 30 天、60 天、90 天的回顾培训，以巩固培训成果。

培训又分为不同的层次，有在岗技术培训，如怎样使用机器设备、如何调配材料；有专业知识培训，如外国语言培训、电脑培训；有企业文化培训，全面灌输沃尔玛的经营理念。更重要的是沃尔玛根据不同员工的潜能对管理人员进行领导艺术和管理技能培训，这些人将成为沃尔玛的中坚力量。

沃尔玛非常注重提高分店经理的业务能力，并且在做法上别具一格。

沃尔玛的最高管理层不是直接指导他们怎样做生意，而是让分店经理们从市场、从其他分店学习这门功课。例如，沃尔玛的先进情报信息系统，为分店经理提供了有关顾客行为的详细资料。此外，沃尔玛还投资购置专机，定期载送各分店经理飞往公司总部，参加有关市场趋势及商品采购的研讨会。后来，又装置了卫星通信系统，总部经常召开电话会议，分店经理无须跨出店门便能彼此交换市场信息。

2. 重视好学与责任感

沃尔玛创始人山姆先生推崇小镇美国人的努力工作和待人友好。因此在用人中注重的是能力和团队协作精神，学历、文凭并不十分重要。在一般零售公司，没有 10 年以上工作经验的人根本不会被考虑提升为经理。而在沃尔玛，经过 6 个月的训练后，如果表现良好，具有管理员工、擅长商品销售的能力，公司就会给他们一试身手的机会，先做助理经理或去协助开设新店，然后如果干得不错，就会有机会单独管理一个分店。

3. 内部提升制

过去，沃尔玛推行的是招募、保留、发展的用人哲学，现在则改为保留、发展、招募的模式。沃尔玛人力资源部资深副总裁科尔门·彼得森说:这种改变不仅是语意的改变,而且它表明了对保留与发展公司已经具有的人才的侧重强调,而不再是公司以前的不断招聘的用人特点。

公司期望最大限度发挥员工的潜能并创造机会使其工作内容日益丰富和扩大,尽可能鼓励和实践从内部提升管理人员。对于每一位员工的表现,人力资源部门会定期进行书面评估,并与员工进行面谈,存入个人档案。

沃尔玛对员工的评估分为试用期评估、周年评估、升职评估等。评估内容包括这位同事的工作态度、积极性、主动性、工作效率、专业知识、有何长处以及需要改进之处等。这些将作为员工日后获得晋职提升的重要依据。及时发现人才,并积极创造环境以最大限度发挥人才潜力,是沃尔玛的人才观,正是如此才会有今天成功的沃尔玛。

(三)吸纳人才

除了从公司内部选拔现有优秀人才之外,沃尔玛开始从外部适时引进高级人才,补充新鲜血液,以丰富公司的人力储备。

在招聘员工时,对于每一位应聘人员,无论种族、年龄、性别、地域、宗教信仰等,沃尔玛都为他们提供相等的就业机会。

从 1998 年开始,沃尔玛开始实施见习管理人员计划,即在高等院校举行职业发展讲座,吸引了一大批优秀的应届毕业生。经过相当长一段时间的培训,然后充实到各个岗位,此举极大缓解了公司业务高速扩展对人才的需求。

本章学习要点提示

【复习思考题】

1. 简述我国人力资源战略管理的现状。
2. 美国人力资源战略管理有什么特点,与我国有什么不同?
3. 我国企业与外国企业人力资源战略管理的异同点有哪些?
4. 从英特尔和沃尔玛人力资源战略管理的实施,我们可以得出什么启示?

讨论案例

海尔发展的三个阶段及与之相伴的人力资源战略管理

海尔的前身是在 1984 年引进德国利勃海尔电冰箱生产技术基础上成立的青岛电冰箱总厂,经过十余年的发展现已成为国家特大型企业集团。在"名牌战略"思想指导下，海尔集团通过技术开发、精细化管理、资本运营、兼并控股及国际化，已经迅速成长为中国家电第一名牌厂商。

海尔的发展很快，但也是一步步走过来的。企业发展过程实际上就是战略转移的阶段性连接，旧的战略不断地、不失时机地被新的战略替代，这样才能使企业不断达到新的高度，赢得长期持续发展。海尔的成功也正在于这种战略更替和转移的成功，在于它能够根据内外部环境的变化不失时机地以新的战略替代旧战略，顺利实现不同阶段上的战略转移。海尔的发展经历了三个阶段：

一、名牌战略阶段（1984—1991年）

在"要做就做最好的"战略理念指引下，专注于冰箱专业化生产过程实施"名牌战略"，建立了全面质量管理体系。

与全面质量管理相适应，海尔人力资源战略和管理制度的核心也就以质量观念教育、敬业爱岗培训、质量考评和奖酬为主要内容，并提出了与名牌战略相契合的 OEC 人力资源管理战略。

所谓 OEC，即 Overrall（全方位）、Every（每人、每天、每件事）、Control & Clear（控制和清理），总结起来叫"日事日毕，日清日高"；"人人有事管，事事有人管"。今天的事情今天一定要把它做完，今天的事情比昨天要有提高，每天都有提高。

当时，海尔建立了质量价值券考核制度，员工收入实行质量否决制，要求员工不但要干出一台，而且要干好一台产品；其次考核重点是遵章守法，凡是企业的规章制度，不是摆样子，而是建立一项就执行一项、考核一项、兑现一项；分配制度主要同质量挂钩，谁出质量问题，就按考核规定扣谁的工资。这种做法从人力资源管理层面有力地配合和推动了名牌战略的实施。

二、多元化战略发展阶段（1992—1998年）

通过企业文化的延伸及"东方亮了再亮西方"的经营理念，成功地实施了多元化战略扩张。当时许多企业属于那种硬件比较好但软件不行、管理不行（即所谓"休克鱼"），海尔就积极地把这样的企业兼并过来，为每个企业差不多派三个人，一个是全面负责，一个抓质量，再一个抓财务；不是靠再投资，只是把海尔企业文化管理模式移植过去，使这些企业起死回生。

为配合企业的多元化战略，海尔采用了"挑战自我"的人力资源战略，并提出"挑战满足感、经营自我、挑战自我"的人力资源战略管理理念，设计了把"外部市场竞争效应内部化"市场链机制。其核心思想是，企业内外部有两个市场，内部市场就是怎样满足员工的需求以提高他们的积极性，外部市场就是怎样提高美誉度以满足用户的需求。在海尔内部，"下道工序就是用

195

户"，每个人都有自己的市场，都有一个需要对自己的市场负责的主体；每位员工最主要的不是对他的上级负责，更重要的是对他的市场、他的客户（下道工序）负责。

多元化阶段的薪酬制度由原来的4种模式完善规范到13种模式，实行分层、分类的多种薪酬制度和灵活的分配形式。人人的工资都公开透明，由"同岗同酬"转变为"同效同酬"。人才的价值在工资分配中得到了真正体现，极大地调动了员工的生产积极性。

三、国际化战略阶段（1998年以后）

实施以创国际名牌为导向的国际化战略。其基本战略理念就是"从海尔的国际化到国际化的海尔"。所谓"海尔的国际化"，简单地说就是要求海尔产品的各项标准都能符合国际标准的要求，而且要成为中国很有竞争力的出口商，增强产品在国际上的竞争力，而且要打海尔的国际品牌。海尔当时采取了当地设计、当地生产、当地制造、当地销售的"本土化的海尔"战略。

海尔清醒地认识到，在全球化的新经济环境下，要想成为国际化的名牌，每一个员工首先应成为国际化的人才。因此，新时期海尔集团人力资源管理必须适应企业实施国际化战略的大目标要求，为企业提供和培养真正具备国际化素质和国际竞争力的人力资源。在人力资源管理与开发方面，海尔根据"赛马不相马"、"人人都是人才"的理念，推出"部长竞聘上岗"、"农民合同工当上车间主任"等大量案例，构造"人才自荐与储备系统"、"三工并存、动态转换"（三工即优秀人才、合格工人、试用员工，动态转换即干得好可以成为优秀工人，干得不好随时可能变为合格工人甚至试用员工）。"末位淘汰"、"四级动态考核"和"多元化的工资福利激励"等的完善人力资源管理体系。

目前，海尔的国际化战略已经取得初步成功。其国际化的战略及与之相关的人力资源管理战略效果如何，值得学术界和管理界的进一步关注。

196

[讨论题]
海尔的人力资源管理和企业战略之间有什么样的联系？

第九章　公共部门人力资源规划

本章导读

新加坡政府的人才战略与规划

新加坡政府就像一个"大保姆",大到社会经济对政府的依赖,小到政府对百姓起居的安排,可谓无微不至。作为一个世界知名的强势政府,相对其他政府行为,他们在人力资源管理(不含公务员管理)中却显得如此弱势,可以说是"无为而治"。

当然此"无为而治"是指新加坡政府在人力资源管理中非"不作为",而是有所为、有所不为,他们采用市场机制配置人力资源。

具体来说,他们的"有所为"即政府用市场手段对人力资源的调配只从人才战略、税收调节、产业引导等方面进行服务;"有所不为"即政府在人力资源管理中从不包办,而是将人才作为一种资源由市场"终端"即用人单位决断。

正是因为新加坡政府在人力资源管理上以市场调节为机制,以政府服务为导向,使新加坡政府在人力资源管理中看似"无所为",实是依靠市场调节做到真正"有所为"，最大限度地发挥人才的效能，为新加坡经济社会快速发展提供坚实的人才支持，才使新加坡在建国短短的 40 多年时间里，就由一个贫穷落后、名不见经传的小岛成为一个富裕繁荣、文明民主的发达国家，成为"亚洲四小龙"之一。

一、新加坡政府在人力资源管理上的"有所为"

新加坡政府在人力资源上的"有所为"体现在政府在人力资源调配上从立国思想、人才战略、产业发展、组织保证等为市场服务的政府手段对人才配置起导向性作用。具体在四个方面：

（一）在立国思想上体现一个"精"

人们普遍认为，新加坡成功的原因在于它有坚实的经济基础，有雄厚的资金和完善的金融体制，有先进的通讯设施和便利的交通运输，有快捷发达的港口服务，等等。但笔者认为，新加坡经济成功的根本原因在于它在立国思想上推行"精英治国"，大力加强对人力资源的开发和管理，把人才作为"第一资源"，倍加珍视，努力提高人才队伍的素质，培养造就了一支素质优良、敬业高效、廉洁务实的人才队伍。新加坡政府把"人才立国"作为一项基本国策，人才资源的重要性被提高到前所未有的高度，对人才的爱慕达到了如饥似渴的程度，使新加坡成为一个精英荟萃的国家，为国家的腾飞提供了坚强的人才保证和智力支持。

（二）在人才战略上体现一个"高"

站得高才能看得远。新加坡政府人才战略的定位一直都向世界最高水平看齐。新加坡政府执政理念中，很重要的一条就是：努力开发人才资源和引进需要的国际人才。为此，新加坡政府花大力气培养各类人才，以此提高国家人力资源的储备，提高国家竞争力。新加坡政府认为，国家面积狭小，资源奇缺，这是难以改变的自然条件，要赶上和超过经济发达国家，唯一的办法就是发掘人才资源，这是改变国家贫穷落后面貌，推动经济发展的根本之策。基于这一认识，新加坡在建国之初，就把人才战略的制定放到一个重要的高度，把培养人才摆在突出位置，提出要以最大代价培养出世界第一流的人才，要以最优秀的人才组成世界上最高效廉洁的政府。

（三）在组织保证上体现一个"实"

新加坡政府为确保"人才立国"战略的实施，在一个精简高效的政府中，成立了一个相对庞大的人才资源管理机构。这个机构的每个部门都有明确的分工和实际运作的内容，没有人浮于事的现象，是一个实实在在的服务机构。这个机构制定出人力资源规划并认真组织实施。1998 年，新加坡劳工部正式重组为"人力部",总理公署管辖下的"国际人才署"也被人力部收编。新加坡人力资源规划和发展工作由人力部、贸工部等有关部门联合实施,其中新加坡"人力部"是全国人才开发战略的主要负责部门。为促进国家人力资源的发展和加强新加坡的国际竞争力,人力部专门成立两个新部门:一个是以吸引外来人才为主要任务的"国际人才署",一个是以提高工人技能水平为主要任务的"人力发展署"。人力部拟订的新加坡"人力 21"计划的具体实施由以上两署负责。新加坡为落实"人力 21"计划,于 1998 年 6 月 4 日成立了新加坡"人力 21 指导委员会",由来自政府部门和私人企业的 90 名杰出人才组成。下设人力发展、人才招揽、人才企业、工作场所环境 4 个小组委员会。同时生产力与标准局重点负责在职工人的技能培训与提高工作。生产力与标准局是"贸工部"属下的法定机构。作为人力发展的主要机构,生产力与标准局在劳工队伍计划和发展方面做了大量系统扎实的工作,并在持续教育和培训的基础工作上不遗余力。

(四)在产业发展上体现一个"引"

在新加坡四十年的发展中,大致经历了 20 世纪 60 年代——劳动密集型经济(低技能)—70 年代——技能密集型经济—80 年代——资本密集型经济—90 年代技术密集型经济—1998 年之后——知识型经济。新加坡政府在每个发展阶段都能根据本国政治、经济及资源状况,审视国际经济环境,而选择适合自己国家发展的主导产业,与此同时,根据产业发展的不同阶段,注重引导社会经济发展所急需的人才来新加坡工作,从而制定与产业相适应的教育培训和引进人才的政策,以支撑产业的发展。20 世纪 60 年代,制定了发展出口导向型劳动密集型制造业的方针。产业的发展需要相应技能的劳工支撑,为此,新加坡政府注重初等与中等教育的数量发展,特别重视发展初等职业技术教育。70 年代,重点培养建立技能型劳工队伍。80 年代,外向型经济进一步提高,现代制造业和服务业为经济增长的两个引擎,使资本密集型工业得到发展。90 年代,本土制造业和服务业几乎达到饱和状态,建立了海外工业园,新加坡教育政策进一步调整,目标是建立世界一流教育体系。1998 年之后,意识到知识经济时代已经到来,新加坡的教育政策调整为人才资源发展战略。即着重培养创新和企业家精神,重视情商,在不可预测的环境下生存,培养思考和交流的技巧、全球和开放的视野。正是由于新加坡政府对人力资源管理的适度引导和服务,才使新加坡人才资源发展总是走在社会经济发展的前沿,为新加坡经济社会发展提供了良好的人才发展环境。

二、新加坡政府在人力资源管理上的"有所不为"

新加坡政府摒弃了其在其他政府行为上的强制手段，在人力资源管理上充分发挥市场调节的基础性作用，承认人才培养、引进和使用上的最终决定因素是市场机制，充分体现政府在人力资源上对市场的认可。

（一）在人才培养上由社会承担并落实

新加坡政府在人才培养上政府只管政策和部分资金的投入，具体落实全由社会机构承担。如技能发展基金，是鼓励雇方为月收入不多于 1800 元或较低学历的工人提升工作技能设立的，经费来自向雇主征收的款项；而技能再培训计划由雇主发放课程学费津贴和缺勤津贴。政府除公务员培养外，许多人才培养基本都由社会和企业承担。正是由于新加坡政府在人才培养上的放手和给企业的充分自由度，使新加坡人才质量达到了一个较高水平。经过几十年的努力，经联合国劳工质量调查，新加坡的人才质量居世界之首。美国商业环境风险信息公司连续九年把新加坡的劳动力质量评为世界第一。新加坡政府在着重培养一支具有国际竞争力的劳工队伍，规范管理在新加坡的劳工队伍，以加强和提高经济竞争力。

（二）在人才引进上由用人单位决定并实施

新加坡政府在人才引进上所做的只是制定政策、沟通信息、组团募才和提供服务。新加坡经济发展局负责制订了"国际人力资源计划"，并履行好从介绍外国人力资源、制定和完善吸引外国人才政策、审批办理移民手续等方面协助新加坡企业吸引到足够的外国人才的职责，以便吸引更多的专业人才、研究人员、科学家、企业家和技术工人等到新加坡工作。同时出台吸取专业人才计划，网罗全球专业人才。对著名学者、高级管理人才和具有某种专业的人才，尤其是高科技人才政策较宽。新加坡政府不断加大利用外国专业人才引进工作的范围和深度，组织很多专业人才招募团，在世界各地吸引有经验的人才和大学毕业生、科技人才等来新工作。新加坡在人才引进过程中，政府只引导，而最终决定权交由企业。这样，就充分保证了企业能真正吸引到自己所急需的各类人才。

（三）在人才使用上由企业聘用并任命

新加坡政府在人才使用上不干预企业在用人上的问题，企业用人全由市场调节，用人单位自行决定。像著名的淡马锡控股公司，是由新加坡财政部设立的。淡马锡是新加坡最重要的控股公司，拥有几乎所有政联公司的政府股权，但新加坡政府完全让政联公司按照私人企业的方式去经营和管理，在人事问题上也如此，政府不干涉，也不要求政联公司分担政府的责任及代行政府在人才方面应办的优惠政策的兑现，使新加坡所有企业包括国有控股企业在人才使用上有充分的自主权，保证了企业人尽其才，才尽其用。新加坡著名经济学家陈企业博士在给我们上课时讲过一句话：未来的竞争，不是国与国的竞争，更多的是城市与城市的竞争。我们中国，在未来的发展中以何种姿态立于世界城市之林，关键是人才。

第一节　公共部门人力资源规划概要

一、公共部门人力资源规划的内涵

人力资源规划是系统评价人力资源需求，确保必要时可以获得所需数量且具备相应技能的人员的过程。公共部门人力资源规划就是根据公共部门发展战略确定人员需求及满足需求的途径和方法，使公共部门内部和外部人员的供应与特定时期公共部门内部预计空缺的职位达到平衡，即人力资源供给和需求之间达到平衡。这是一个主动的、科学的过程，可以有效避免人员流动的盲目性和减少浪费。

就公共部门而言，人力资源的规划可分为宏观与微观两大部分。宏观的人力资源规划是从整个公共组织系统和公职人员队伍出发，在分析公共部门的机构和预算状况走势的基础上，确定一个时期内对公职人员的总体需求状况，以求公共组织的职位与人员数量和质量达到基本均衡。这一规划过程具有战略性，是公共部门自身战略发展规划的重要组成部分。微观的人力资源规划是指国家各级机关和事业单位，根据本部门的工作岗位的需要和部门预算情况及其发展方向，在工作分析的基础上，确定本部门在一定时期内对人力资源的需求状况，制定并实施获取与分配的计划的人力资源管理活动。微观人力资源规划是国家宏观人力资源规划的基础和有机组成部分，二者相辅相成，微观人力资源规划为宏观人力资源规划提供信息，宏观人力资源规划对微观人力资源规划提供方向性政策。

二、公共部门人力资源规划的过程

人力资源规划过程的起点是公共部门的战略规划。它是高层管理者用于确定公共部门总的目的和目标及其实现途径的过程。而人力资源规划应该与公共部门战略相联系。制定出公共部门的战略规划后，就可以将战略规划转化成具体的定量和定性的人力资源需求。人力资源需求预测就是根据能力水平和工作要求确定所需人员的数量和类型。预测供给，既要注意内部资源（现有干部职工队伍），也要注意外部资源（人力资源市场）。在分析人员需求和供给之

201

后，公共部门就可以确定本部门的人力资源的供需状况，如果供给大于需求，则必须设法减少干部职工人数。这些办法包括限制雇用、减少工作时间、提前退休和解聘。反之，公共部门就必须从外部获得一定数量和质量的人员，需要进行获取管理，在人员获取渠道上，应坚持内部优先的原则。

公共部门发展所面临的环境是变化的，公共部门的人力资源规划过程必须是连续的。各种条件的改变可能会影响到公共部门，例如国家宏观政策的调整引起的部门职能的增减和机构的调整，因此需要通过预测对原规划加以修正。总的规划使领导人员能够事先预计到条件的改变并有所准备，使公共部门发生人力资源供需矛盾时能把矛盾减小到最低程度。

三、公共部门人力资源规划的内容

就某一公共组织或部门而言，人力资源规划包括总体规划和业务规划，前者是对组织整体发展目标所进行的规划。业务规划是在总体规划的指导下，对组织发展目标进行分解所实施的人力资源管理活动。业务规划主要包括获取规划、流动规划、工资福利规划、绩效考核规划、奖惩规划、培训开发规划和公职人员职业生涯规划等。各规划具体内容见表9-1。

表9-1　　　　　　　　　　人力资源规划内容表

规划项目	具　体　内　容
总体规划	依据公共组织发展战略，通过建立人力资源信息系统，预测人力资源供给和需求状况，采取措施达到人力资源供给和需求的平衡
获取规划	根据岗位规范要求，拟订任职资格条件，确定拟获取人员的数量、类型，选择合理招聘渠道和人员甄选方法和技术，按照规定的程序招录公职人员
流动规划	按照相关法律制度，对国家公职人员和部分事业单位人员进行调配、交流、晋升和任免管理，对机关、事业单位的离退休情况进行分析，保证人力资源供给
工资福利规划	贯彻国家关于公职人员的工资福利政策，在权限范围内合理确定公职人员的收入水平，既对公职人员形成激励作用，又可以有效地控制人工成本
绩效考核规划	选择绩效考核要素，设计考核指标体系，组建考评机构实施公职人员的考核，运用考核结果，实现奖优罚劣和提升公职人员绩效的目的
奖惩规划	依据相关法律制度，在管理公职人员奖惩权限范围内，制定具体实施办法，构建公职人员的长效激励机制
培训开发规划	在培训需求的基础上，确定拟培训的对象、内容、方式，并实施和监控培训活动，对培训效果进行评估，提升公职人员的工作能力
公职人员职业生涯规划	个人职业发展与组织发展相结合，对于在组织中有发展前途的人员，设法让他们在工作中得到成长，满足其自我实现的需要，最大限度地实现其人生价值。实现个人利益和组织利益的双赢

四、公共部门人力资源需求预测

（一）公共部门人力资源需求分析

需求预测是公共部门为实现既定目标而对未来所需人员数量和种类的估算。人力资源需求预测要以公共部门的战略目标和发展计划、工作任务为依据。人力资源需求量取决于公共部门的生产和服务需求以及投入产出比等要素。

组织对人力资源的需求是受多方面因素影响的，主要包括组织的内部环境、组织的外部环境和组织人力资源状况等。管理者在进行人力资源需求预测时，必须以组织部门的战略目标、发展规划和工作任务为出发点，综合考虑，对组织未来所需的人力资源的数量、质量和时间做出预测。

（二）公共部门人力资源需求预测方法

由于公共部门的规模和所处环境不尽一致，人力资源需求预测方法也有差异，其可以划分为定性方法和定量方法两大类，制订短期计划可以选择一些较为简单的方法，而制定中、长期规划则应选择一些较为复杂的方法。下面介绍几种公共部门进行人力资源需求时常用的方法：

1. 德尔菲法

这种方法也叫专家评估法，一般采用问卷调查或小组面谈的形式，听取专家们对未来有关因素趋向的分析意见和应采取的措施，并通过多次反复以达到在重大问题上取得较为一致的意见和看法。这种方法适用于长期预测，调查对象既可以采用个人或面对面的专家小组，也可以采用背靠背的形式，它可以免除某一位权威专家对其他专家的影响，而使每位专家都能独立发表看法。

2. 经验预测法

管理者根据自己的经验和直觉来确定未来所需的人力资源数量。在操作过程中，首先是组织各职能部门主管根据自己部门未来各时期工作量增减情况，提交本部门各类人力资源的需求量的书面报告，然后由上一级部门估算平衡，提交最高决策层进行决策。该种方法简单易行，但是主观性强，只适用于短期预测，或者当组织规模较小、结构简单且面临的外部环境相对稳定时，也可进行中、长期人力资源需求预测。

3. 数学模型法

定量预测方法的一种，主要用来对公共组织中期的人力资源需求进行预测。在实践中应用分两种形式：一是外推预测法。其最简单的形式是直线外推，也可以采用曲线法，如指数平滑法，还可以有更复杂的形式。二是回归分析法。通过对自变量的了解来预测因变量的变化情况。回归分析法在人力资源规划运用中，主要是确定组织人力资源的供求状况与某些变量之间存在的相互关系，并以数学关系式反映它们之间的函数关系。通过数学方程式和曲线，描述出随着外部环境条件变化人力资源供求变化的趋势与方向，用于处理变量之间相互关系。最简单的是一元线性回归分析，也可以是多元线性回归分析和非线性回归分析。一般而言，人力资源需求量的变化起因于多种因素，故可考虑用多元线性回归分析。

4. 计算机模拟法

这是人力资源需求预测中最为复杂的一种方法。这是指在计算机中运用数学模型按描述法中假定的几种情况对人力资源需求进行模拟测试，并通过这种模拟测试确定人力资源需求的预测方案。这种方法适用于中、长期预测。

此外，在人力资源管理实践活动中，进行人力资源需求预测的方法还有现状描述法、劳动生产率分析法和人员比例法，等等，在此不再赘述。

五、公共部门人力资源供给预测

（一）内部供给预测

进行组织内部供给预测的思路是：确定各个工作岗位上现有工作人员数量，估计下一个时期每个工作岗位留存的工作人员的数量，实际情况往往比较复杂，因此，在进行内部人员供给预测时就需要根据人力资源规划和人员的主观判断来进行修正。常用的方法主要有：

1. 管理人才储备信息库

管理人才对公共部门起着关键性作用，是一种必不可少的资源。因此，公共部门对管理人才的重视程度高于其他人才。管理人才储备包括有关每位管理者的详细信息，将被用于晋升途径的确定，为任职和晋升提供决策依据。一般而言，这种储备为更换和提升决策提供信息，这些信息主要包括下列资料：①工作经历；②教育背景；③优势和劣势评价；④个人发展的需要；⑤目前及将来提升的潜力；⑥目前工作业绩；⑦专业领域；⑧工作特长；⑨地理位置偏好；⑩职业目标和追求；⑪预计退休时间；⑫个人历史，包括心理评价。

2. 关键和重要岗位的继任计划

由于今后管理者将面临巨大变化，继任计划也许比以往显得更为重要。考虑到这些预期的变化，公共部门有必要圈定哪些人能够在现在和将来成为有效领导公共部门的人选。

3. 技能储备

技能储备是有关公共部门中可能升入更高层次职位或转入同级别其他职位的非管理人员的供给信息。虽然技能储备的过程和目的与管理人才储备基本相同，但信息是不同的。通常技能储备包括的信息如下：①背景和生平资料；②工作经历；③专业技能和知识；④所持有执照和证明；⑤接受过的公共部门内部培训；⑥以前工作业绩评价；⑦职业目标。设计良好、不断更新的技能储备系统使管理者能够迅速识别具备特殊能力的人员，并尽可能使他们与公共部门不断变化的需求相适应。

（二）外部供给预测

任何组织都面临着招聘和录用新人员的问题，公共组织外部人力资源供给的来源，主要包括大中专毕业生、留学人员、转业退伍军人，其他组织流出人员、失业人员等。外部供给是由组织在劳动力市场上采取的吸引活动，因此外部供给涉及经济社会的诸多因素，例如宏观经济形势、当地劳动力市场的供求状况和行业劳动力市场的供求状况等。公共部门发现和录用能立刻上岗的新人员通常是相当困难的，供给的有效来源依行业、公共部门性质和地理位置不同而各有差别。

预测不仅能够帮助确定在哪里可能找到潜在的人员，而且还可以帮助预计哪种类型的人可能在公共部门中获得成功。例如，一家地区医疗中心在考察其注册护士的人事档案时发现，生长在小城镇的注册护士比那些大城市长大的护士更适应医疗中心的小城镇环境。在研究了这些统计资料后，管理层修改了原有的招聘计划。

（三）人员过剩

当供求对比表明将出现劳动力过剩时，限制雇用、减少工作时间、提前退休和解聘是制止这种状况必要的做法，而最终的办法可能是裁员。但解决这种问题的最重要的方法是谋求公共部门的大发展。

1. 限制雇用

当公共部门实行了限制雇用的政策时，将通过不再补充已离开人员的做法减少人力资源存量，只有在公共部门的整体工作可能受到影响时才会录用新人员。

2. 减少工作时间

人力资源需求下降带来的反应也可能是减少工作时间，尤其是在人力资源总供给远远大于需求的中国，减少工作时间、缓解就业压力，提高公职人员的闲暇价值是国家常用的宏观调控手段之一。

3. 提前退休

让现有的部分人员提前退休是减少工人数量的另一种途径。有些人员很愿意提前退休，但有些人员则不然。如果退休条件有足够的吸引力，则后者可能愿意接受提前退休。

4. 人员分流

对于企业而言，尽管裁员不能从根本上解决其所面临的困境，但是在全世界范围内广泛采用裁员方法为企业解决了暂时的困难。而对于公共部门来说，裁员则面临着制度上的障碍，各国的公务员制度大都规定了公务员的职务常任。在各项改革进一步深化的中国，则可以通过人员分流的途径减少公务员的数量。即公务员按照自愿原则流向各类公共事业组织或企业，减少政府公职人员的数量。同样的道理，公共事业组织中的公职人员可以实现在各类私营部门（企业）就职，实现身份置换。

第二节　公共部门组织设计

一、公共部门组织类型

公共部门组织按照提供物品（服务）的不同，区分为公共行政组织和公共事业组织，前者以提供各类公共物品为己任，后者以提供准公共物品为主。

（一）公共行政组织

公共行政组织是一个庞大复杂的组织体系，其组织类型可以从不同角度来划分。如根据组织权限范围的大小，可以分为中央公共行政组织和地方公共行政组织；按照公共权力强制性的大小，可以分为强制型行政组织、半强制型行政组织、非强制型行政组织；根据组织内部行使最高决策的人数，可分为首长制、委员会制和混合制；公共行政组织按其功能和作用，又可分为以下几种类型：

1. 领导机关

领导机关的职能是对辖区内的重大行政管理问题进行决策，并指挥督导决策的实施。它是各级政府领导统辖全局的决策核心，是各级政府的首脑机关，是公共行政组织的中枢，提高政府管理效能的关键。

2. 职能机关

职能机关是指各级政府机关分管专业行政事务的执行机关，如中国国务院所属的各部、委、办以及直属机构，各地方政府负责专业行政管理的厅、局、处、科等。职能机关的主要职能是执行领导机关制定的方针、政策和方案，具有执行性、专业性、局部性的特点。

3. 监督机关

监督机关是对各种行政机构及其管理活动进行监督检查的执法性机关，如监察机关、审计机关等。它是建立健全行政组织制衡机制的重要组成部分，是促使行政机构及其工作人员依法行政、忠于职守的重要保障。

4. 咨询参谋机关

咨询参谋机关是由具有权威的专家学者组成的辅助机关，有时也吸引富有经验的资深政府官员。在西方国家，这种为政府出谋划策的机构往往叫"智囊团"、"思想库"等，有的是私人营利性组织，有的是政府建立的。咨询参谋机关具有独立性，不受政府政策和行政首长意志的干扰。现代政府管理面临日趋复杂的各种问题，政府首脑在日理万机的情况下无暇对某些问题进行深入系统的研究，往往委托给咨询参谋机关进行研究，提供可供参考的种种决策方案。它是现代行政决策体制必不可少的组成部分，已经越来越受到各国政府的重视。

5. 辅助机关

辅助机关是指为了行政首长或专业职能机关顺利进行管理活动，在机关内部承担辅助性工作任务的机构。它对各专业职能部门没有直接指挥和监督权力。辅助机关可分为政务性或事务性、综合性或专业性的辅助机关。在中国，国务院和地方政府办公厅（室）就是综合性辅助机关，它参与政务、掌管事务、协助领导决策、沟通协调各方面的关系、管理机关日常事务等。各机关的人事财务等部门，是专业性辅助机关；政策研究室是政务性辅助机关；机关事务管理部门则是事务性辅助机关。

6. 信息机关

信息机关是专门负责信息的收集、加工、传递、存储，为领导机关和有关部门提供各种行政信息、沟通情况的情报服务机构。如统计局、信息中心、情报室、档案室、资料室等。信息机构也是现代行政决策体制的重要组成部分，是行政组织科学化、现代化的重要保证。

（二）公共事业组织

公共事业组织是依照一定的规则（法律法规或有关政策），以独立、公正为原则，并凭借其特有的功能为社会提供各种服务的组织。在中国，公共事业组织包括事业单位、社会团体（不包括民主党派等政治组织）和民办非企业单位。根据国务院所颁布的《事业单位登记管理暂行条例》第二条的规定，事业单位是指国家为了社会公益事业目的，由国家机关或者其他组织利用国有资产举办的，从事教育、科技、文化、卫生等活动的社会服务组织。根据《社会团体登记管理条条例》第二条规定，社会团体是指中国公民自愿组成，为实现会员共同意愿，按照其章程开展活动的非营利性社会组织。所谓民办非企业单位是指企事业单位、社会团体和其他社会力量以及公民个人利用非国有资产举办的，从事非营利性社会服务活动的社会组织。

公共事业组织与公共行政组织都以满足社会共同需要作为存在的依据，部门公共事业组织在公共行政组织的授权下可以履行其部分职能。但是二者又表现为以下四个方面的区别：

（1）公共行政组织具有抽象行政行为，享有决策权，而公共事业组织只是执行公共行政组织做出的决策，一般情况下不具有抽象行政行为。

（2）公共行政组织的具体行政行为是无偿的，而公共事业组织所实施的具体行政行为在法律上允许收取合理的费用。

（3）公共行政组织在履行职能而与行政相对人发生争议的，必须通过行政仲裁或诉讼的方式解决，而公共事业组织在具体行政行为中如果因执行职务行为而发生争议的，则需要进行民事诉讼。

（4）公共行政组织中公职人员的身份为国家公务员，而公共事业组织中公职人员一般不享受国家公务员待遇。

二、公共部门组织结构

公共组织结构是指构成组织各要素的配合及排列组合方式。它包括公共部门组织各成员、单位、部门和层级之间分工协作以及联系、沟通方式。结构合理、运转灵活的公共部门组织是高质量提供物品（服务）的重要组织保证。

（一）公共部门组织结构的类型

在组织的变革、发展过程中，形成了一些比较成熟、稳定的结构形态，这些结构类型主要有直线式、职能式、直线—职能式、矩阵式和事业部式。其中事业部式为企业特有模式，公共行政组织则采用直线职能式为主，而公共事业组织的组织结构则比较灵活。下面着重介绍公共部门所采用的组织结构类型。

1. 直线式类型

直线结构形式是一种垂直领导的结构形式，它产生最早，结构也最为简单。在直线结构形式中，各级机构和人员沿一条垂直线分属于不同的层次上，每个机构和人员都只有一个直接的领导。他们之间是指挥和服从、命令与执行的关系。同一层次的结构和人员之间不发生任何领导关系，少有意见沟通协调关系存在，有关信息沿着垂直线上下传递。直线结构形式的优点是单一领导，机构简单，权力集中，命令统一，决策迅速，领导效率高。但是，这种结构形式要求各项工作都由部门领导亲自处理，导致上级工作人员工作繁忙，容易陷于日常行政事务中，而且，部门领导受专业、能力、精力的限制，难以保证领导、指挥工作不出现失误。信息在传递的过程中只能沿上下的直线传递，这既增加了信息的传递时间，也容易使信息在传递过程中发生偏差。同时难以实现左右的沟通与协调，同一层次单位之间的合作受到阻碍。

直线结构形式的适用范围很受限制，它一般只适用于那些规模小、管理业务简单、工作程序少、各种规章制度明确、各级管理者训练有素、同一层次单位较少合作要求的组织系统。另外，组织的领导必须有足够的决策、沟通能力，学识经验丰富。

2. 职能式类型

随着公共管理活动的内容日渐繁杂，仅有直线式的组织结构已经无法适应管理的需要了。新的组织结构类型产生出来，这就是职能式结构。这种结构类型的特点是，在主管的领导下，按专业分工设置若干职能部门，各个职能部门在其管辖的范围内有权向其下级下达行政命令，下级行政部门既要听从直接的上级领导的指示，又要服从职能组织领导的指挥。同直线式的组织结构相比较，职能式组织结构有其优点：专业分工的精神被高度发挥，各级管理者分工明确，可以利用自己的专业特长和技能，集中精力去处理较复杂的问题，有一定的决策效率和组织效率，能适应日趋复杂的公共管理的需要。但职能式的组织结构也有其不足的地方：容易形成多头领导或多重领导，管理分散，各单位自主性低。各职能机构从自己专业出发，缺乏整体观念，对于众多综合性的组织和管理问题，由于其专业界限并不明显，在实际处理过程中，容易出现令出多门、指示冲突、互相推诿等现象。这种组织结构形式只适用于专业区分极为明确的组织。

3. 直线—职能式类型

直线—职能式类型是一种垂直领导与水平领导有机结合的结构形式，这种组织结构以直线式结构为基础，在各级组织主管领导下设立相应的职能部门，形成组织主管的统一指挥与专业部门管理的有机结合。在这类组织形式中，既有纵向的垂直领导隶属关系，又有横向的水平领导隶属关系和权责关系。其中直线隶属是基础，职能结构起一种辅助性的作用。直线管理者各有其单一的直接领导者，有独立的指挥权，但在决策、监督和有关的职能工作方面受到职能机构的限制。

直线—职能式类型吸收了直线式和职能式两种结构类型的优点，是公共组织中常见的组织类型。这种组织形式有利于直线管理者集中精力处理本职权范围内的主要任务，培养、发展专门知识技能；也有利于职能管理者通过最高层领导参与决策的监督，实现全局考虑和统一领导。但是由于直线—职能式类型包含两种结构形式，容易在两者之间出现矛盾：如果职能机构的权力过大，会干扰限制直线管理者的正常工作。另一方面，如果直线管理者的权限过大，将职能机构置于可有可无的地位，也会给组织的发展带来不好的后果。因此，采用直线—职能式类型的公共组织，应处理好两方面的关系，这样这种组织结构的优点才能发挥出来。

4. 矩阵式类型

前面所讲的几种组织结构类型大多是以纵向分布为主。矩阵式结构则是将纵向与横向联系起来形成纵横两套管理系统。在组织的矩阵中，一套是职能系列，另一套是项目。矩阵式结构常常用来对某项突击性的事务进行快速、及时的管理。纵向的结构有利于集中各个管理层级的人员进行协调，而横向的结构则可以将并列的职能部门结合起来，这样既有利于集中领导，又有利于各专业相互配合，取长补短。但这种组织结构同样也有其缺点：容易出现行政层级之间的矛盾或推诿，使下级无所适从，从而降低行政效率。

（二）公共组织结构的管理层次与管理幅度

纵向结构中的层级被称为管理层次，横向结构中的机构或职位数量被称为管理幅度。公共组织的纵向结构和横向结构的结合，是当代公共组织结构的特点之一。组织结构的基本问题是要确定各层级之间的隶属关系，要确定好这一关系，就要解决好管理层次和管理幅度的问题。

1. 管理层次和管理幅度

管理层次是指公共组织系统划分管理层级的数额。层级化主要的问题是管理层次必须适当，管理层次过多会造成信息沟通不畅、程序复杂、浪费时间和人力、劳动重复、官僚主义等。管理层次过少则会造成分工不明确、责任和权力不清，不能调动人的积极性。管理幅度是指直接管辖下属的数额。管理幅度必须合适，过宽会造成疲于应付的局面，管理幅度过窄，则会造成对下属干涉过多，无法主动开展工作的弊端。

管理幅度与管理层次有密切的关系。一般说来，在条件不变的情况下，管理层次与管理幅度成反比例，加大管理幅度，管理层次会相应减少；相反，缩小管理幅度，管理层次相应增多。因此，管理幅度与层次是影响机构形态的决定性因素，两者必须同时兼顾，做到幅度适当，层次少而精。

2. 影响管理幅度的因素

一位上级主管人员能有效地监督和指挥多少下级工作部门或工作人员呢？这就是管理幅度所涉及的问题，在设计一个组织的部门体系时，这是不可回避的问题。很难找到一种理想的管理幅度，可以适应不同公共组织需要。因此，每个公共组织只能按照本组织的特点及外界环境情况而确立适合自己的合理的管理幅度。一般来说，影响管理幅度的因素主要有以下几个方面：

（1）下级工作的复杂难易程度。下级工作的复杂难易程度对管理幅度的影响很大，一般来说，下级的工作越简单，工作的循环性、机械性越强，管理幅度就越宽。

（2）权力模式的影响。一般来说，集权组织中的管理幅度较窄，分权组织中的管理幅度较宽。

（3）下级工作人员的素质。如果下级工作人员的业务素质强，工作积极主动，那么上级的管理幅度就可以宽一些；反之管理幅度就较窄。

3. 影响管理层次的因素

合理划分公共组织中的管理层次，应该首先本着层次精简的原则，其次还要具体问题具体分析，在划分管理层次时应当着重考虑以下问题：

（1）分散和减轻无法承受的工作负担问题。公共部门管理社会公共事务的活动往往是任务复杂、工作量很大，所以不可能只由一个或少数主管人员去完成。因此，为了分散和减轻公共部门领导的工作负担，就必须设立相应的管理层级。组织领导负责重要问题的决策、指挥工作以及监督下属的工作。

（2）管理经费的支持能力。管理层次设置的越多，所需经费也会随之增多，比如增设主管人员，同时须增加辅助人员，增设下级工作部门，同时增加了上级协调部门的工作。这些人员和工作均需行政经费的支持，在经费紧张的时候，压缩管理层次就成为一种常用的手段。

（3）信息沟通的灵敏程度。管理层次越多使得信息沟通的渠道越复杂，不管是上行信息还是下行信息，凡流经一个环节，就会发生一次筛选或过滤，信息失真的现象就越容易出现。从信息沟通的角度出发，管理层次不宜划分太多。

三、公共部门组织设计

众所周知，公共组织是一种由多种形态的结构和运作过程所交织而成的开放性社会系统。它的本质就是与外界环境进行不断的输入输出循环交换，即从组织的外界环境中输入各种物资、情报、人力和能源，随后又将获得的外界资源，以产品和服务的方式输出，并进行权威性的社会价值分配，因此，公共组织设计不仅仅是关于组织结构的设计，同时也是关于组织功能、地位、行为方式的设计。

（一）公共组织设计的原则

公共组织作为管理社会公共事务的机构，其设计原则要遵循一般组织设计

211

的原则，又有其特殊要求，具体体现在以下几个方面：

1. 法制化原则

法律化原则是由公共组织的性质决定的。公共组织是管理国家及社会公共事务的组织，因此它的设置及行为必须配合法制，符合国家的法律。法制化原则要求行政组织的结构、职能、地位及行为方式的建立和调整必须纳入严格的法制轨道，通过行政立法明确规定组织机构设置的数量、程序、职权范围、隶属关系、人员编制等，并在实践中维护法制的权威和尊严。

（1）组织的机构设置要依据宪法和法律。世界各国都通过宪法和行政组织法对组织的结构、编制、职权等做出了原则规定，有的以列举的方式规定应设的机构，任何组织与个人不得另设机构；有的规定机构设置的原则程序，任何组织和个人不得随意增减。

（2）完善组织管理的法规政策。由于行政组织中各地区、各部门的情况极其复杂，宪法和法律还授权各级国家权力机关和行政机关可以根据需要设置一定的工作部门。实践中，如果没有具体的法规政策约束，极易产生人为增设机构的现象。因此，各级国家权力机关和行政机关在遵守宪法和法律的同时，还应依据宪法和法律，从本地区、本部门的实际情况出发，制定具体的法规政策，完善行政组织建设的法规体系。

（3）依法调整组织结构及职能等内容。公共组织应适管理职能的转变、政府工作重心的转移和行政管理对象的增减、变更的需要，依据国家的宪法、法律及各项法规政策进行调整，消除主观因素的影响与作用。

2. 高效运行原则

效率是一切管理活动最重要的目的，也是任何组织设计必须考虑的原则之一。对于公共组织而言，高效体现在三个方面：一是机构运行高速；二是机构工作高质量；三是整个行政系统运转灵活。为了提高效率，应该从以下两个方面着手：

（1）重视专业分工。一般认为。效率会随着专业化程度的增强而提高，不同的专业需运用不同的知识，而人们所掌握的知识、能力是有限的，依据人员所掌握的不同专业知识，对其进行分工，做到专才专用，同时在人员分工的基础上对组织进行分工被认为是提高行政组织工作效率的途径之一。

（2）促使机构和人员数量合理精干。首先，在保证实现组织目标的前提下，依据最低职位数量原则确定人员编制，使得组织内所有职位都是依据组织的目标任务、职权范围和责任轻重设置的，不存在多余职位，并且所有的在职人员都有满负荷的工作量。其次，组织系统层级设置、部门配备科学合理，没有多余的层级和部门，且各层级、部门之间保持良好的配合协作关系。最后，还应建立"廉价政府"，反对官僚主义，在组织活动中精打细算，厉行节约，有效利用财物、资源。

3. 完整统一原则

对公共组织的设计是一个庞大复杂的系统工程，要求不仅每一个机构各自形成一个有机的整体，而且整个国家公共组织也应该形成一个既有最高统帅，又有逐级指挥官；既有纵向控制又有横向联系；既有分工又有协作；既相互制约又相互补充的完整的、协调的有机管理体系。为此，组织的设计必须服从整体性的原则确保系统功能的发挥。完整统一原则的基本要求是：

（1）领导指挥要完整统一。组织系统应相对封闭，有利于内部协调与外部合作。任何部门、单位、人员在同一时间内只接受某一组织的领导，以保证他们明确对谁负责、向谁请示或汇报工作，防止因政出多门使下属单位及人员无所适从。

（2）机构设置衔接配套。上下机构之间应相互衔接，有决策机构，就要有相应的执行机构，并做到信息传递畅通，上情下达，下情上传，有令则行，有禁则止；机构之间要连接配套，布局合理，分工明确，既不能重复，也不能遗漏。

4. 以人为本的原则

现代的管理科学不仅仅要追求最大效率，同时也重视人的心理和生理特点，重视人与人之间的相互交往和情感的沟通。从组织的设计的角度看，符合人性就是要创造一种使职工乐意在其中任职的组织，为此要做到以下几点：

（1）工作分配要符合人员的才能与兴趣。每一个人员对不同的工作感兴趣程度是不一样的，因此主动性也不同。这就要求在进行工作分配时要把人员看成是行政的主体，以人为中心，把人员安排到最适合的岗位上去。

（2）组织要有助于人员的发展。组织与人员是一种相互依赖的关系，人员为组织的目标努力，组织也要为人员的发展创造条件。对于公共行政组织的人员而言，发展主要意味着晋升、升职，因此，组织就要多为人员创造晋升的机会。除了晋升之外，也可以通过扩大调任范围，为人员的发展创造条件。扩大调任范围，意味着人员有更多从事新职的机会，对新职产生的新鲜感，容易使调任者在新职上产生新的希望和新的工作热情，进而创造出最佳的工作业绩。

（二）影响公共组织设计的因素

1. 公共组织目标

公共行政组织是实现组织目标的工具和手段，组织设计必须根据组织管理对象在不同时期的活动情况和实施管理的目的，制定出合理的、具体的、切实可行的建设或发展方案。公共行政组织目标是对整个公共行政组织的活动及其发展所提出的要求、使命、目的、对象、指标、定额和时限的总和。公共事业组织以提供准公共物品（服务）为组织发展的终极目标，既区别于公共行政组织又区别于营利性组织，主要是满足社会部分成员共同需要而存在。组织目标对于组织来说是很重要的，它影响着组织与环境大系统及其他分系统之间的相互作用。因此，组织目标一般具有整体性和相对稳定性的特点，同时，目标也应因时、因地、因管理对象不同而发生变化。

2. 公共组织环境

公共组织总是处在与周围环境的相互作用之中。特别是具体环境和社会团体环境对公共组织的产生和运行有着较大和较为直接的影响。在公共组织的设计过程中，要从一个国家的政治、经济、文化、科技、教育的现实状况和未来的发展总趋势出发，寻找科学的组织结构形式和发展模式。

3. 公共组织人员的素质

公共组织是由组织人员及其部门的行为构成的，在设计公共组织时，就必须充分考虑这些工作人员的思想、文化、心理、知识等方面的情况。不同的人有着不同的思维方式和行为方式，组织要根据自身的性质和整体目标，通过公开考试或公开招聘，分不同层级选贤任能，因事择人，从而保证整个组织有较高的素质。

4. 公共组织规模

对于不同规模的公共组织，其设计的方法也不一样。有些组织是综合性的，成员多、规模大、结构比较复杂，设计时就要考虑增加管理层次适当分配公共组织权力，同时要注意设置相应的协调机制，使整个组织运行畅通无阻。对于规模较小的公共组织，则可以选择平行式的结构，尽量减少纵向上的层级，并设置一些综合性的部门，使成员与成员之间、层级与层级之间的沟通线路简单明了，在公共权力的配置上，强调权力相对集中。

（三）公共组织的设计程序

公共组织的设计程序可以分为两大步：一是公共组织的法律创意与审批程序；二是公共组织具体构建的设计程序。

公共组织的法律创意与审批包括下列程序：

一是由政府或立法机关提出创意案，说明设置特定公共组织机关的法律依据和现实原因；二是由立法机关或政府领导机关审议其合法性和合理性；三是由立法机关或政府领导机关决定设置与否；最后由批准机关以法定的形式向社会颁发其产生与成立的审批决定，并赋予其相应的公共权力。

公共组织具体构建的设计程序包含以下几个步骤：

一是要首先明确某一公共组织建立的总目标和公共管理任务，将总目标逐层加以职能分解，职能分解要细化到各个项目和各个活动以及活动之间的关系。二是要设立相应的职位和机构。在职能分解的基础上，根据各个项目和活动序列，设置相应的职位，并对职位加以分类，组成各个部门和单位，然后再为各个部门和单位配备合适的人员。三是要划分公共组织的管理层次和管理幅度。根据各个部门和单位的工作职责与特点，划分出一定的组织管理层次，明确各个层次的责权和相互间的关系，并确定不同层次的管理幅度。同时，再区分出首脑机关、职能机关、幕僚机关、咨询机关和派出机关的类型。最后，依据公共组织的管理层次和管理幅度及机关类型，画出公共组织系统图。四是根据系统图制定组织机构及其成员活动的行为准则，即组织规范，以保证组织有序和稳定运行。组织规范必须简明易懂、切实可行、相对稳定、督促执行。

第三节 公共部门工作分析与评价

一、公共部门工作分析

（一）公共部门工作分析的内涵

工作分析又称岗位分析、职务分析，是指对公共部门中某个特定工作的目的、任务或职责、权力、隶属关系、岗位条件和任职资格等相关信息，进行相应的收集与分析，以便对该岗位的工作做出明确规定，并确定完成该工作所需要的行为、条件、人员的过程。

工作分析的直接的结果就是工作说明书的形成，为人力资源其他管理环节提供支持。国外学者将工作分析需要查明的问题，归纳为"6W1H"，即做什么（What）、为什么做（Why）、谁来做（Who）、何时做（When）、在哪里做（Where）、为谁而做（for whom）和如何做（How）。通过这种划分，能够明确职务分析的必要问题，从而使职务分析活动的结果，比较全面地收集了人力资源管理开发的各项工作所需要的各方面信息。

（二）公共部门工作分析的流程

工作分析的全过程，因组织类型和结构的不同、所要分析的各种工作岗位的不同、因人力资源管理要求的不同、因组织管理基础尤其是岗位资料多少和详细程度的不同，以及工作分析工作人员的不同，而有一定的差异。一般来说，工作分析的主要环节可以分为以下四个阶段：

（1）准备阶段。在准备阶段，要做好各项准备工作，诸如制定方案、前期材料的准备、选择对象样本和搞好宣传等。

（2）推进阶段。推进阶段即开始进行调查的阶段。在这一阶段，要完成工作分析资料的收集任务。

（3）形成阶段。形成阶段即对已经取得的资料进行审核、分析，归纳已经取得的材料，进而撰写出工作说明书。

（4）应用阶段。应用阶段包括将最后完成的工作说明书进行使用。在工作说明书的应用过程中，可能要进行一定的反馈和调整。必要时，还要对工作说明书重新进行修订。

工作分析的一般流程如图9-1所示。

（三）工作说明书

1. 工作说明书的主要内容

工作说明书作为组织重要的文件之一，是对某类职务的工作性质、任务、责任、权限、工作内容和方法、工作环境和条件以及本职务任职人员资格条件所做的书面说明。一般来说，工作说明书编写的过程中并无固定的模式，需要根据职务分析的特点、目的与要求具体确定编写的条目。但一般来说工作说明书有以下内容：

（1）工作标志。包括工作的名称、编号、工作所属部门、工作地位、工作说明书的编写日期等项目。

（2）工作综述。描述工作的总体性质，即列出主要工作的特征以及主要工作范围。

（3）工作活动和工作程序。包括所要完成的工作任务、工作责任、所使用的材料以及机器设备、工作流程、与其他人联系、所接受的监督以及所施予的监督等。

（4）工作条件与物理环境：罗列有关的工作条件，包括工作地点的温度、湿度、光线、噪音水平、安全条件、地理位置等。

（5）社会环境。包括工作群体中的人数、完成工作所要求的人际交往的数量和程度、各部门之间的关系、工作地内外的文化设施、社会习俗等。

（6）工作权限。包括工作人员决策的权限、对其他人员实施监督的权限以及经费预算的权限等。

（7）工作的绩效标准。这部分内容说明单位期望人员在执行工作中的每一项任务时所达到的标准是什么样的。

（8）聘用条件。包括工作时数、工资结构、支付工资的方法、福利待遇、

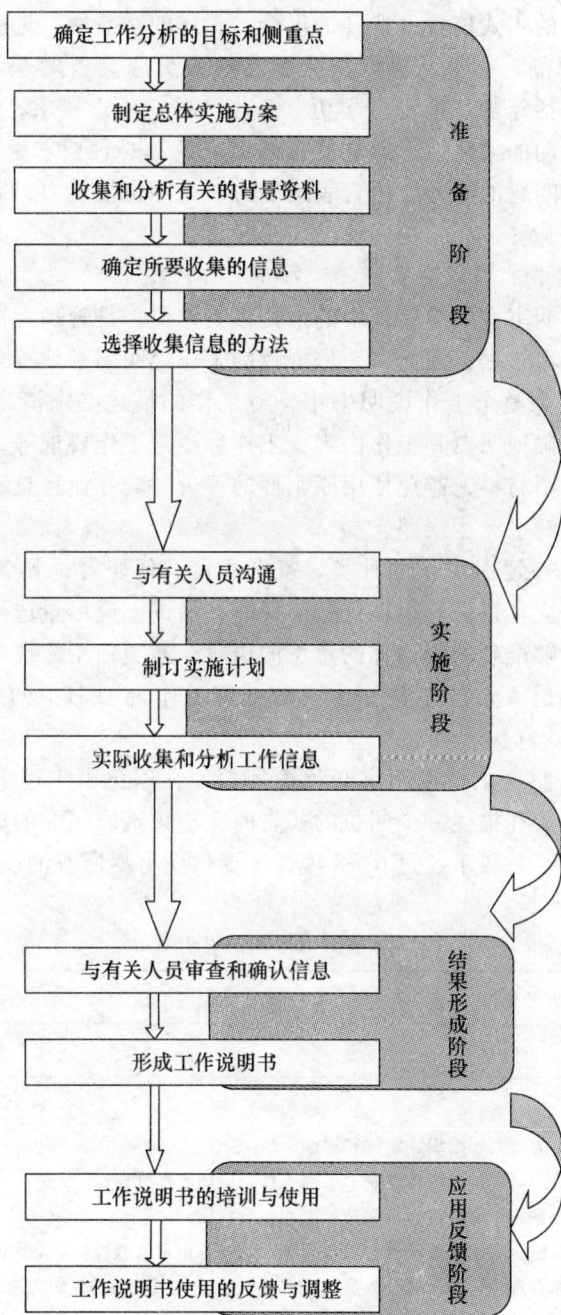

图 9 - 1　工作分析的一般流程

该工作在组织中的正式位置、晋升的机会、工作的季节性、进修的机会等。

（9）工作规范。主要说明担任此职务的人员应具备的基本资格和条件，如一般要求，包括年龄、性别、学历、工作经验；生理要求，包括健康状况、力量与体力、运动的灵活性、感觉器官的灵敏度；心理要求，包括观察能力、学习能力、解决问题的能力、语言表达能力、人际交往能力、性格、气质、兴趣爱好等。

2. 工作说明书的编写要求

由于工作说明书在组织管理中的地位极为重要，是管理者招聘人员和考核等重要决策的参考依据，因此，一份规范的工作说明书必须符合下列要求：

（1）清晰。在整个工作说明书中，对工作的描述必须清晰透彻，让人读过以后，可以准确地明白其工作内容、工作程序与工作要求等，无须再询问他人或查看其他说明材料，避免使用原则性的评价，较专业且难懂的词汇必须解释清楚，以免理解上产生误差。

（2）具体。在说明工作的种类、复杂程度、任职者须具备的技能、任职者对工作各方面应负责任的程度这些问题时，措词上应尽量选用一些具体的动词，尽量使用能够准确的表达你的意思的语言，避免使用笼统含糊的语言。一般来说，由于基层人员的工作更为具体，其工作说明书中的描述也更具体、详细。

（3）简短。整个工作说明书必须简短扼要，以免由于过于复杂、过于庞大，不便于记忆。在描述一个岗位的职责时，应该选取主要的职责以符合逻辑的顺序进行描述，一般不超过6—8项，不要试图穷尽所有的职责。

218

××省××厅职位说明书

职位名称：人事教育处处长
职位代码：130000 - 008 - 001
工作项目： 1. 负责全处工作的计划、组织、实施和协调； 2. 负责厅机关及所属单位的机构编制、干部人事、劳动工资管理； 3. 指导全省财政系统干部队伍建设和精神文明建设； 4. 制定并组织实施全省财政系统教育培训规划，指导各市财政教育培训工作； 5. 负责厅内目标管理考评和国家公务员（工作人员）考核、奖惩的组织实施工作； 6. 完成领导交办的其他事项。

工作概要：

本职位在厅长和分管副厅长领导下进行工作。

1. 根据有关政策法规，制定本厅人事教育规定、办法，主持制订处工作计划，经厅领导审批后组织实施；

2. 主持、协调厅机关及所属单位工作人员的录用、选拔、考核、奖惩、晋升、劳资、福利、退休退职、教育培训等工作，协调解决出现的问题，重大事项及时向厅领导请示汇报；

3. 对厅机关和全系统财政教育培训工作进行业务指导，组织编制财政教育中长期发展规划，制订年度干部教育培训计划，经厅领导批准后组织实施；

4. 安排部署全省财政系统队伍建设和精神文明建设各项活动，组织调查研究和经验交流；落实系统先进表彰计划；

5. 拟定厅领导班子及成员总结述职、厅内目标考评和国家公务员（工作人员）考核管理的制度、办法，报厅领导批准后组织实施；对厅属事业单位目标考评和考核奖惩工作进行指导；

6. 根据上级要求，主持召开处务会和全处大会，研究贯彻落实意见；审定处内文件资料，审批经费开支和处公章使用；做好处内人员思想政治工作。

工作标准：

1. 坚持原则，公道正派，不徇私情；严格遵守保密规定；

2. 开展人教工作要符合党的方针、政策，善于抓住重点，讲求工作方法，有明确的指导原则，考核评价干部客观公正；

3. 指导系统精神文明建设和队伍建设要注重调研，能及时提出改进工作的方法措施；

4. 经常布置安排各项工作，定期检查工作质量，确保各项工作任务的完成。

所需知识能力：

1. 具有大学专科以上文化程度，共产党员；

2. 具有较高的政策水平和组织领导能力，有丰富的人教工作理论知识和实践经验；

3. 熟悉国家财政工作方针、政策，了解机关工作程序和管理特点；

4. 具有起草、审核重要文稿的能力。

转任和升迁方向：

1. 升任副厅长、助理巡视员；

2. 转任其他职责程度相当的职位；

3. 本职位由副处长、助理调研员及相当职务升任。

219

二、公共部门工作评价

（一）工作评价的原理

工作评价，又称工作评估或工作测评，是在工作分析的基础上，对工作岗位的责任大小、工作强度、所需资格条件等特性进行评价，以确定工作岗位相对价值的过程。它有三大特点：第一，"对岗不对人"，即工作评价的对象是组织中客观存在的工作岗位，而不是任职者。第二，工作评价衡量的是工作岗位的相对价值，而不是绝对价值。工作评价是根据预先规定的衡量标准，对工作岗位的主要影响指标逐一进行测定、评比、估价，由此得出各个工作岗位的量值，使工作岗位之间有对比的基础。第三，工作评价是先对性质相同的工作岗位进行评判，然后根据评定结果再划分出不同的等级。

在一个组织中，工作岗位名称很多，人们常常需要确定一个岗位的价值，比如想知道办公室主任与财务处处长相比，究竟谁对组织的价值更大，谁应该获得更好的报酬。为了协调各类岗位之间的关系，进行科学规范的管理，就必须进行工作岗位评价，使工作岗位级别明确。通过评价，可以明确各个工作岗位的门类、系统、等级的高低，使工作性质、工作职责一致，把工作上所需资格条件相当的工作岗位都归于同一等级，这样就能保证组织对人员进行招聘、考核、晋升、奖惩等管理时，具有统一尺度和标准。

同时，工作评价还可以使公职人员之间、领导与普通公职人员之间对报酬的看法趋于一致和满意，各类工作与组织对应的报酬相适应，使组织内部建立一些连续的等级，从而使公职人员明确自己的职业发展和晋升途径，便于人员理解组织的价值标准，引导公职人员朝更高的效率发展。

另外，对公共事业组织而言，工作评价还是岗位工资的重要基础，可以更好地体现同工同酬和按劳分配的原则。虽然有人认为网络时代的组织变化越来越快，组织内部的组织结构、岗位构成也在不断发生变化，所以认为工作岗位和以工作岗位为基础的付酬方式不合时宜，应代之以技能为基础的付酬方式、以能力为基础的付酬方式或以绩效为基础的付酬方式。但从实践看，目前最常见的薪酬形式仍然是结构工资制。它包括基本工资、岗位工资、工龄工资、学历工资和绩效工资等。岗位工资是其中的重要组成部分，也是技术难度最大的部分。因此，工作评价依然有它存在的价值，如果在设计薪酬体系时，把工作评价与技能评价、绩效评价有效地结合使用，就可以取得更好的效果。

（二）工作评价的原则

1. 系统原则

所谓系统，就是由相互作用和相互依赖的若干既有区别又相互依存的要素构成的具有特定功能的有机整体。其中各个要素也可以构成子系统，而子系统本身又从属于一个更大的系统。系统的基本特征：整体性、目的性、相关性、环境适应性、开放性等。

2. 实用性原则

工作评价还必须从公共部门的客观实际情况出发，选择能促进公共部门提供各类公共物品（服务）和准公共物品（服务）质量的评价因素。尤其要选择目前组织人力资源管理基础工作需要的评价因素，使评价结果能直接应用于公共管理实践中，以提高工作评价的应用价值。

3. 标准化原则

工作评价的标准化就是衡量劳动者所耗费的劳动的大小的依据以及岗位评价的技术方法和特定的程序或形式要做出统一规定，在规定范围内，作为评价工作中共同遵守的准则和依据。岗位评价的标准化具体表现在评价指标的统一性、各评价指标的统一评价标准、评价技术方法的统一规定和数据处理的统一程序等方面。

4. 能级对应原则

在管理系统中，各种管理功能是不相同的。根据管理的功能把管理系统分成级别，把相应的管理内容和管理者分配到相应的级别中去，各占其位，各显其能，这就是管理的能级对应原则。一个工作岗位能级的大小，是由它在组织中的工作性质、繁简难易、责任大小、任务轻重等因素所决定的。功能大的岗位，能级就高，反之就低。各种工作岗位有不同的能级，人也有各种不同的才能。现代科学化管理必须使具有相应才能的人得以处于相应的能级岗位，这就叫做人尽其才，各尽所能。

一般来说，一个组织或单位中，管理能级层次必须具有稳定的组织形态。稳定的管理结构应是正三角形。对于任何一个完整的管理系统而言，管理三角形一般可分为决策层、管理层、执行层和操作层四个层次。这四个层次不仅使命不同，而且标志着四大能级差异。同时，不同能级对应有不同的权力、物质利益和精神荣誉，而且这种对应是一种动态的能级对应。只有这样，才能获得最佳的管理效率和效益。

5. 优化原则

所谓优化，就是按照规定的目的，在一定的约束条件下，寻求最佳方案。上至国家、民族，下至组织、个人都要讲究最优化发展。组织在现有的社会环境中生存，都会有自己的发展条件，只要充分利用各自的条件发展自己，每个工作岗位，每个人都会得到应有的最优化发展，整个组织也将会得到最佳的发展。因此，优化的原则不但要体现在工作评价各项工作环节上，还要反映在岗位评价的具体方法和步骤上，甚至落实到每个人身上。

（三）工作评价的方法

常用的工作评价方法有参照法、排列法、分类法、因素比较法和评分法等。其中分类法、排列法属于定性评估，岗位参照法、评分法和因素比较法属于定量评估。除此以外，这里还简要介绍国际著名的工作评价方法——海氏（Hay Group）三要素评估法。

1. 工作岗位参照法

工作岗位参照法，顾名思义，就是用已有工资等级的工作岗位来对其他工作岗位进行评估。具体的步骤是：

（1）成立工作岗位评价小组。

（2）评估小组选出几个具有代表性、并且容易评估的岗位，对这些工作岗位用其他办法进行工作岗位评价。

（3）如果组织已经有评价过的岗位，则直接选出被公职人员认同价值的岗位即可。

（4）将（2）、（3）选出的岗位定为标准岗位。

（5）评价小组根据标准工作岗位的工作说明书所提供的信息，将类似的其他岗位归类到这些标准工作岗位中来。

（6）将每一组中所有工作岗位的价值设置为本组标准工作岗位价值。

（7）在每组中，根据每个工作岗位与标准工作岗位的工作差异，对这些工作岗位的工作岗位价值进行调整。

（8）最终确定所有工作岗位的工作岗位价值。

2. 工作岗位排列法

工作岗位排列法是有关人员组成合格的专门机构，如工作岗位评定委员会；根据工作岗位调查资料或工作说明书做出简洁的、易于对比的工作岗位描述；确定评定标准，对各个工作岗位打分；评定结果汇总，计算平均得分，进而得出各个工作岗位的综合相对次序。

这种方法易出现主观倾向，应通过培训提高评价人员的价值判断力，或可通过重复评价三次取平均值来消除主观误差。

3. 工作岗位分类法

分类法与参照法有些相像，不同的是，它没有进行参照的标准工作岗位。它是将公共组织的所有工作岗位根据工作内容、工作职责、任职资格等方面的不同要求，将其分成不同的类别，一般可分为管理工作类、事务工作类和技术工作类等。然后给每一类确定一个工作岗位价值的范围，并且对同一类的工作岗位进行排列，从而确定每个工作岗位不同的岗位价值。

4. 因素比较法

因素比较法不需关心具体工作岗位的工作岗位职责和任职资格，而是将所有的工作岗位的内容抽象成若干个要素。根据每个工作岗位对这些要素的要求不同，而得出工作岗位价值。比较科学的做法是将工作岗位内容抽象成下述五种因素：智力、技能、体力、责任及工作条件。评价小组首先将各因素区分成多个不同的等级，然后再根据工作岗位的内容将不同因素和不同的等级对应起来，等级数值的总和就为该工作岗位的岗位价值。

因素比较法的步骤为：

（1）成立工作岗位评价小组。

（2）确定工作岗位评价所需要的因素，即智力、技能、体力、责任和工作条件。

（3）选出若干具有广泛代表性的标杆职位或关键岗位。

（4）将各种标杆岗位按照各因素对各岗位的要求和重要性进行依次排列，形成标杆岗位/职位分级表。

（5）将各种标杆岗位/职位的现行工资，按前面所确定的五项标准进行适当的分配，编制标杆岗位/职位工资表和因素工资分配尺度表。

（6）将标杆岗位以外的各岗位逐项与建立起来的标杆岗位工资表和因素工资分配尺度表进行比较，逐个要素进行判定，找到最类似的相应标杆职位，查出相应的工资，再将各项因素工资相加，便得到该岗位的工资。

5. 因素计点/评分法

因素计点/评分法是目前最流行的工作评价方法，国内比较知名的咨询组织，如和君创业、北大纵横等在对企事业单位、公共部门进行咨询时都采用此方法进行工作评价。因素计点/评分法要求组建评价机构后，首先确定影响所有工作岗位的共有因素，并将这些因素分级、定义和配点（分），以建立评价标准。之后依据评价标准，对所有的工作岗位进行评价并汇总每一工作岗位的总点数（分数）。最后，将工作岗位评价点数转化为货币数量，即岗位工资率或工资标准。这种方法可避免一定的主观随意性，但操作起来较烦琐。

6. 海氏三要素评价法

海氏三要素评价法是国际上使用最广泛的一种工作岗位评价方法，其通过三个方面对岗位的价值进行评价，并且通过较为正确的分值计算确定工作岗位的等级。海氏评价要素体系如下：

（1）知能（Know-How, KH）。包括专业技能（Specialized Know – How）、管理技能（Managerial Know – How）和人际关系技能（Human Relations

Skills)。

（2）解决问题的能力（Problem Solving, PS）。包括思考环境（Thinking Environment）和思考挑战性（Thinking Challenge）。

（3）所负责任（Accountability, AC）。包括行动的自由（Freedom to Act）、职务承担责任的大小（Magnitude）和工作后果的作用（Job Impact）。

该评价法认为，一个岗位之所以能够存在的理由是必须承担一定的责任，即该工作岗位的产出。那么投入什么才能有相应的产出呢？即担任该岗位人员的知识和技能。那么具备一定"知能"的人员通过什么方式来取得产出呢？是通过在工作岗位中解决所面对的问题，即投入"知能"通过"解决问题"这一生产过程，来获得最终的产出"应负责任"，如图9-2所示。

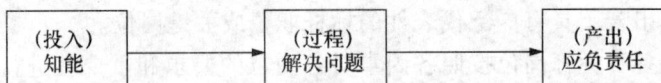

图9-2 海氏评估三要素的关系

海氏评价法对所评价的岗位按照以上三个要素及相应的标准进行评价打分，得出每个岗位评价分，即岗位评价分＝知能得分＋解决问题得分＋应负责任得分。其中知能得分和应负责任评价分和最后得分都是绝对分，而解决问题的评价分是相对分（百分值），经过调整后最后得分才是绝对分。

利用海氏评价法在评价三种主要付酬因素方面不同的分数时，还必须考虑各岗位的"形状构成"，以确定该因素的权重，进而据此计算出各岗位相对价值的总分，完成工作岗位评价活动。所谓职务的"形状"主要取决于知能和解决问题的能力两因素相对于工作岗位责任这一因素的影响力的对比与分配。从这个角度去观察，组织中的工作岗位可分为三种类型：一是"上山"型。此工作岗位的责任比知能与解决问题能力重要。如各级行政组织和公共事业组织的领导。二是"平路"型。知能和解决问题能力在此类工作中与责任并重，平分秋色。如会计、人事等职能干部。三是"下山"型。此类岗位的责任不及知能与解决问题能力重要。如公共事业组织中从事科学研究的公职人员。

在实践过程中，通常要由工资福利设计专家分析各类岗位的形状构成，并据此给知能、解决问题能力这两因素与责任因素各自分配不同的权重，即分别向前两者与后者指派代表其重要性的一个百分数，两个百分数之和应恰为100%。举一个简单的例子：某公共行政组织某个岗位的知能得分为941分，解决问题能力得分为 71%，应负责任得分为 1004 分。而这个工作岗位解决问题能力和责任权重为 40% 和 60%，那么这个岗位的最终评价得分为 1810.6 分。

当然，海氏评价法还涉及每个因素的评价标准和程序，以及评价结果的处理和形成一个组织的岗位等级体系等，在此不再一一赘述。

（四）工作评价的步骤

具体来讲，工作评价是在工作描述的基础上，对工作本身所具有的特性（比如工作岗位对组织的影响、职责范围、任职条件、环境条件等）进行评价，以确定工作岗位相对价值。工作评价的过程可以分为以下四个阶段：

1. 准备阶段

（1）清岗。理顺组织结构和岗位设置，确定参加评价的岗位。

（2）完成工作说明书。通过问卷调查、资料分析和访谈等方法进行工作分析，确定每个岗位的职责、任务、权限、协作关系、任职资格和工作环境等基本内容，撰写工作说明书。

（3）确定岗位评价方法。目前管理界常用的岗位评价方法有四种：排序法、分类法、因素比较法和要素计点法。根据不同方法的优缺点、适用条件和公共部门的特殊性选择切实可行的评价方法。比较通用的是要素计点法，即因素评分法。该方法挑选并仔细定义影响职位价值的共同因素，例如该工作岗位对组织的影响、职责大小、工作难度，对任职人的要求，工作条件、工作饱满程度等。组织专家依据各种因素，针对不同岗位进行评价打分，从而得出岗位的相对价值。

确定评价因素。根据业务的实际情况确定岗位相关的因素，一般可以分为岗位的责任因素、需要的知识技能因素、岗位性质因素和工作环境因素等，每个主因素又可划分若干子因素。给出每个子因素及不同得分档次详细的定义描述，同时确定各个因素在总分中的权重。

确定专家组。专家组成员的素质及总体构成情况将直接影响到岗位评价工作的质量。专家组可以来自组织内部，也可以来自组织外部，但必须对业务和内部管理有一定的了解。一个好的专家组成员必须能够客观地看问题，在打分时能尽可能摆脱局部利益。专家小组的成员在很大程度上决定岗位评价的结果。其次应考虑专家在人员中是否有一定的影响力，这样才能使岗位评价最后的结果更具权威性。

确定标杆岗位。因为参与评价的岗位可能分属不同的业务板块，每个岗位的工作性质和内容又可能不相同，所以对岗位价值的衡量也就大不一样。这时候，如何使每个岗位的工作在一定的程度上具有可衡量性，就需要建立一个参照系，而标杆就是这个参照系。也就是说标杆岗位是衡量其他一般岗位相对价值的尺子。

2. 专家组的培训阶段

培训的目的是为了提高工作岗位评价的效率、确保工作岗位评价的效果。对专家组进行组织结构调整和岗位设置思想的培训，使他们对各个岗位的职责和性质有一定的了解。

针对岗位评价本身进行培训。培训内容主要是介绍为什么要进行岗位评价、岗位评价的方法、为什么要选择评分法、岗位评价的流程、岗位评价常出现的问题及解决方法、岗位评价的结果与薪资结构的关系等。培训时，应强调岗位评价针对的是岗位而不是人。岗位评价结果是建立薪酬体系的重要依据，但不是全部依据，从评价得分到最后的薪酬体系还有很长的路要走。除此之外，应重点向专家们解释评价表的因素定义和权重，使各位专家清楚各评价因素的内涵和评分分级的标准。

对标杆岗位试打分。专家组对照工作说明书，对标杆岗位的不同因素分别进行打分。因素得分乘以权重之后加总，可以得到岗位的总分。通过对标杆岗位的试打分，专家组成员可以基本上熟悉岗位评价的流程。同时，还可以发现问题并及时进行解释，消除专家组成员对评价表中各项指标理解的过大差异，建立合理的打分标准。打分过程中，如果某岗位的某因素的得分值差过大，则说明大家对该岗位的理解存在较大分歧，为了得到比较准确的结果，需要重新打分。标杆岗位的打分结束后，专家组要对"标杆岗位"的得分结果进行综合分析，投票选出若干大家公认结果不合理的，并重新进行评价。大多数专家一致认为标杆岗位的得分能够符合组织的价值取向后就可以进入正式评价。

3. 评价阶段

在取得标杆岗位分值表后，对照工作说明书并以标杆岗位的得分为标准，专家组对其余岗位进行打分，期间要同步进行数据统计和分析工作。

4. 总结阶段

这一阶段主要对岗位评价得分进行排序和整理，得出各个岗位的相对价值得分，以便进行综合分析。至此，整个岗位评价结束。

在进行岗位评价工作时，有以下问题需要特别注意：

（1）组织的领导特别是第一领导者的重视以及充分的准备工作是岗位评价成功的必要条件。

（2）专家组的选择至关重要。

（3）评价过程中既要强调专家的独立性，又要强调建立专家的相对统一、合理的评判标准认识，避免太大的偏差。

（4）针对不同的岗位，应确保评价标准的一致性。

（5）岗位评价结果并不是一成不变的。当组织经过一段时期的迅速发展及新工作产生以后，或是在经历了大范围的工作职能重组之后，或是在岗位职责发生较大面积调整时，就应该进行岗位评价。同时，组织应注意修改过时的评价机制。

第四节　公共部门人力资源分类管理

公共部门的任职人员是一支规模庞大的队伍，要对其实施一系列有效的管理，就必须按一定的标准将其划分成不同的类别，进行科学分类基础上的管理。人力资源分类确立了公共部门的职位序列和体系，也为不同类别人员的成长和发展提供了规律性的条件。

一、公共部门人力资源分类管理概要

（一）公共部门人力资源分类管理的内涵

所谓公共部门人力资源分类管理是指将公共部门中的工作人员或职位按工作性质、责任轻重、资历条件及工作环境等因素划分类别，设定等级，为人力资源管理的其他环节提供相应管理依据。

由以上定义我们得出，公共部门人力资源分类的依据是工作性质、责任轻重、资历条件及工作环境等因素，而这些因素的相关内容是由工作说明书提供的，也就是说工作分析和工作评价是人力资源分类的前提和基础，没有科学的工作分析和工作评价，公共部门人力资源的分类管理将成为空中楼阁。

由以上定义我们还可得出，人力资源分类的对象是公共部门中的工作人员或职位，由此形成了两种典型的人力资源分类制度，一是以工作人员的官阶为中心的品位分类管理，二是以职位为中心的职位分类管理。

（二）公共部门人力资源分类管理的意义

公共部门人力资源分类管理是公共部门人力资源管理现代化的基础，其具体意义体现在以下几个方面：

1. 人力资源分类管理有助于公共部门人力资源管理的简明、高效

公共部门的任职人员是一支庞大的队伍，其涉及的工作任务性质也繁杂多样，没有一定的分类就无法实现管理的目标。从某种程度上讲，没有分类就没有管理。对公共部门的人力资源进行分类，可以使国家的公共部门人力资源政策做到有的放矢，政出有因，政出有果，实现公共部门人力资源管理的简明和

高效。

2. 人力资源分类管理有助于公共部门人力资源管理的规范化

实行人力资源分类，无论是品位分类管理、职位分类管理，还是二者的混合分类，都有相应的分类标准，各个等级的设置都有客观的评价依据，工作本身又有工作说明书，这就使公共部门人力资源管理的录用、考核、工资福利等管理工作可以做到有章可循，标准客观，势必有助于公共部门人力资源管理规范化程度的提高，使公共部门人力资源管理做到真正的客观、公正、高效。

3. 人力资源分类管理有助于公共部门人员的自我激励和开发

人力资源分类管理使人员的等级有了明确的划分，公共部门的任职人员就可以清楚地了解到自己所处的等级，进一步明确自己的升迁途径和升迁目标。一方面，可以激励其圆满地完成现任工作；另一方面，也可以激励其为将来升迁后可能从事的工作做好知识、技能上的准备，进一步搞好自我开发，达到自我的不断完善。

（三）人力资源分类制度选择的原则

一个国家、地区、部门的人力资源分类制度，是在品位分类管理、职位分类管理中选择一种，还是将二者相结合，这要依据下列原则：

1. 文化原则

文化是社会中的人们所共有的一种约定俗成的心理状态，它渗透在社会的各个层次和角落，影响社会的种种管理制度和管理方法。任何一种分类制度的产生和形成，无不深深打上文化的烙印。职位分类管理所推崇的精神，在录用、考核、薪酬等方面人人平等的规范，是与美国民主、平等、自由、向上的文化特色相吻合的。品位分类管理以人为中心对官阶进行分类分等，与英国讲究个人身份、等级的绅士型文化相一致。而中国五千年文化积淀中的人本主义讲究万事以人为中心，理性主义推崇礼义、不逾规矩，中庸主义看重折中至当、从容中道，这就要求中国人力资源分类制度的选择既不能照搬美国的职位分类管理，也不能照抄英国的品位分类管理，而应吸收二者之精华，发展有中国特色的公职分类体系。

2. 传统原则

任何一个民族的历史传统都是本民族的宝贵遗产。传统可能意味着保守，但并不意味着都是糟粕。人力资源分类制度的选择和革新也是如此。对传统的东西不能完全摒弃，而应在传统基础上推陈出新。当今美国的公共部门人力资源分类制度改革是在原传统职位分类管理基础上，吸收了一些品位分类管理的优点，而英国公共人力资源分类制度的革新则是在传统品位分类管理基础上，吸取了职位分类管理的先进经验。中国公共部门人员的分类制度选择和改革，也不能完全抛弃古代的品级分类和新中国成立后的干部分类方法，而应在此基础上，古为今用，洋为中用，逐步实现中国公共部门人力资源分类制度的现代化。

3．组织需求原则

任何分类制度和方法都要最终落实在具体的组织之中，不同的组织，其组织目标、组织职能、组织文化也不同，这就要求有不同的分类制度来对其工作人员或职位进行分类，在这方面没有放之四海而皆准的分类方法。在研究单位等开放型管理的组织中，实行品位分类管理最能促进其工作和管理的开展，而在经营性、服务性的社会公共组织中，职位分类管理可能更利于提高效率。总之，分类制度和方法的选择要以组织的需求为根本原则。

（四）公共部门人力资源分类管理制度的发展趋势

随着政治经济环境的不断变化，公共部门人力资源分类管理制度也在不断变革。纵观世界人力资源分类制度的发展，呈现出以下两大趋势：

1．品位分类管理和职位分类管理出现融合、互补的趋势

随着专业化分工的不断发展，许多专业性、技术性工作进入政府领域，品位分类管理原有的注重通才的粗犷分类方法已不能适应现代社会的需求。因此，原来实行品位分类管理的国家纷纷吸收职位分类管理的先进方法，使分类管理更加系统化、规范化。典型的品位分类管理国家英国，于20世纪70年代对原来的公务员分类制度进行了改革，引入了职位分类管理方法，把公务员分为10个职类，26个职组，84个职系，提高了分类的科学化制度。日本则改革过去的品位分类管理，实行了介于职位分类管理和品位分类管理之间的名义上的职位分类管理，人们称为"工资分类"。

职位分类管理制度中不利于通才培养，不利于人员流动的缺点也随着经济的发展变得愈加突出。实行职位分类管理最早的美国也于20世纪70年代对其职位分类管理制度进行了改革，将一般职务类（GS）中的GS15—GS18职等的划分改为品位分类管理，取消了职等，只设工资级别，实行级随人走，以便于高层官员的职位流动。同时，改变了原本人员只能在职系内流动的状况，允许公务人员像品位分类管理那样跨职系流动，竞争上岗。

2．人力资源分类管理制度呈逐步简化趋势

当今世界的竞争是科技与管理的竞争，效率的高低越来越成为衡量政府的主要标准，因此，许多国家都着力于简化人力资源分类制度，以提高公共部门人力资源的管理效率。加拿大的公务人员系统原有72个职组，102个分组，

每个职组都有一套分类标准和工资标准，操作起来很烦琐，无法适应当今社会发展的需要。因此，加拿大政府本着通用、简化的原则对职位分类管理制度进行了改革。废除了原有的72套分类标准，代之以一种能够适用所有公共部门工作特征的评价体系，使人力资源分类更加简易，更具灵活性，大大降低了成本，提高了公共部门人力资源管理效率。

近几届美国政府一直在为人力资源分类管理制度的简化而不懈努力。里根政府早在1986年就提出了旨在以职业通道来代替400多个职系的《文官制度简化法案》，但未被国会通过。20世纪90年代的克林顿政府也一直致力于"简化职位分类管理"，也就是将原来过细的职位设置、狭窄的职位定义、烦琐的分类程序进行简化。但由于受联邦公务员法律的限制，只能在小范围内进行试点。南卡罗来纳州取消了70%的职位，纽约州把职位总数由7200多个减为5400多个。更有甚者，佐治亚州取消了职位分类管理。这一连串的职位改革的共同宗旨是：简化职位分类管理程序，改变过去由政府统一进行职位划分的做法，由更了解自己组织状况的用人单位自己进行职位划分和分类。

二、品位分类管理

（一）品位分类管理的内涵

"品"指官阶，"品位"指按官位高低，职务大小而排列成的等级。品位分类管理，是以国家公共部门工作人员的职务或等级高低为依据的人力资源分类管理制度。

品位分类管理在中国已有悠久的历史。自魏晋以来，官阶就称品，朝廷官吏分为"九品十八级"，以后各代逐步完善，品级也逐步增多，且品级同俸禄挂钩。但是，在封建社会中，品位主要是特权和身份的标志，同现代意义的品位分类管理有着根本上的区别。

随着现代文官制度在西方的建立和发展，品位分类管理由封建社会的注重特权和身份过渡到注重任职资历条件，再到现代的工作内容和资历并重，逐步达到完善。英国是现代品位分类管理最典型的国家，其他实行品位分类管理的国家还有法国、意大利等。

（二）品位分类管理的特征

品位分类管理作为人力资源分类的两大制度之一，其基本特征如下：

1. 品位分类管理是以"人"为中心的分类体

品位分类管理的对象是人、人格化的职务等级以及人所具有的其他资格条件。具体而言，在人员运用方面过分重视人员的学历、资历、经验和能力，个体的背景条件在公职录用和升迁中起着至关重要的作用。任职年限、德才表现等通用资格条件是晋升的主要依据。可见，品位分类管理是人在事先。

2. 分类和分等相互交织

在品位分类管理中，分类实际上同职务、级别的分等同时进行，因此，品位分类管理通常采用先纵后横的实施方法，也就是先确定等级，然后再分类别。

3. 品位分类管理强调人的综合管理能力

品位分类管理注重"通才"，不注重公务人员所具备的某一方面的特殊知识和技能。

4. 官位和等级职位可以分离

在品位分类管理规则中，官等是任职者的固有身份，可以随人走，官等和所在职位不强求一致。薪酬取决于官等而不取决于所从事的工作。

需要指出的是，品位分类管理在等级观念比较深厚的国家较为盛行。

（三）品位分类管理评价

品位分类管理制度作为一种公共部门人力资源管理制度，具有比较明显的人格化特征，优点和缺点并存，其优点表现为：一是方法简单易行，结构富于弹性；二是流动范围广，工作适应性强；三是有利于"通才"的培养，便于人员培训；四是强调年资，官职相对分离，不因职位调动而引起地位、待遇的变化；五是注重学历背景，有利于吸收高学历的优秀人才。

品位分类管理的缺点为：一是人在事先，易出现因人设岗、机构臃肿的现象；二是分类不系统、不规范，不利于严格的科学管理；三是限制了学历低、能力强的人才的发展；四是轻视专业人才，不利于工作效率的提高；五是强调年资，加剧了官员的保守性，并易形成官本位倾向；六是以官阶定待遇，导致同工不同酬，不利于对人员的激励。

三、职位分类管理

（一）职位分类管理的内涵和特征

职位分类管理就是在工作分析的基础上，将职位依据工作性质、繁简程度、责任轻重和所需资格条件，区分若干具有共同特色的职位，加以分类。它是公共部门人力资源分类中的一种重要的管理制度。

职位分类管理作为理想的分类制度，其具体特征为：

（1）以"事"为中心的分类体系。职位分类管理首先重视职位工作的性质、责任大小、繁简难易程度，其次才是人所具备的资格、条件。职位分类管理是事在人先。

（2）分类方式先横后纵。即先进行横向的职系、职组、职门区分，然后

231

再依工作的难易、繁简、责任大小的程度提取纵向等级。

（3）注重人员的专业知识和技能。职位分类管理注重"专才"，人员的任职调动、交流和晋升，一般在同一职系，至多在同一职组范围内进行，跨职系、跨行业的流动和升迁极少。

（4）官等和职等相重合。在职等分类中，官位与职位相连，不随人走，严格实行以职位定薪酬的规则，追求同工同酬。职位变了，官等、薪酬均取决于新职位的工作性质。

（5）实行严格的功绩制。在职位分类管理制度中，功绩是人员升迁和薪酬增加的唯一标准。如美国一般职务类（GS）人员，薪酬的增加有两种方式：一是工作年限增长自动提升等级，表现突出奖励提升一级；二是职务提升，薪酬相应提高。并且规定，一个人每年只能提一级，且必须有几个人同时竞争，才能最终选出一人提升。

（6）职位分类管理比较适合民主平等观念浓厚的国家。

（二）职位分类管理的步骤

职位分类管理的程序一般有四个步骤：

1. 职位调查

也就是工作分析，这是实施职位分类管理的第一步。

2. 职系区分

在调查的基础上，依照工作性质的异同，将各种职位划分归并为若干类别，这便是职系。职系是工作性质相同的职位的汇集。在职系的基础上再形成职组和职门。职组是工作性质相似的职系的汇集，而职门是工作性质相近的职组的汇集。这一步骤是职位的横向划分。

3. 职位评价

也称职位品评，就是运用我们在本书第六章中所讲的职位评价方法对各职系的职位进行纵向的职级、职等的认定。职级是指同一职系内工作性质、繁简难易、责任轻重及资格条件充分相似的职位的集合；职等是指工作性质不同，但工作难易繁简、责任轻重及所需资格条件程度相当的各职级的集合。同一职等的所有职位，无论其属于何职系，其薪酬均相同。

4. 制定职级规范

职级规范是人员录用、监督、考核的依据。

（三）职位分类管理的评价

任何一种分类制度都有其长处也有其短处，职位分类管理也有其相应的优缺点。其优点为：一是规范化的分类管理体系，为各项人力资源管理活动提供了客观依据；二是有利于贯彻专业化原则；三是有利于确定编制，完善机构建设；四是官等与责任、报酬相联系，进一步促进了同工同酬并使官员能上能下；五是有利于在职培训和适才适用。

职位分类管理的缺点为：一是职位分类管理工程庞大，成本高，推行困难；二是人才发展和流动的渠道局限性大，易造成人才流失；三是整个体系过于强调量化，缺乏弹性；四是官等、工资随人的变动而变动，使其激励性减弱；五是不利于综合管理人才，即通才的培养。

（四）职位分类管理的演变

职位是公共部门的重要而稀缺的资源，其管理和分配方式的演变体现了政治体制和公共部门人力资源管理价值变迁过程。

1. 恩赐制度下的职位管理

在政治恩赐制下，公共职位是统治权争夺中胜利者的战利品，是重要的"分赃物"。人员之所以得到某一公共职位，不是因为人员的资历和能力符合这一职位的要求，而是因为人员是某一政治领袖的追随者，在争夺统治地位的斗争中出了力，贡献越大获得公共部门的职位级别也就越高。虽然一些公共职位也会有一定的任职资格要求，但其目的是为了维护政治官员在民众心目中的"形象"，或者因为分赃不均，只好用条件加以限制，目的并不是为了使公共利益更好地得到保障。所以，在政治恩赐制下，公共职位是不需要工作分析与分类这种管理手段的，任何人都可以胜任所有的职位，政治上忠诚是任职资格的首要内容。

2. 公务员制度下的职位管理

一方面，随着社会的发展，政治领袖们认识到，要想使自己或自己的集团长时间占据统治地位，就必须为社会的公共利益着想。为公共利益着想的重要体现，就是政府系统能在一定程度上为民众服务，这就要求在公共职位上的人员具备为公众服务的能力。由此，一部分公共职位就有了资格的要求，也就有了工作分析、职位分类管理的需求。

另一方面，随着公众民权意识的提高，公众对政治恩赐制的腐败的接受度也越来越低。在民权与统治权之间的争夺中，统治权必然越来越退缩。因此，当权者可以分赃的公共职位的范围也逐渐缩小，最后发展到用法律的形式来限制分赃的范围。

由于以上两方面的原因，公务员制度在西方应运而生。公务员制度的基础就是工作分析与职位分类管理。通过工作分析，确定每个公共机构的职位数量，并以法律的形式固定下来，也就是我们说的定编。同时通过工作分析，明确各个公共职位的任职者应具有的能力与资格要求，这在一定程度上限制了公务员聘用的随意性。此外，西方国家将公共部门的职位分为文职类和政治职位类，文职官员的录用严格按照职位规范进行，并附以职务常任，以保护文职官员的地位不受政党更迭的影响，而政治类官员的任用则仍是政治分赃的结果。

3. 人力资源管理下的职位管理

公务员制度是对公共系统职位法治化管理的体现，一定程度上使公共组织摆脱了政治的压力。但法治的外在表现形式——法律条文——的发展过度，即繁文缛节，会给公共部门人力资源的管理带来负面的效应。一方面，过细的法律条文会束缚公务员的微观行为，限制公职人员的灵活与创新；另一方面，公职人员习惯于对法律条文的依赖，放弃自己工作创新的想法与行为。

无论是恩赐还是法治，体现的都是对公职部门职位的控制，这也是政治领袖的最终目的。但政治领袖同时也发现，只有发展才能更好地控制。因此，对公职部门运作的效率要求就越来越得到重视。这既牵涉职位管理的灵活性，又牵涉对公职人员的激励。所以，从现代人力资源管理的角度对职位进行管理就成为公共部门职位管理的发展趋势，它体现为：对职位的分类相对宽带化、在不影响公共人员职业能力条件下的合理流动、对公职人员雇用关系的灵活性的强调，增加公职人员雇用中的竞争、对公职人员进行绩效激励，提高其工作效率。这些都要求工作分析、职位分类管理的指导理念向人本化方向转化。

四、中国公共部门的人力资源分类管理

（一）中国公共部门的品位分类管理

自新中国成立到 80 年代，人力资源管理体制一直是与计划经济相适应的集中统一的管理体制。人力资源分类制度也呈现出集中统一的特征，党政不分、政企不分、政事不分，无论是党的机关、政府机关、权力机关、司法机关的工作人员，还是事业单位、企业单位、群众组织的工作人员都被统称为"干部"。人员的等级划分主要依据职务职级、资历深浅、学历高低和工资多寡，实际上是一种特殊的"品位分类管理"，这种分类管理制度所导致的直接结果是官本位与效率低下。

随着改革开放和市场经济的发展，原来的分类体制已不能适应现代管理的需要。中国于 1993 年 8 月颁布了《国家公务员暂行条例》，明确规定国家行政机关实行职位分类管理制度。在确定职能、机构、编制的基础上，进行职位设置，制定职位说明书，确定每个职位的职责和任职资格条件，作为国家公务员的录用、考核、培训、晋升等的依据。在政府机关实行职位分类管理后，党的机关也参照政府公务员的分类办法实行了职位分类管理。检察、审判机关、公安系统也实施了具有各自特色的分类方案。中国人力资源分类的宏观结构大致形成。原来的国家干部被分为：行政机关工作人员（公务员）、党务机关工作人员、国家权力机关工作人员、国家审判机关工作人员、国家检察机关工作人员、国有企业单位管理人员、人民团体工作人员和事业单位工作人员。

（二）中国公务员职位分类管理

1. 中国公务员职位分类的主要内容

中国公务员的职务分为领导职务和非领导职务。领导职务序列指副科长以上的职务和各级政府职能部门的领导职务；非领导职务序列包括办事员、科员、副主任科员、主任科员、助理调研员、调研员、助理巡视员、巡视员。

2. 等级划分

中国根据公务员所在职位的责任大小、工作难易程度以及公务员本身的德才表现、年功资历等因素将公务员分为15级，分别与12个职务等次相对应。职务等次高低与级别的高低相互交叉，每一职务对应若干个级别，职务越高对应的级别越少，职务越低对应的级别越多。

国家主席、副主席、国务院总理：1级；

国务院副总理、国务委员：2—3级；

部级正职、省级正职：3—4级；

部级副职、省级副职：4—5级；

司级正职、厅级正职、巡视员：5—7级；

司级副职、厅级副职、助理巡视员：6—8级；

处级正职、县级正职、调研员：7—10级；

处级副职、县级副职、助理调研员：8—11级；

科级正职、乡级正职、主任科员：9—12级；

科级副职、乡级副职、副主任科员：9—13级；

科员：9—14级；

办事员：10—15级。

其中非领导职务在中央行政机关可设到正局级，在地方国家行政机关最高不能超过本级政府各部门的领导职务层次。

（三）中国公务员分类制度评价

中国现行的人力资源分类制度是在继承传统分类方法基础上，吸收现代职位分类管理思想发展起来的，其优点和缺点极其明显。

（1）其优点：一是分类简单，易于操作实施；二是既兼顾了中国传统的品位分类管理方法，又吸收了现代职位分类管理的优点，符合现代人力资源分类管理发展潮流；三是公务员分类中非领导职务序列的设立，满足了中国行政机关中某些职位责任较大但又不承担领导责任情况的需要，解决了中国行政机关不设专业技术职务，但有些职务又只有专业技术人员才能担任的矛盾，体现了责酬一致的原则。

（2）中国公务员分类制度的缺点表现在：一是分类过于简单，科学化和规范化程度较低，处于人力资源分类的初级阶段；二是分类范围狭窄，仅局限于行政机关公务员，而其他系统的分类制度不够完善；三是中国所实行的职位分类管理仅是名义上的职位分类管理，缺乏具体的工作分析、职位评价和工作说明书等实质性内容；四是中国的职位分类管理缺乏具体的规范性文件和正式法规，法制化程度较低。

本章学习要点提示

【重要概念】

公共行政组织　公共事业组织　公共组织结构　管理层次　管理幅度
工作评价　海氏评价法　公共部门人力资源分类管理　品位分类管理

【复习思考题】

1. 简述公共部门人力资源规划的内涵、内容和过程。
2. 公共部门人力资源需求与供给预测的方法分别有哪些？
3. 如何实现公共部门人力资源的供需平衡？
4. 公共部门组织设计的原则和影响因素有哪些？
5. 公共部门组织结构类型有哪些？
6. 简述管理层次与管理幅度的内涵及其影响因素。
7. 如何进行公共部门工作分析？
8. 如何进行公共部门工作评价？
9. 简述公共部门人力资源的分类管理。

讨论案例

某省财政厅 2002—2010 年人才队伍建设规划

高素质人才队伍是财政实现跨越式、可持续发展的重要保障。为适应中国加入世界贸易组织后激烈的国际和国内竞争形势需要，进一步推进我厅人才队伍建设，为我省财政新世纪改革与发展提供坚实支持和有力保障，根据

《2002—2005年全国人才队伍建设规划纲要》和《关于建立健全财政改革与发展人才保障机制的实施意见》，结合我厅实际，制定本规划。

一、我厅人才队伍建设的成绩和面临形势

注重人才队伍建设是我厅多年来一以贯之的优良传统。尤其是近年来，我厅从推进财政跨世纪改革与发展着眼，坚持"以人为本"，大力实施跨世纪人才战略，提出了财政干部"六强"标准和"运动场上选冠军"的选人用人原则，从人才引进、教育培养、选拔任用和激励监督等各方面，不断加强人才资源开发与管理力度，人才队伍建设取得了显著成绩，人才素质不断提高，结构不断优化，一批高素质优秀人才脱颖而出，在推进财政改革和事业发展过程中发挥了重要作用。到2001年年底，厅机关及厅属事业单位具有大专及大专以上学历人员达到512人，占职工总数的87.4%，其中，本科生304人，占51.9%；硕士研究生109人，占18.6%；具有中级以上专业技术职称的有178人，占31.9%；省级中青年社科专家2人，厅内评选优秀人才及拔尖人才8人。同时，干部人事制度改革取得突破性进展，干部选拔任用的民主化、科学化、公开化程度进一步增强，人才成长环境进一步优化。

当前，世界多极化趋势不可逆转，经济全球化进程加快，科技进步日新月异，综合国力的较量日趋激烈。当今和未来世界的竞争，从根本上说是人才的竞争。特别是中国加入世界贸易组织后，出现的国际竞争国内化、国内竞争国际化格局，使人才竞争达到空前的白热化状态。在与国际惯例接轨、与经济发展同步、两种经济体制过渡、两种经济增长方式转换的宏观背景下，财政作为政府依法行政的基础和宏观调控的重要手段，既肩负着支持和推进改革、有效实施宏观调控、维护社会稳定等多项历史重任，又面临着建设稳固平衡财政、实现自身振兴和可持续发展的艰巨任务。这一切，关键在于有没有一支政治过硬、业务精通、作风优良的高素质、复合型人才队伍。

按照新形势、新任务对财政人才队伍建设提出的新要求，我厅的人才队伍建设在许多方面仍存在着不小的差距，同财政面临的形势和任务还不相适应。

从人才数量看，高素质人才总量仍显不足，尤其是创新型、复合型、技能型的高素质人才较为紧缺。

从人才结构看，学历层次没有形成合理匹配的金字塔形平衡结构，公务员队伍中本科生和硕士生167人，占83%，比例过于集中，形成了一个学历平台；年龄结构没有形成正态分布，30—40岁的公务员共有109人，占54%，30岁以下只有7人，仅占4%，年龄"瓶颈"问题较为严重；职务结构没有形成梯次结构，厅机关主任科员87人，副主任科员仅3人，形成一个职务平

台；专业涵盖范围还不宽，部分专业人才奇缺，没有按比例合理搭配。

从人才素质看，计算机、外语等基本技能和应用水平还不够高，业务知识也有待求精、求深、求宽，还没有完全根据市场经济要求和财政职能转变的需要及时调整工作方式和方法，改革意识、大局意识和参谋意识不够强，宗旨观念不是很牢，服务意识仍不很强，服务水平不够高。

从人才工作机制看，新的人才及工作理念没有完全树立，人才资源开发与管理的工作机制不够健全，人才的积极性、主动性和创造性还没有得到充分调动和发挥。

二、我厅人才队伍建设的指导方针和原则

财政人才队伍建设必须坚持以马列主义、毛泽东思想、邓小平理论为指导，按照"三个代表"要求，全面贯彻干部队伍"四化"方针和德才兼备原则，树立"人才资源是第一资源"的新理念，着眼于财政事业的长远发展和人才的总体需求，积极实施"人本战略"，紧紧抓住人才引进、人才培养和用好人才三个环节，努力实现人才工作思想观念、管理机制和工作方法的创新，建设一支高素质、复合型人才队伍，为推进财政改革和发展提供强有力的人才保证。以此为指导，必须把握以下几个原则：

（1）坚持以人才资源能力建设为主题。从促进财政改革与发展需要出发，通过多种方法和途径，重点培养人才的开拓意识和创新精神，开发人才的创新能力。

（2）坚持以优化人才结构为主线。适应经济和财政工作新形势需要，不断调整各学历、专业、年龄和职务层次人员的结构，保持动态合理平衡。

（3）坚持以改革创新为动力。大力推进人才工作理念和体制创新，继续深化干部人事管理制度改革，将改革贯穿于人才队伍建设的全过程。

（4）坚持以为财政改革和发展提供人才支撑为根本出发点。把人才工作纳入财政改革与发展的战略规划和布局之中，以人才队伍建设，推进财政改革的深化，推动财政事业的可持续发展。

三、我厅人才队伍建设的目标

2002—2010年，我厅人才队伍建设的总体目标是：高素质人才总量进一步增加，人才结构进一步优化，人才队伍的整体素质明显提高；干部人事制度和人才管理体制改革取得新进展，人才管理的规章制度日趋完善，有利于优秀人才脱颖而出、人尽其才的有效机制逐步建立，人才成长环境进一步优化。

扩大人才队伍总量的主要预期目标：到2010年，厅内干部全部达到大专以上水平，其中，90%达到大学本科水平，50%达到硕士研究生水平，15%达

238

到博士水平。

调整和优化人才队伍结构的主要预期目标：人才的专业、年龄和职务结构及高、中、初级专业技术人才的比例趋于合理，人才在处室、单位之间的配置趋于科学。

提高人才队伍素质的主要预期目标：在提高思想政治素质、加强职业道德建设的同时，促进人才的理论水平、业务知识和工作能力等综合素质有较大提高。

加强人才队伍作风建设的主要预期目标：人才队伍的宗旨观念不断增强，服务意识不断提高，服务质量不断改进。

四、严把"入口"，疏通"出口"，确保财政人才队伍活力

首先，加大高素质人才选招力度。以硕士研究生为重点，以适量本科生为补充，继续招录选调高学历、高素质人才，坚持"凡进必考"，综合测试，从年龄、专业、能力和水平等各方面，严格把关，重点着眼人才年龄结构调整，把最能满足财政改革与发展需要的高素质人才吸收进财政人才队伍，不断优化人才队伍的整体学历层次、知识结构、专业结构和年龄结构。

其次，建立人才优胜劣汰机制。进一步完善人才考核机制，对人才的德能勤绩做到客观了解、准确分析、公正评价，充分运用考核结果，通过探索和实行试用期、末位淘汰、待岗转岗或辞职辞退、降职等办法，疏通一般干部"出"、领导干部"下"的渠道，真正实现能者上、庸者让、劣者下；积极向外推荐、输送干部，努力做到人尽其才，实现人才的动态化流动。

最后，建立人才储备机制。根据财政业务对人才的中长期需求，选拔有一定基础和培养前途的硕士生或本科生，以厅属事业单位为基地，建立人才"蓄水池"，搞好人才储备，经过培养教育，适时充实到厅机关人才队伍。

五、强化教育培训，全面提高人才知识水平和业务素质

以建立"学习型"人才队伍为目标，以培养"复合型"、"外向型"人才为重点，坚持"三个面向"，积极探索新形势下人才教育培养新机制，从现代管理知识、财政业务理论、开拓进取精神等各方面，促进人才队伍整体素质的提高。

首先，健全干部教育培训制度。建立健全培训教学质量评估验收、效果认证、学历教育、培训考勤考试、培训证书管理等一系列规章制度，全面加强教育培训工作管理，逐步推进教育培训工作的制度化、科学化和规范化。

其次，建立科学的教育培训内容体系。根据财政人才队伍的学历状况、知识结构及需求，吸收西方教育培训和人力资源开发的先进经验和做法，建立以

理论基础、宏观思维、实用技能为主要内容，脱产、半脱产、业余自学相结合，长期与短期相结合的教育培训体系，完善分层次、分类别、多渠道、多形式、重实效、充满活力的教育培训格局，促进人才知识水平和业务技能的提高。

再次，加强教育培训软硬件建设。选拔一批有实际工作经验和教学能力的人才，聘请一批国内外知名的专家学者组成师资网，建立财政培训的专兼职师资队伍；逐步建立适应人才需要、具有时代特色、内容规范实用的培训教材体系；依托厅内局域网和系统广域网，充分利用现代信息技术，开发教育培训软件，开展网上远程教育和网上培训。

最后，扎实开展教育培训活动。组织人才队伍状况调查，制定人才培训规划，认真抓好知识更新型培训和"补课"性质的培训活动。在组织好社会主义市场经济知识、法律法规知识、现代管理知识和现代科技知识学习的基础上，突出抓好"三项学习"活动，继续组织各种类型的英语、计算机和世界贸易组织知识培训班。加大公共管理和依法行政培训力度，扩大培训对象范围；继续定期举办专题讲座、报告会、学术交流等活动，拓宽人才知识面；继续办好"专升本"班，提高人才学历层次。

六、改革人才选拔任用机制，营造有利于人才成长的良好环境

认真贯彻落实《党政领导干部选拔任用工作条例》，按照《深化干部人事制度改革纲要》的要求，在"扩大民主、推进交流、完善考核、加强监督"上下工夫，继续探索、建立和完善尊重知识、尊重人才，有利于优秀人才脱颖而出、健康成长的人才保障体系，实现人才资源的整体开发与合理配置。

240

首先，进一步加大竞争上岗的工作力度。把竞争上岗作为干部选拔任用和专业技术聘任的主要方式，凡职位出现空缺，一律采取竞争上岗的方式确定提拔和聘任人选，并把推行竞争上岗与培养选拔年轻干部和改进后备干部制度有机结合起来，将参加竞争而没有提拔或聘用的人才作为重点培养对象。

其次，继续推行干部任前公示和考察预告制度。结合实际，总结经验，加强研究，进一步扩大公示和预告的范围，完善内容，充分发挥公示制和预告制度的作用，进一步推进干部任用过程中的民主化程度。

再次，继续做好干部轮岗交流工作。严格执行干部轮岗交流的有关规定，在确保工作稳定性和连续性的前提下，推进干部轮岗交流的制度化和规范化，并要注意综合处室与业务处室之间的人才交流，拓宽人才的业务知识范围。

最后，强化实践锻炼。充分利用挂职、下乡、扶贫和支教等方式，使干部接受教育和锻炼，做到了解情况，积累经验，增长才干。要不断完善和改进

"专家型"人才培养选拔工作，使评选"专家型"人才真正成为干部成长的指挥棒。

七、建立健全人才激励机制，充分调动人才积极性

首先，完善奖励制度。进一步加强厅内行政奖励管理工作，规范各种奖励的申报、审批程序，建立以绩论奖的人才奖励制度，对工作业绩突出、贡献较大的人才及时给予表彰奖励，贡献突出的给予重奖，并在提拔任用、教育培训、出国学习考察等各方面优先考虑，充分发挥激励作用，调动人才的积极性和创造性。

其次，完善事业单位收入分配制度。根据国家规定，改革事业单位分配体制，建立体现不同事业单位特点的工资分类管理制度，进一步扩大事业单位内部分配自主权，重实绩、重贡献，向优秀人才和关键岗位倾斜；建立与现代企业制度相适应的企业经营管理人员薪酬制度，探索构建以经营业绩为核心的多元分配体系，使企业经营管理人员的收入与企业效益密切挂钩。

八、加强监督，改进作风，切实提高工作质量和服务水平

围绕"转变职能、转变工作方式、转变工作作风、提高工作效率"的目标，着力建立廉洁高效、协调有序、行为规范、公开公正的财政管理体制和工作机制；坚持开展党性党风党纪教育和廉洁自律教育，健全和完善干部离岗交代、经济责任审计等各类监督约束机制，加大不廉洁行为的查处力度，确保人才廉洁从政；在实施广泛思想教育基础上，重点抓好宗旨观念教育，加强和改进风建设，强化服务意识，提高服务水平；加强依法行政教育，提高依法行政意识。

九、切实加强组织领导，确保人才工作规划顺利实施

人才队伍建设事关财政改革与发展的大局，是全厅上下的共同任务。厅党组决定，由×××同志总负责，其他厅领导分工协作，进一步加强对人才工作的领导。人教处、机关党委、纪检组和培训中心要充分担负起、发挥好各自的职能作用，相互配合，紧密协调、共同努力，认真扎实地抓好人才建设规划各项工作的落实。各处室、单位要从战略高度认识人才工作的极端重要性，积极配合有关职能部门，积极为人才成长提供良好条件和环境。厅机关及各处室、单位要进一步加大人才建设的投入，为人才建设提供物质保障，以确保人才建设规划的顺利、有效实施。

[讨论题]

1. 分析该省财政厅人才队伍建设中存在哪些问题？

2. 分析应采取哪些措施确保人才队伍建设的顺利进行?

3. 分析影响该省财政厅人才队伍建设的主要因素。

第十章 人力资源战略管理制度范例

第一节 梦奇公司人力资源战略规划

一、人力资源及其管理的现状

伴随着梦奇公司的高速发展，员工队伍不断壮大，已拥有一批比较优秀的经营管理和技术人才。

目前拥有一批具有较高水平的研发人员近 150 人，其中高级职称的技术人员约占 85%，中级职称的技术人员约占 15%。高层管理人员 159 人，平均年龄 34 岁，本科以上学历占 90.8%；技术人员 360 人（其中研发人员 250 人），中高级职称占 95%。

"人才国际化"和"国际化人才"有较大进展，近年一批曾在国际著名大企业高级管理层任职和从事研发工作的人才开始加入梦奇。

梦奇人力资源管理工作从整体上看正处于由传统的人事管理体系向现代人力资源管理体系过渡的阶段：

（1）梦奇人力资源规划体系初步形成，已建立了能够及时、准确、系统反映梦奇人力资源整体状况的统计分析体系，以统计分析为基础的战略性人力资源规划已开始启动。

（2）梦奇统分结合的人力资源招聘体系初步形成，搭建了基于校园、猎头、网络等多渠道的招聘平台，建立了支持、指导各企业自主招聘的制度和机制。

（3）梦奇人力资源的基础和激励制度已初步形成规范，职位评价、绩效考核、淘汰与晋升、培训等制度已基本形成，指导性的薪酬管理制度已经出台，"内具公平性、外具竞争性"的薪酬体系正在形成。

（4）梦奇人力资源培训和开发体系已初步建立，职业化水准已达到一定水平。

二、梦奇人力资源管理战略

（一）目标

围绕梦奇发展战略目标并结合各企业实际状况创建和完善梦奇人力资源政

策和管理体系，打造梦奇层面的人力资源管理平台，按照不同的发展阶段及实际状况，对梦奇人力资源工作进行综合统筹、分级管理、相互协调，使得梦奇与各企业人力资源管理层级形成职责明晰、各司其职的状态，促成人力资源管理的体系化。

1. 建立、健全一整套人力资源管理制度及运行机制

用"目标牵引机制"使得个人目标与企业目标达成一致；用"内在动力机制"牵引人才能够自我发展与提高；用"约束机制"来规范人才的职业行为。通过一系列人力资源管理制度及机制让一大批职业化、愿意并有能力为企业做出贡献的优秀人才脱颖而出，促成梦奇人力资源整体结构的优化与素质的飞跃，在梦奇"人才国际化"与"国际化人才"的优势下，保障并推动各企业按梦奇发展战略持续、快速发展。

2. 应用先进的人力资源管理方法与手段

根据人力资源战略部署及实际需求，逐步引入先进的人力资源管理方法与手段，对原有的各项工作进行改造、完善与提升，在夯实基础工作的同时，切实把各项工作落到实处，提高效率，取得效果，全面提升人力资源管理层次，培养一支专业化的人力资源管理队伍。

（二）人力资源管理机制

实施人力资源战略的关键在于建立涵盖人力资源各要素有效的管理和协调机制，具体包括以下内容：

1. 重实绩的人力资源甄选机制

人才市场的运作规律是用人单位与求职者通过双向选择实现人力资源的优化配置；在企业内部，企业和员工以"共同利益"为纽带，为使"共同利益"极大化，企业与员工也在尝试双向选择，因此，有必要创造一种良好的竞争机制，有利于人才的脱颖而出和优化组合，以建立企业结构合理、素质优良的人才群体。

2. 适量淘汰的人力资源竞争机制

在企业中，人的发展是需要压力的。这种压力包括竞争的压力和目标责任压力。竞争使人面临挑战、有危机感，从而使人产生一种拼搏向上的力量，而目标责任制在于使人们有明确的奋斗方向和承担的责任，迫使人们努力去履行自己的职责。推行动态人事管理体系，实施严格的科学的考评制度，使人人都有压力，可将企业承受的巨大市场压力分解到每个员工身上变成动力，从而激励员工。

3. 利益共同体的协作机制

企业与员工共享愿景、共同参与、共同发展、共同分享的"利益共同体"至少在以下几个方面可以体现"以人为本"的观念：一是使员工成为企业实实在在的主人。员工持股从本质上承认了劳动力、智力也是资本。同时也从根本上避免了人才流失，凝聚了人心，形成了一支富有团队精神的队伍。二是使人才得到了应有的尊重，使知识能创造财富。

4. "工作—学习"的创新机制

未来的世界属于不断创新的人。为了避免把"错事做得很正确"，应不断地工作—学习—工作，"终生学习"将伴随员工的整个职业生涯。建立学习型管理团队及组织是十分必要的。

5. 全员责任环境影响机制

员工不负责任，一个企业就会危险；企业不负责任，一个社会也就危险了。"承担责任是光荣"的，只有这一思想深入人心，我们的企业、我们的社会，就会有希望。全员责任环境的造就，不仅仅是一个责任是否明确的问题，关键在于在整个企业营造一种全员敢于、愿意负责任的文化氛围。

6. 依靠规范制度的约束机制

没有规矩，不成方圆。任何一个企业的成功，在某种意义上都可以说是得益于严格的管理制度。一般来说，严格的规范、制度包含制度规范和伦理道德规范两种。前者是企业的法规，是一种有形的强制约束，而后者主要是自我约束和社会舆论约束，则是一种无形的约束。当人们的思想境界得到进一步提高时，约束则将转化为自觉的行为。

7. 以绩效为依据的薪酬分配机制

凭竞争上岗，靠贡献取报酬，目前已成为大部分企业进行人力资源开发与管理的共识。靠贡献取报酬，实际上就是以员工在实际工作中的工作绩效，作为领取必得的工资报酬的依据。这是充分调动员工积极性的动力本源所在，也是"按劳分配和按生产要素"进行工资分配的具体体现。在企业中实施以绩效考核为依据的薪酬分配机制，是市场经济条件下，充分开发员工潜力的一个基本杠杆。

8. 社会化完善的保障机制

建立完善的社会化保障机制，企业能轻装上阵，迎战市场竞争。社会化的社会保障机制主要指法律的保护和社会保障体系的保证。前者主要是保证人的基本权利、利益、名誉、人格等不受侵害，而后者则是保证人的基本生活。此外的企业福利制度，则是作为一种激励和增强企业凝聚力的手段。

三、人力资源管理的体系内容

人力资源管理战略具体包括：

1. 明确梦奇总部与各所属企业人力资源管理的关系，建立规范的人力资源管理系统

梦奇人力资源部应搭建梦奇统一的人力资源管理平台，研究特大型企业人力资源管理政策、战略方向及技术方案，为各所属企业提供方向性技术指导。

各所属企业在梦奇的统一指导下，结合本企业的实际情况，贯彻执行梦奇企业设计的人力资源管理方案。

2. 科学设置灵活的组织结构、岗位与编制

坚持以市场为导向，结合本企业实际，科学设置能对市场做出快速反应的组织结构。根据组织结构和组织战略目标，动态性设置岗位和编制。

3. 准确及时的人员配置

准确地确定人才来源，建立人才库，构建企业岗位任职资格标准体系，准确盘点本企业人才储备及预测人才需求，及时为相关岗位配置人才。

4. 员工能力开发与职业规划

根据企业发展目标及岗位任职资格要求，结合员工的素质与性向特征测评，实施富有针对性的能力开发和职业管理。

5. 实施管理职务与关键技术岗位继任计划

根据企业发展目标要求及岗位任职资格标准体系，建立继任计划并实施，为企业发展提供可持续发展的人才保证。

6. 分类实施工作绩效管理

逐步由关注过去的绩效考核转向关注发展的绩效管理。根据绩效管理的4W（为什么、做什么、做得怎么样及结果如何管理）本质，引进、完善关键业绩指标（KPI），应用综合平衡记分卡考评各所属企业及部门，应用事例及目标管理考评员工个体。

7. 完善、规范分享成功的激励方案

准确测量核心人才人力资本及业绩贡献，根据梦奇实际，让技术、智慧、知识、管理等要素参与分配，完善、规范分享成功的激励方案，充分调动员工积极性，让员工与企业共同发展、成长。

8. 明确人力资源部及其相关部门的角色定位与职责要求，提升任职者的素质水平

人力资源管理是所有部门和管理人员的职责。人力资源部应根据自己企业的实际情况，明确角色定位（战略伙伴、行政专家、员工领头人、变化的助

推剂等四种角色）及职责要求，有针对性地锻炼人力资源管理从业者的素质，促进组织目标的实现。

四、人力资源战略的实施步骤

在梦奇人力资源整体工作定位的指导下，将人力资源战略分三个阶段实施。

第一阶段：搭建人力资源整体架构，夯实基础管理，引入创新并提升接轨（短期计划：2007—2008 年）。构建人力资源管理整体政策及管理体系，夯实人力资源基础工作，初步将各项制度、机制融入人力资源管理体系中，引进现代人力资源管理制度和机制，逐步与现代企业人力资源管理接轨。集中现有资源，有针对性地开展当前紧迫的工作，解开"瓶颈"环节。

第二阶段：系统规划，综合提升，使得人力资源管理达到国际化水平（中期计划：2009—2013 年）。全面推动人力资源管理体系的运作，对全梦奇的人力资源工作进行综合统筹、分级管理，引进各种方法和手段，推进人力资源体系中的各项制度、各个工作的开展、实施与完善，并落到实处。在梦奇内充分形成互动，提升人力资源管理体系的整体运作效果，初步达到国际化管理水平，使一大批干部快速成长起来，推动企业国际化进程及战略目标的实现。

第三阶段：完善升级，实施前瞻性管理，发挥战略牵引作用（长期计划：2013—2020 年）。全面夯实人力资源各项工作，根据内外环境变化对人力资源管理体系进行升级、维护，在此基础上，前瞻性地开展人力资源战略管理，使得人力资源管理水平达到国际水准，形成一批能够管理世界级企业的人才队伍，使人力资源成为梦奇的核心竞争力之一，并具备国际竞争力，使人力资源对梦奇整体工作发挥牵引作用。

表 10 - 1　　　　　　　　人力资源分阶段实施步骤的具体内容

	人力资源政策和管理体系	人力资源管理制度和机制	人力资源管理方法和手段
第一阶段	制定梦奇人力资源总体战略政策及目标，构建人力资源管理体系框架，建立综合统筹、分级管理的人力资源管理模式	建立健全人才的引进、考核评价、激励、培训及经理人才管理等一系列制度及用人机制，落实现有各项制度，成形一个落实一个	引进合适、有效的现代管理工具及方法，主要包括职位评价工具、人力资源信息管理系统，有针对性地进行人力资源管理人员的技能培训

	人力资源政策和管理体系	人力资源管理制度和机制	人力资源管理方法和手段
第二阶段	推进、落实人力资源管理体系中的各分体系建设，确保整个梦奇的人力资源政策、管理水平的一致性	切实推进各项管理制度的落实、修订及完善，将制度和机制完整、协调地加以执行，不断检视这些制度和机制推行的有效性	对各项现代企业人力资源管理技能、方法加以完善、切合企业的实际需求，做到真正为我所用，发挥其最大效用
第三阶段	对各模块进行升级、维护，探索、引入新的管理模式，进入战略与前瞻性的管理阶段，达到国际先进水平	对各项制度加以修订和升级，形成一套具有国际竞争力和梦奇特色的"选、用、考、育、留"人才制度和运行机制	通过管理方法的运用及管理手段的提高，将人力资源管理人员从日常烦琐的事务性工作中摆脱出来，为人力资源战略性、前瞻性工作的开展提供保障

第二节　某公司人力资源规划方法

一、总则

第一条　适用范围

本规划方法适用于×××有限公司（以下简称公司）。

第二条　目的

人力资源规划是×××有限公司发展战略的组成部分，是公司各项人力资源管理工作的依据。其目的是根据公司战略发展目标要求，科学地预测、分析公司在变化环境中的人力资源的供给和需求情况，制定必要的政策和措施，以确保公司在需要的时间和需要的岗位上获得各种需要人才。

第三条　原则

（一）可行性

人力资源规划的制定要注意实施条件的限制，应该在外部环境与内部条件结合研究和寻求动态平衡的基础上来制定。影响人力资源规划的因素来自两个方面：即外来因素与内在因素。外来因素包括法律变更、政策改变、经济转型、新科技发明等；内在因素包括组织变革、改变经营策略、工序改善、员工职业生涯改变等。

（二）一致性

人力资源规划具有外部一致性和内部一致性。外部一致性是指人力资源规划应当同公司的战略计划、经营计划、年度计划相配合；内部一致性是指人力资源规划应当同所有其他人力资源管理活动，如招聘、培训、工作分析、薪酬等计划相一致。

二、人力资源规划的内容

第四条 人力资源规划的层次

人力资源规划包括两个层次，即总体规划及各项业务计划。人力资源的总体计划是有关计划期内人力资源开发利用的总目标、总政策、实施步骤及总的预算安排。各项业务计划包括配备计划、退休解聘计划、补充计划、使用计划、培训开发计划、职业计划、绩效与薪酬福利计划、劳动关系计划。

第五条 各项业务计划

配备计划是指中长期内不同职务、部门或工作类型的人员的分布状况；退休解聘计划是指因各种原因离职的人员情况及所在岗位情况；补充计划是指需要补充人员的岗位、数量和对人员的要求；使用计划是指人员晋升政策和时间、轮换工作的岗位情况、人员情况、轮换时间；培训开发计划是指有关培训对象、目的、内容、时间、地点、培训师资等；职业计划是指骨干人员的使用和培养方案；绩效与薪酬福利计划是指有关个人及部门的绩效标准、衡量方法、薪酬结构、工资总额、工资关系、福利项目以及绩效与薪酬的对应关系等；劳动关系计划是指减少和预防劳动争议，改进劳动关系的目标和措施。

第六条 人力资源规划的期限

人力资源规划期限是短期（1年）、中期（3—5年），还是长期（5—10年），一般来说，要与公司总体规模相一致。它主要取决于公司所处环境的确定性、稳定性以及对人力素质的要求。通常，经营环境不确定、不稳定，或人力素质要求低，从而随时可以从劳动力市场上补充时，可以短期规划为主；相反，若经营环境相对确定和稳定，而对人力素质要求较高，补充比较困难时，就应当制定中长期规划。人力资源规划期限与经营环境的关系参见表10－2。

表10－2　　　　　　人力资源规划期限与经营环境的关系

短期规划——不确定/不稳定	长期规划——确定/稳定
出现许多新的竞争者	很强的竞争地位
社会、经济、技术条件飞速变化	渐进的社会、政治、技术变化
不稳定的产品/服务需求	稳定的需求
组织规模较小	很有效的管理信息系统
恶化的管理实践	强有力的管理实践

三、人力资源规划的编制

第七条　人力资源规划的编制程序

公司要有一套科学的人力资源规划，就必须遵循编制人力资源规划的程序与方法。详见附件——《人力资源规划程序》。人力资源规划的制定有下列七个步骤：收集分析有关信息资料、预测人力资源需求、预测人力资源供给、确定人员净需求、确定人力资源规划的目标、人力资源方案的制定、对人力资源计划的审核与评估。

第八条　收集分析有关信息资料

收集分析有关信息资料是人力资源规划的基础，对人力资源规划工作影响很大。与人力资源规划有关的信息资料包括：企业的经营战略和目标、组织结构的检查与分析、职务说明书、核查现有人力资源（现有人力资源的数量、质量、结构及分布状况等）。

第九条　预测人力资源需求

它主要是根据公司发展战略规划和本公司的内外条件选择预测技术，然后对人力需求的结构和数量进行预测。人力资源需求预测分为现实人力资源需求预测、未来人力资源需求预测和未来流失人力资源需求预测三部分。其具体步骤如下：

（一）根据职务分析的结果，来确定职务编制和人员配置；

（二）进行人力资源盘点，统计出人员的缺编、超编以及是否符合职务资格要求；

（三）将上述统计结论与部门管理者进行讨论，修正统计结论；

（四）该统计结论为现实人力资源需求；

（五）根据企业发展规划，确定各部门的工作量；

（六）根据工作量的增长情况，确定各部门还需增加的职务及人数，并进行汇总统计；

（七）该统计结论为未来人力资源需求；

（八）对预测期内退休的人员进行统计；

（九）根据历史数据，对未来可能发生的离职情况进行预测；

（十）将（八）、（九）两项的统计和预测结果进行汇总，得出未来流失人力资源需求；

（十一）将现实人力资源需求、未来人力资源需求和未来流失人力资源需求汇总，即得到企业整体人力资源需求预测。

第十条　预测人力资源供给

供给预测包括两方面：一方面是内部人员拥有量预测，即根据现有人力资源及其未来变动情况，预测出规划期内各时间点上的人员拥有量；另一方面是外部供给量预测，即确定在规划期内各时间点上可以从企业外部获得的各类人员的数量。一般情况下，内部人员拥有量是比较透明的，预测的准确度较高；而外部人力资源的供给则有较高的不确定性。公司在进行人力资源供给预测时应把重点放在内部人员拥有量的预测上，外部供给量的预测则应侧重于关键人员，如各类高级人员、技术骨干人员等。其具体步骤如下：

（一）进行人力资源盘点，了解公司员工现状；

（二）分析公司的职务调整政策和员工调整历史数据，统计出员工调整的比例；

（三）向各部门经理了解可能出现的人事调整情况；

（四）将（二）、（三）的情况汇总，得出企业内部人力资源供给预测；

（五）分析影响外部人力资源供给的地域性因素，包括公司所在地的人力资源整体现状、有效人力资源的供给现状、对人才的吸引程度、公司能够提供的各种福利对人才的吸引程度；

（六）分析影响外部人力资源供给的全国性因素，包括全国相关专业的大学生毕业人数及分配情况；国家关于就业的法规和政策；房地产行业全国范围的人才供需状况；全国范围内从业人员的薪酬水平和差异；

（七）根据（五）、（六）的分析，得出公司外部人力资源供给预测；

（八）将企业内部人力资源供给预测和企业外部人力资源供给预测汇总，得出企业人力资源供给预测。

第十一条　确定人员净需求

人员需求和供给预测完成后，就可以将公司的人力资源需求的预测数与在同期内公司内部可供给的人力资源数进行对比分析。从比较分析中可测出各类人员的净需求数。这个净需求数如果是正的，则表明公司需要招聘新的员工或对现有的员工进行有针对性的培训；这个需求数如果是负的，则表明公司这方面的人员是过剩的，应精简或对人员进行调配。这个"净需求"既包括人员数量，又包括人员结构、人员标准，即既要确定"需要多少人"，又要确定"需要什么人"，数量和标准需要对应起来。详见附件二《人力资源净需求评估表》和附件三《按类别的人力资源净需求》。

第十二条　确定人力资源规划的目标

人力资源规划的目标是随着公司所处的环境、公司战略、组织结构与员工工作行为的变化而不断改变的。可以依据公司的战略规划、年度计划，在摸清公司的人力资源需求与供给的情况下来制定公司的人力资源规划目标。具体是指有关计划期内人力资源开发利用的总目标、总政策、实施步骤及总的预算安排。

第十三条　人力资源方案的制定

包括制订配备计划、退休解聘计划、补充计划、使用计划、培训开发计划、职业计划、绩效与薪酬福利计划、劳动关系计划。计划中既要有指导性、原则性的政策，又要有可操作性的具体措施。

第十四条　对人力资源计划的审核与评估

人力资源管理人员可以通过审核和评估，调整有关人力资源方面的项目及其预算。公司成立人力资源管理委员会。人力资源管理委员会由公司总经理、人力资源部经理、财务部经理以及若干专家和员工代表组成。委员会的重要职责是负责定期检查各项人力资源政策的执行情况，并对政策的修订提出修改意见。

第十五条　审核评估的方法

可以采用目标对照审核法，即以原定的目标为标准进行逐项的审核评估；也可广泛地收集并分析研究有关的数据，如管理人员、专业技术人员、行政事务人员、营销人员之间的比例关系，在某一时期内各种人员的变动情况，职工的跳槽、旷工、迟到、员工的报酬和福利、工伤与抱怨等方面的情况等等。通过定期与非定期的人力资源计划审核工作，能及时地引起公司高层领导的高度重视，使有关的政策和措施得以及时改进并落实，有利于调动职工的积极性，提高人力资源管理工作的效益。

四、附则

第十六条　本方案由人力资源部负责解释。

第十七条　对于本方案所未规定的事项，则按人力资源管理规定和其他有关规定予以实施。

附件

一、人力资源规划程序

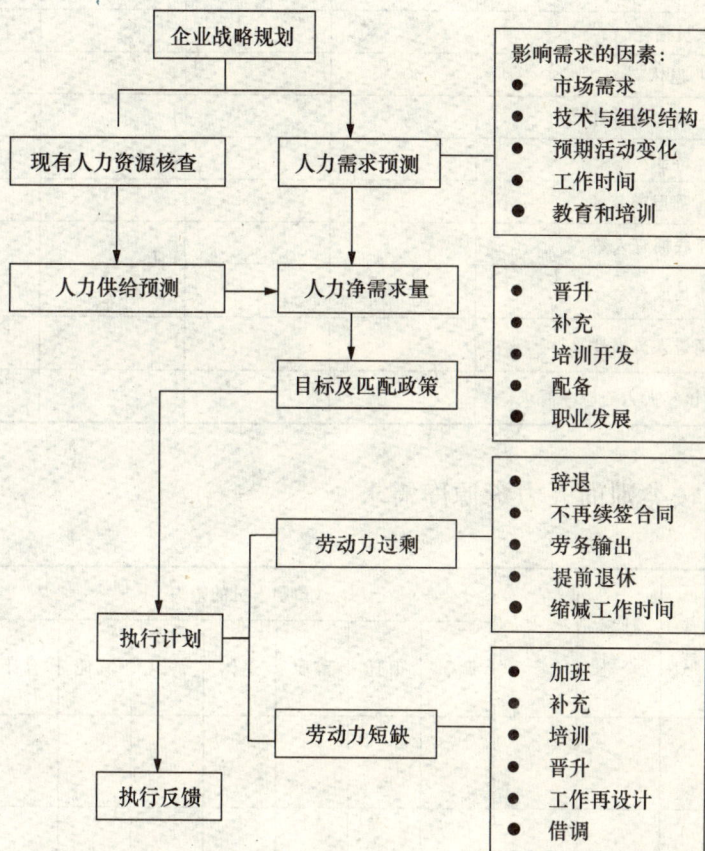

企业战略规划

现有人力资源核查

人力需求预测

影响需求的因素：
- 市场需求
- 技术与组织结构
- 预期活动变化
- 工作时间
- 教育和培训

人力供给预测

人力净需求量
- 晋升
- 补充
- 培训开发
- 配备
- 职业发展

目标及匹配政策

劳动力过剩
- 辞退
- 不再续签合同
- 劳务输出
- 提前退休
- 缩减工作时间

执行计划

劳动力短缺
- 加班
- 补充
- 培训
- 晋升
- 工作再设计
- 借调

执行反馈

二、人力资源净需求评估表

人员状况		第一年	第二年	第三年	……
需求	1. 年初人力资源需求量				
	2. 预测年内需求之增加				
	3. 年末总需求				

人员状况		第一年	第二年	第三年	……
	4. 年初拥有人数				
	5. 招聘人数				
	6. 人员损耗				
	其中:退休				
	调出或升迁				
	辞职				
	辞退或其他				
	7. 年底拥有人数				
净需求	8. 不足或有余				
	9. 新进人员损耗总计				
	10. 该年人力资源净需求				

三、按类别的人力资源净需求

人员类别（按职务分）	现有人员	计划人员	余缺	预期人员的损失							本期人力资源净需求
				调职	升迁	辞职	退休	辞退	其他	合计	
高层管理者											
中层管理者											
部门主管											
一般员工											
……											
合计											

四、人力资源规划表

		第一年	第二年	第三年	……	备注
1	×××房地产行业增长预测					
2	公司年业务收入					
3	公司利润率预测					
4	员工总人数计划					
5	各职位人数计划 高层领导 部门经理 部门主管 员工					
6	各部门人数计划 总经理办公室 行政办公室 信息资源部 计划财务部 人力资源部 预算合同部 材料设备部 开发部 工程管理部 资金管理中心 上市办公室 其他					

255

第三节 某公司人力资源部年度目标

一、人力资源部年度总体目标

根据本年度工作情况与存在不足，结合目前公司发展状况和今后趋势，人力资源部计划从十个方面开展 2007 年度的工作：

1. 进一步完善公司的组织架构，确定和区分每个职能部门的权责，争取做到组织架构的科学适用，三年不再做大的调整，保证公司的运营在既有的组织架构中运行。

2. 完成公司各部门各职位的工作分析，为人才招募与评定薪资、绩效考核提供科学依据。

3. 完成日常人力资源招聘与配置。

4. 推行薪酬管理，完善员工薪资结构，实行科学公平的薪酬制度。

5. 充分考虑员工福利，做好员工激励工作，建立内部升迁制度，做好员工职业生涯规划，培养雇员主人翁精神和献身精神，增强企业凝聚力。

6. 在现有绩效考核制度基础上，参考先进企业的绩效考评办法，实现绩效评价体系的完善与正常运行，并保证与薪资挂钩，从而提高绩效考核的权威性、有效性。

7. 大力加强员工岗位知识、技能和素质培训，加大内部人才开发力度。

8. 弘扬优秀的企业文化和企业传统，用优秀的文化感染人。

9. 建立内部纵向、横向沟通机制，调动公司所有员工的主观能动性，建立和谐、融洽的企业内部关系。集思广益，为企业发展服务。

10. 做好人员流动率的控制与劳资关系、纠纷的预见与处理。既保障员工合法权益，又维护公司的形象和根本利益。

注意事项：

1. 人力资源工作是一个系统工程。不可能一蹴而就，因此人力资源部在设计制定年度目标时，按循序渐进的原则进行。如果一味追求速度，人力资源部将无法对目标完成质量提供保证。

2. 人力资源工作对一个不断成长和发展的公司而言，是非常重要的基础工作，也是需要公司上下通力合作的工作，各部门配合共同做好的工作项目较多，因此，需要公司领导予以重视和支持。自上而下转变观念与否，各部门提供支持与配合的程度如何，都是人力资源工作成败的关键。所以人力资源部在制定年度目标后，在完成过程中恳请公司领导与各部门予以协助。

3. 此工作目标仅为人力资源部 2007 年度全年工作的基本文件，而非具体工作方案。鉴于企业人力资源建设是一个长期工程，针对每项工作人力资源部都将制定与目标相配套的详细工作方案。但必须等此工作目标经公司领导研究通过后方付诸实施，如遇公司对本部门目标的调整，人力资源部将按调整后的目标完成年度工作。同样，每个目标项目实施的具体方案、计划、制度、表单等，也将根据公司调整后的目标进行具体落实。

二、工作目标之一：完善公司组织架构

（一）目标概述

公司迄今为止的组织架构严格来说是不完备的。而公司的组织架构建设决定着企业的发展方向。鉴于此，人力资源部在 2007 年首先应完成公司组织架构的完善。基于稳定、合理、健全的原则，通过对公司未来发展态势的预测和分析，制定出一个科学的公司组织架构，确定和区分每个职能部门的权责，使每个部门、每个职位的职责清晰明朗，做到既无空白也无重叠，争取做到组织架构的科学适用，尽可能三年内不再做大的调整，保证公司的运营在既有的组织架构中运行良好、管理规范、不断发展。

（二）具体实施方案

1. 2007 年元月底前完成公司现有组织架构和职位编制的合理性调查和公司各部门未来发展趋势的调查；

2. 2007 年二月底前完成公司组织架构的设计草案并征求各部门意见，报请董事会审阅修改；

3. 2007 年三月底前完成公司组织架构图及各部门组织架构图、公司人员编制方案。公司各部门配合公司组织架构对本部门职位说明书、工作流程在去年的基础上进行改造。人力资源部负责整理成册归档。

（三）实施目标注意事项

1. 公司组织架构决定于公司的长期发展战略，决定着公司组织的高效运作与否。组织架构的设计应本着简洁、科学、务实的方针。组织的过于简化会导致责权不分，工作负荷繁重，中高层管理疲于应付日常事务，阻碍公司的发展步伐；而组织的过于繁多会导致管理成本的不断增大，工作量大小不均，工作流程环节增多，扯皮推诿现象，员工人浮于事，组织整体效率下降等现象，也同样阻碍公司的发展。

2. 组织架构设计不能是按现有组织架构状况的记录，而是综合公司整体发展战略和未来一定时间内公司运营需要进行设计的。因此，既不可拘泥于现状，又不可妄自编造，每一职能部门、每一工作岗位的确定都应经过认真论证和研究。

3. 组织架构的设计需注重可行性和可操作性，因为公司组织架构是公司运营的基础，也是部门编制、人员配置的基础，组织架构一旦确定，除经公司董事会研究特批以外，人力资源部对各部门的超出组织架构外增编、增人将有权予以拒绝。

（四）目标责任人

第一责任人：人力资源部经理

协同责任人：人力资源部经理助理

257

（五）目标实施需支持与配合的事项和部门

1. 公司现有组织架构和职位编制的合理性调查和公司各部门未来发展趋势的调查需各职能部门填写相关调查表格，人力资源部需调阅公司现有各部门职务说明书。

2. 组织架构草案出台后需请各部门审阅、提出宝贵意见并必须经公司董事会最终裁定。

三、工作目标之二：各职位工作分析

（一）目标概述

职位分析是公司定岗、定编和调整组织架构、确定每个岗位薪酬的依据之一，通过职位分析既可以了解公司各部门各职位的任职资格、工作内容，从而使公司各部门的工作分配、工作衔接和工作流程设计更加精确，也有助于公司了解各部门、各职位全面的工作要素，适时调整公司及部门组织架构，进行扩、缩编制。也可以通过职位分析对每个岗位的工作量、贡献值、责任程度等方面进行综合考量，以便为制定科学合理的薪酬制度提供良好的基础。详细的职位分析还给人力资源配置、招聘和为各部门员工提供方向性的培训提供依据。

（二）具体实施方案

1. 2007年3月底前完成公司职位分析方案，确定职位调查项目和调查方法，如各职位主要工作内容，工作行为与责任，所必须使用的表单、工具、机器，每项工作内容的绩效考核标准，工作环境与时间，各职位对担当此职位人员的全部要求，目前担当此职位人员的薪资状况等等。人力资源部保证方案尽可能细化，表单设计合理有效。

2. 2007年4月完成职位分析的基础信息搜集工作。4月初由人力资源部将职位信息调查表下发至各部门每一位职员；在4月15日前完成汇总工作。4月30日前完成公司各职位分析草案。

3. 2007年5月人力资源部向公司董事会提交公司各职位分析详细资料，分部门交各部门经理提出修改意见，修改完成后汇总报请公司董事会审阅后备案，作为公司人力资源战略规划的基础性资料。

（三）实施目标注意事项

1. 职位分析作为战略性人力资源管理的基础性工作，在信息搜集过程中要力求资料翔实准确。因此，人力资源部在开展此项工作时应注意员工的思想发动，争取各部门和每一位员工的通力配合，以达到预期效果。

2. 整理后的职位分析资料必须按部门、专业分类，以便工作中查询。

3. 职位分析必须注意：搜集的信息可能仅局限于公司现有编制内职位信息。但向董事会提交的公司职位分析资料必须严格参照公司组织架构对架构内所有职位进行职位分析。未能从职位信息调查中获取到的职位信息分析由人力资源部会同该职位所属部门进行撰写。

4. 该目标达成后将可以与公司组织架构配合在实际工作中应用，减少人力资源工作中的重复性工作，此目标达成需公司各部门配合，人力资源部注意做好部门间的协调与沟通工作。

（四）目标责任人

第一责任人：人力资源部经理

协同责任人：人力资源部经理助理

（五）目标实施需支持与配合的事项和部门

1. 职位信息的调查搜集需各部门、各职位通力配合填写相关表单；

2. 职位分析草案完成后需公司各部门经理协助修改本部门职位分析资料，全部完成后需请公司董事会审阅通过。

四、工作目标之三：人力资源招聘与配置

（一）目标概述

2007年人力资源部需要完成的人力资源招聘配置目标，是在保证公司日常招聘与配置工作基础之上，基于公司搬迁至××工业区以后、公司成立营销二部以后的现实情况，基于公司在调整组织架构和完善各部门职责、职位划分后的具体工作。因此，作为日常工作中的重要部分和特定情况下的工作内容。人力资源部将严格按公司需要和各部门要求完成此项工作（人才需求数据各部门尚未提供）。

人力资源的招聘与配置，不单纯是开几场招聘会如此简单。人力资源部要按照既定组织架构和各部门各职位工作分析来招聘人才满足公司运营需求。也就是说，尽可能地节约人力成本，尽可能地使人尽其才，并保证组织高效运转是人力资源的配置原则。所以，在达到目标过程中，人力资源部将对各部门的人力需求进行必要的分析与控制。考虑到公司目前正处在发展阶段和变革时期，人力资源部对人事招聘与配置工作会做到满足需求，保证储备，谨慎招聘。

（二）具体实施方案

1. 计划采取的招聘方式：以现场招聘会为主，兼顾网络、报刊、猎头、推荐等。其中现场招聘主要考虑：×地区（含××、××）人才市场、××人才市场。必要时可以考虑广州、南京等。还可以在二、三月份考虑个别大型

人才招聘会，六、七月份考虑各院校举办的应届生见面会等；网络招聘主要以本地××人才网、××人才网、海峡人才网、前程无忧人才网、卓博人才网等（具体视情况另定）；报刊招聘主要以专业媒体和有针对性媒体如《中国服饰报》、《服装时报》、《厦门日报》、《南方都市报》等；猎头荐才与熟人荐才视具体需求和情况确定。

2. 具体招聘时间安排。

1—3 月份，根据公司需求参加 5—8 场现场招聘会。

6—7 月份，根据公司需求参加 3—5 场现场招聘会（含学校供求见面会）。平时保持与相关院校学生部门的联系，以备所需。

根据实际情况变化，人力资源部在平时还将不定期参加各类招聘会。

长期保持××人才网、××人才网的网上招聘，以储备可能需要的人才。海峡人才网及其他收费网站，届时根据需求和网站招聘效果临时决定发布招聘信息。

报刊招聘暂不做具体时间安排。猎头、熟人推荐暂不列入时间安排。

3. 为规范人力资源招聘与配置，人力资源部元月 31 日前起草完成《公司人事招聘与配置规定》。请公司领导审批后下发各部门。

4. 计划发生招聘费用：1.2 万元。

（三）实施目标注意事项

1. 招聘前应做好准备工作：与用人部门沟通，了解特定需求；招聘广告（招聘职位与要求）的撰写熟悉；公司宣传品；一些必需的文具；招聘用表单。招聘人员的形象。

2. 安排面试应注意：面试方法的选定；面试官的选定；面试题的拟定；面试表单的填写；面试官的形象；面试结果的反馈。

（四）目标责任人

第一责任人：人力资源部经理

协同责任人：人力资源部经理助理（或人事专员）

（五）目标实施需支持与配合的事项和部门

1. 各部门应在制定 2007 年目标时将 2007 年本部门人力需求预测报人力资源部，以便人力资源部合理安排招聘时间。

2. 行政部应根据公司 2007 年人力需求预测数量做好后勤保障的准备。

五、工作目标之四：薪酬管理

（一）目标概述

根据公司现状和未来发展趋势，目前的薪酬管理制度将有可能制约公司的人才队伍建设，从而对公司的长远发展带来一定的影响。通过人力资源部对公司各阶层人员现有薪资状况的了解，建议尽快建立公司科学合理的薪酬管理体系。原因有三：一是由于公司长期以来员工的薪资是由公司高层决定，人力资源部缺少员工薪资管理的依据，所以给人才引进造成一定困难，也使部分员工认为薪资的多寡是看公司高层的感觉与亲疏，而不是立足于自身工作能力，人力资源部无法给予员工合情合理的解释。二是公司员工实际工资几乎处于高保密状态（不论事实是否如此，但许多人这样认为），造成相互猜薪水，加上还存在同工不同酬的现象，盲目攀比，不利于调动员工积极性和提高工作效率。三是目前的员工薪资的初定、调整均无让人信服的依据，工资结构简单，只要上司或老板感觉不错即可调薪。容易形成不是向工作要工资而是向上级、老板要工资的不正确思想。

人力资源部把公司薪酬管理作为本部乃至公司 2007 年度的重要目标之一。本着"对内体现公平性，对外具有竞争力"的原则，人力资源部将在 2007 年度完成公司的薪酬设计和薪酬管理的规范工作。

（二）具体实施方案

2007 年 3 月底前人力资源部完成公司现有薪酬状况分析，结合公司组织架构设置和各职位工作分析，提交公司薪酬设计草案。即公司员工薪资等级（目前建议为五等 20 级）、薪资结构（基本薪资、绩效薪资、工龄津贴、学历津贴、职务津贴、技术津贴、特殊岗位津贴及年终奖金等）、薪资调整标准等方案。

2007 年 4 月底前人力资源部根据已初步完成的职位分析资料，结合所掌握的本地区同行业薪资状况、公司现有各职位人员薪资状况，提交《××公司薪资等级表》，报请各部门经理审议修改后，呈报公司董事会审核通过。

2007 年 5 月完成《公司薪酬管理制度》并报请董事会通过。

（三）实施目标注意事项

改革后的薪酬体系和管理制度，应以能激励员工、留住人才为支点。要充分体现按劳取酬、按贡献取酬的公平原则。所以前期工作要做扎实。确定职位工资，要对职位进行评估；确定技能工资，需要对个人资历进行评估；确定绩效工资，需要对工作表现进行评估，确定公司整体工资水平，还需要对本地区本行业的薪资水平和公司盈利情况、支付能力进行评估。每一种评估都需要一套程序和方法，因此薪酬体系的设计和薪酬管理制度的制定是一个系统工程。完成此项工作，必须端正态度，确保体系的科学性与合理性，经得起推敲和检验。

261

建立薪资管理体系的目的是规范管理、提高士气，因此人力资源部在操作过程中会考虑对个别特例进行个案处理，全面考虑整体影响，以免因个案而影响全局士气。如个别岗位需要高薪聘请外来人才时，如营销总监、设计总监等特殊人才，一般由董事会授权总经理按年薪制进行处理。但人力资源部建议，为保证全体员工不受个别特例的影响，可以将特例人员年薪的50%用月薪的形式参与薪酬管理体系进行管理，另50%由公司另行考虑支付方法。这样，有助于对高薪职员的工作进行适度有效的监督和评估，也对其他员工有一种心理上的平衡。

（四）目标责任人

第一责任人：人力资源部经理

协同责任人：人力资源部经理助理（或人事专员）

（五）目标实施需支持与配合的事项和部门

《薪酬等级表》和公司《薪酬管理制度》需经公司董事会确认方可生效。现有员工薪资的最终确定需请董事会确定。

六、工作目标之五：员工福利与激励

（一）目标概述

员工福利政策是与薪酬管理相配套的增强企业凝聚力的工作之一。而与薪酬政策不同的是，薪酬仅是短期内因应人力资源市场竞争形势和人才供求关系的体现，所以在各种因素影响下，薪酬是动态中不断变化的。而员工的福利则是企业对雇员的长期的承诺，也是企业更具吸引力的必备条件。人力资源部根据公司目前状况，在2007年，计划对公司福利政策进行大幅度的变革，使公司"以人为本"的经营理念得到充分体现，使公司在人才竞争中处于优势地位。

员工激励是福利政策的延伸与补充，福利政策事实上仅是员工激励的组成部分。其物质激励落实到具体政策上即成为员工福利，而员工激励则涵盖了物质激励和精神激励两大部分。做好员工激励工作，有助于从根本上解决企业员工工作积极性、主动性、稳定性、向心力、凝聚力、对企业的忠诚度、荣誉感等问题。人力资源部在2007年度全年工作中必须一以贯之地做好员工激励，确保公司内部士气高昂，工作氛围良好。

（二）具体实施方案

1. 计划设立福利项目：员工食宿补贴、加班补贴（上述两项进行改革与完善）、满勤奖、节假日补贴、社会医疗保险、社会养老保险、住房公积金（服务满三年以上职员方可享受此项福利）、员工生日庆生会、每季度管理职员聚餐会、婚嫁礼金、厂庆礼金、年终（春节）礼金等。

2. 计划制定激励政策：月（季度）优秀员工评选与表彰、年度优秀员工评选表彰、内部升迁和调薪调级制度建立、员工合理化建议（提案）奖、对部门设立年度团队精神奖、建立内部竞争机制（如末位淘汰机制）等。

3. 2007 年第一季度内（3 月 31 日前）完成福利项目与激励政策的具体制定，并报公司董事会审批，通过后进行有组织地宣传贯彻。

4. 自 4 月份起，人力资源部将严格按照既定的目标、政策、制度进行落实。此项工作为持续性工作。并在运行后一个季度内（6 月 30 日前）进行一次员工满意度调查。通过调查信息向公司反馈，根据调查结果和公司领导的答复对公司福利政策、激励制度再行调整和完善。

（三）实施目标注意事项

员工福利和激励是相辅相成的关系，工作的认真与否直接影响到员工士气、人才流动率、企业凝聚力和吸引力、公司整体人才层次、企业运作效率和公司的长期发展方向。人力资源部应站在公司长远利益的立场上，做好员工福利与激励工作。

（四）目标责任人

第一责任人：人力资源部经理

协同责任人：人力资源部经理助理（或人事专员）

（五）目标实施需支持与配合的事项和部门

因每一项福利和激励政策的制定都需要公司提供相应物质资源，所以具体福利的激励项目都需要公司董事会最终裁定。人力资源部有建议的权力和义务。

福利与激励政策一旦确定，公司行政部门应配合人力资源部共同做好此项工作后勤保障。

各部门经理、各科主管同样肩负本部门、本科室员工的激励责任。日常工作中，对员工的关心和精神激励需各主管以上管理人员配合共同做好。

七、工作目标之六：绩效评价体系的完善与运行

（一）目标概述

2005 年公司试行目标管理与绩效考核以来，截至目前，取得一定成效，也从中得到一定的经验积累。但在具体操作中，还有许多地方急需完善。2007年，人力资源部将此目标列为本年度的重要工作任务之一，其目的就是通过完善绩效评价体系，达到绩效考核应有效果，实现绩效考核的根本目的。

绩效考核工作的根本目的不是为了处罚未完成工作指标和不尽职尽责的员

工，而是有效激励员工不断改善工作方法和工作品质，建立公平的竞争机制，持续不断地提高组织工作效率，培养员工工作的计划性和责任心，及时查找工作中的不足并加以调整改善，从而推进企业的发展。2007 年，人力资源部在 2006 年绩效考核工作的基础上，着手进行公司绩效评价体系的完善，并持之以恒地贯彻和运行。

（二）具体实施方案

2007 年元月 31 日前完成对《公司绩效考核制度》和配套方案的修订与撰写，提交公司总经理办公会（或部门经理会议）审议通过。

自 2007 年春节后，按修订完善后的绩效考核制度全面实施绩效考核。

主要工作内容：结合 2006 年度绩效考核工作中存在不足，对现行《绩效考核规则》和《绩效考核具体要求》、相关使用表单进行修改，建议将考核形式、考核项目、考核办法、考核结果反馈与改进情况跟踪、考核结果与薪酬体系的链接等多方面进行大幅度修改，保证绩效考核工作的良性运行；建议将目标管理与绩效考核分离，平行进行。目标管理的检查作为修正目标的经常性工作，其结果仅作为绩效考核的参考项目之一；将充分考虑推行全员绩效考核，2006 年仅对部门经理进行的绩效考核严格来说是不成功的，2007 年人力资源部在对绩效评价体系完善后，将对全体职员进行绩效考核。

推行过程是一个贯穿全年的持续工作。人力资源部完成此项工作目标的标准就是保证建立科学、合理、公平、有效的绩效评价体系。

（三）实施目标注意事项

绩效考核工作牵涉到各部门各职员的切身利益，因此人力资源部在保证绩效考核与薪酬体系链接的基础上，要做好绩效考核根本意义的宣传和释疑。从正面引导员工用积极的心态对待绩效考核，以期达到通过绩效考核改善工作、校正目标的目的。

绩效评价体系作为人力资源开发的新生事物，在操作过程中难免会出现一些意想不到的困难和问题，人力资源部在操作过程中将注重听取各方面各层次人员的意见和建议，及时调整和改进工作方法。

绩效考核工作本身就是一种沟通的工作，也是一个持续改善的过程。人力资源部在操作过程中会注意纵向与横向的沟通，确保绩效考核工作的顺利进行。

（四）目标责任人

第一责任人：人力资源部经理

协同责任人：人力资源部经理助理

（五）目标实施需支持与配合的事项和部门

修订后的各项绩效考核制度、方案、表单等文本需经公司各部门和董事会共同审议。

公司需成立绩效考核推行委员会对绩效考核工作的推行、实施负责。建议公司至少应有一名高层领导参加，人力资源部作为具体承办部门将承担方案起草、方法制定、协调组织与记录核查、汇总统计并与薪酬链接的职责。

八、工作目标之七：员工培训与开发

（一）目标概述

员工培训与开发是公司着眼于长期发展战略必须进行的工作之一，也是培养员工忠诚度、凝聚力的方法之一。通过对员工的培训与开发，员工的工作技能、知识层次和工作效率、工作品质都将进一步加强，从而全面提高公司的整体人才结构，增强企业的综合竞争力。对员工培训与开发的投资不是无偿的投入，而是回报颇丰的长期投资。人力资源部 2007 年计划对员工培训与开发进行有计划有步骤有目标地进行，使公司在人才培养方面领先一步。

（二）具体实施方案

1. 根据公司整体需要和各部门 2007 年培训需求编制 2007 年度公司员工培训计划。

2. 采用培训的形式：外聘讲师到企业授课；派出需要培训人员到外部学习；选拔一批内部讲师进行内部管理和工作技能培训；购买先进管理科学 VCD、软件包、书籍等资料组织内部培训；争取对有培养前途的职员进行轮岗培训；以老带新培训；员工自我培训（读书、工作总结等方式）等。

3. 计划培训内容：根据各部门需求和公司发展需要而定。主要应重点培训以下几个方面内容：营销管理、品质管理、人力资源管理、生产管理、财务管理、计算机知识、服装专业知识、采购与谈判、心灵激励、新进员工公司企业文化和制度培训等。

4. 培训时间安排：外聘讲师到公司授课和内部讲师授课根据公司生产营销的进度适时安排培训。外派人员走出去参加学习根据业务需要和本部门工作计划安排；组织内部 VCD 教学或读书会原则上一个月不得低于一次。

5. 所有培训讲师的聘请、培训课目的开发均由人力资源部全部负责。

6. 针对培训工作的细节，人力资源部在 2007 年 2 月 28 日前完成《公司培训制度》的拟定。并报总经理批准后下发各部门进行宣传贯传。2007 年的员工培训工作将严格按制度执行。

7. 培训费用：约需 50 万元。

（三）实施目标注意事项

人力资源部平时注意培训课题的研究与开发，及时搜集国内知名顾问咨询和培训公司的讲师资料、培训课目资料，结合公司需要和部门需求，不定期地向有关部门推荐相关培训课题信息。

培训不能形式化，要做到有培训、有考核、有提高。外派培训人员归来后必须进行培训总结和内容传达宣传贯彻，并将有关资料交人力资源部。人力资源部应注意培训后的考评组织和工作绩效观察。其结果存入员工个人培训档案，作为员工绩效考核、升迁和调薪、解聘的依据之一。

人力资源部在安排培训时一要考虑与工作的协调，避免工作繁忙与培训时间的冲突；二要考虑重点培训与普遍提高的关系，尽可能避免某一部门某一个人反复参加培训，而其他部门却无机会参加培训的现象，综合考虑，以公司利益和需要为标准，全面提高员工队伍素质。

（四）目标责任人

第一责任人：人力资源部经理

协同责任人：人力资源部经理助理（或培训专员）

（五）目标实施需支持与配合的事项和部门

各部门应综合部门工作和职员素质基础在编制 2007 年工作目标时将本部门培训需求报人力资源部。

鉴于各部门专业技术性质的不同，人力资源部建议各部门均应挑选一名内部培训讲师。

九、工作目标之八：人员流动与劳资关系

（一）目标概述

协调处理好劳资双方关系，合理控制企业人员流动比率，是人力资源部门的基础性工作之一。在以往的人事工作中，此项工作一直未纳入目标，也未进行规范性的操作。2007 年，人力资源部将把此工作作为考核本部门工作是否达到工作质量标准的项目之一。

人员流动控制年度目标：正式员工（不含试用期内因试用不合格或不适应工作而离职人员）年流动争取控制在 10% 以内，保证不超过 15%；

劳资关系的协调处理目标：完善公司合同体系，除《劳动合同》外，与相关部门一些职位职员签订配套的《保密合同》、《廉洁合同》、《培训合同》等，熟悉劳动法规，尽可能避免劳资关系纠纷。争取做到每一位离职员工没有较大怨言和遗憾。树立公司良好的形象。

（二）具体实施方案

2007 年元月 31 日前完成《劳动合同》、《保密合同》、《廉洁合同》、《培训合同》的修订、起草、完善工作。

2007 年全年度保证与涉及相关工作的每一位员工签订上述合同。并严格按合同执行。

为有效控制人员流动，只有首先严格用人关。人力资源部在 2007 年将对人员招聘工作进行进一步规范管理。一是严格审查预聘人员的资历，不仅对个人工作能力进行测评，还要对忠诚度、诚信资质、品行进行综合考查。二是任何部门需要人员都必须经人力资源部面试和审查，任何人任何部门不得擅自招聘人员或仅和人力资源部打个招呼、办个手续就自行安排工作。人力资源部还会及时地掌握员工思想动态，做好员工思想工作，有效预防员工的不正常流动。

（三）实施目标注意事项

劳资关系的处理是一个比较敏感的工作，它既牵涉到企业的整体利益，也关系到每个员工的切身利益。劳资双方是相辅相成的关系，既有共同利益，又有相互需求的差距，是矛盾中统一的合作关系。人力资源部必须从公司根本利益出发，尽可能为员工争取合理合法的权益。只有站在一个客观公正的立场上，才能协调好劳资双方的关系。避免因过多考虑公司方利益而导致员工的不满，也不能因迁就员工的要求让公司利益受损。

人员流动率的控制要做到合理。过于低的流动率不利于公司人才结构的调整与提高，不利于公司增加新鲜血液和新的与公司既有人才的知识面、工作经验、社会认识程度不同的人才，容易形成因循守旧的企业文化，不利于公司的变革和发展；但流动率过高容易造成人心不稳，企业员工忠诚度、对工作的熟悉度不高，导致工作效率的低下，企业文化的传承无法顺利持续。人力资源部在日常工作中要时刻注意员工思想动态，并了解每一位辞职员工的真正离职原因，从中做好分析，找出应对方法，确保避免员工不正常流动。

（四）目标责任人

第一责任人：人力资源部经理

协同责任人：人力资源部经理助理（或人事专员）

（五）目标实施需支持与配合的事项和部门

1. 完善合同体系需请公司法律顾问予以协助。

2. 控制人员流动率的工作，需要各部门主管配合做好员工思想工作、员工思想动态反馈工作。在人员招聘过程中请各部门务必按工作流程办理。

十、工作目标之九：本部门自身建设

（一）目标概述

长期以来，人力资源部在本地区企业中没能处在一个相应的位置。至今许多企业还继续将人事与后勤统一在行政部的组织架构中。公司自 2002 年设立人力资源以来，公司领导对人力资源部的建设也极为关心。人力资源部的自身建设也正在逐步走向规范，职能作用也逐渐得到体现。

人力资源工作作为未来企业发展的动力源，自身的正规化建设十分重要。因此，人力资源部在 2007 年将大力加强本部门的内部管理和规范，严格按照现代化企业人力资源工作要求，将人力资源工作从简单的人事管理提升到战略性人力资源管理的层次，使人力资源工作结果成为公司高层决策的参考依据之一。

人力资源部 2007 年度自身建设的目标为：完善部门组织职能；完成部门人员配备；提升人力资源从业人员专业技能和业务素质；提高部门工作质量要求；圆满完成本部门年度目标和公司交给的各项任务。

（二）具体实施方案

1. 完成部门人员配备。在 2007 年 2 月 28 日前将人力资源部经理助理、人事专员和培训专员配置到位（可兼、代）。

2. 完善部门职能。人力资源部在 2007 年要达到所有目标，必须对本部门的职能、职责进行界定。计划设立人事专员，专司人事管理工作。主要工作内容涉及：招聘、离职、人事档案、考勤、薪资、合同、福利、激励、考核等；设立培训专员，专司人事培训工作。主要工作内容涉及：培训计划拟订、培训课题开发、培训人员遴选、培训讲师聘请、培训具体组织、培训总结与考核等。人力资源部经理负责全面工作，对本部门所有工作项目负全责，并负责公司整体人力资源战略规划、公司人力资源开发和各项人力资源工作的统筹、计划、安排、组织。

3. 建立详细的公司人力资源档案。此档案的建立应在动态下保持良好使用功能。通过人事档案能够随时反映公司人力资源状况，包括学历层次、服务年限、薪资水平、业绩情况、培训情况、奖惩情况、培养发展方向等各项指标。并建立驻外办事机构所有人员人事档案，以备所需。此工作应在 2007 年第一季度（3 月 31 日）前完成基础档案，并随时更新。

4. 提升本部门作业人员专业水平。人力资源部在安排各部门培训的同时，应着力对部门人员的素质提升。人力资源部经理肩负对下属的培训、管理和工作指导职责。所以，人力资源部计划 2007 年对全部门人员进行工作培训，从

而使部门的综合能力得到提高。

5. 实施部门目标责任制。人力资源部 2007 年将部门年度目标分解到部门每个职员。做到每项工作均有责任人、完成期限、完成质量要求、考核标准。做好每项工作的跟踪落实和结果反馈，及时调整工作目标，不断改进工作方法，确保年度目标的完成。

（三）实施目标注意事项

人力资源部的自身建设关系到公司人力资源工作的成败，人力资源工作做得是否成功也关系到企业长远发展的方向和后劲。因此人力资源部着眼于未来发展，尽可能地将本部门建设做到公司发展的前面。只有充分超前才能有准备地应对未来公司人力资源工作的战略需要。本部门人员必须树立危机意识，把工作做细做实。

人力资源部的人员配置要考虑公司目前所处的发展阶段。能兼并代合的要兼并代合。编制近期暂定 4 个职位，但 2007 年保证人员不超过 3 人。

本部门的业务培训以传帮带为主，有条件、有时间时可以考虑赴外参加国内较高层次的人力资源管理培训课程。

（四）目标责任人

第一责任人：人力资源部经理

协同责任人：人力资源部所有职员

（五）目标实施需支持与配合的事项和部门

1. 部门人员编制配置需经公司批准后方可实施。

2. 人力资源档案的整理需各部门及各驻外办配合。

十一、工作目标之十：其他工作目标

（一）目标概述

人力资源部的工作涉及各个部门和公司工作的各个层面，日常工作中人力资源部还有许多不可预见的工作任务。此处其他目标是部门工作中比较重要的部分。包括建立公司内部沟通机制，企业文化的塑造和宣传贯彻、办公室管理三部分。

建立内部沟通机制，促进公司部门之间、上下级之间、劳资双方的了解与合作，建立健康、和谐的内部关系，避免因沟通障碍而导致的人际关系紧张、工作配合度低、缺乏互信等不良倾向；企业文化的塑造与宣传贯彻，企业文化的形成是一个不断累积、不断传承、不断发扬光大的过程，在一个拥有良好企业文化的企业，员工的向心力和凝聚力会不断增强，企业的团队精神和拼搏精神也非常明显。办公室的管理工作既是日常工作，也是人力资源部工作的难点之一。2007 年人力资源部将对此三项工作进行有针对性的加强。

（二）具体实施方案

1. 建立内部沟通机制

建立内部沟通机制的措施如下：

（1）人力资源部在 2007 年将加强人力资源部员工晤谈的力度。员工晤谈主要在员工升迁、调动、离职、学习、调薪、绩效考核或其他因公因私出现思想波动的时机进行，平时人力资源部也可以有针对性地与员工进行工作晤谈。目标标准为：每月晤谈员工不少于 5 人次，并对每次晤谈进行文字记录，晤谈掌握的信息必要时应及时与员工所在部门经理或总经理进行反馈，以便于根据员工思想状况有针对性地做好工作。

（2）设立总经理信箱。人力资源部在元月 31 日前在公司办公室设立总经理信箱，并保证此信箱的安全保密程度，取得员工信任，保证此信箱除总经理外其他人无权开启。员工可对公司建设各个方面、公司内部每个工作环节提出个人意见和建议。总经理每周开箱一次，收取员工的信件，对投递信箱的员工信件不做特殊要求，提倡署名但不反对匿名。对总经理根据员工反映问题和意见交人力资源部处理时，做到处理及时、反馈及时。

（3）建立民主评议机制。人力资源部计划在 2007 年对公司部门经理、公司领导进行民主评议。原则上计划半年一次。对部门经理和公司领导的工作作风、工作能力、工作效率、工作成绩、模范作用、员工信任度等德、智、能、勤方面进行综合评议。评议结果作为年度部门经理绩效评价参考依据之一。通过评议建立一个对部门经理的监督机制，也可以避免公司对部门经理的评价的主观性。

（4）规范使用工作联系单。公司一直有工作联系单，但在具体使用中有较大随意性，大部分甚至根本不使用工作联系单。长此以往，部门间的信息传递多用口头传达，容易造成因一方忘记而导致工作疏忽和责任不清，从而造成个人误会与矛盾，不利于工作的开展。人力资源部在 2007 年元月 31 日前完成对使用工作联系单的规范。

（5）其他沟通机制的完善。如员工满意度调查、部门经理会议等传统人力资源部将继续保持和完善。

2. 企业文化塑造与宣传贯彻

人力资源部对公司的企业文化的宣传贯彻有不可推卸的义务和责任。2007年，人力资源部在继续编辑好《公司特刊》的基础上，全力塑造公司独具特色的企业文化，具体措施如下：（1）修改《员工手册》，将企业理念、企业精神、企业发展简史、企业宗旨、企业奋斗目标等内容增加进《员工手册》，并在第一季度内完成此项工作。交付印刷保证每位员工人手一本。（2）计划制定《公司宪章》（或《公司基本法》）。将公司发展十三年来积累的优良传统和企业文化精髓加以总结归纳，此建议如通过，争取在第一季度内完成。（3）加强对优秀员工、好人好事的宣传力度，弘扬正气。（4）对所有新进员工，在正式上班前，不仅做好人事培训和工作培训，还要做好企业文化的培训。做到让每一位公司人都热爱公司，让每一个非公司人都向往公司。

3. 办公室管理

由于历史遗留的原因，目前办公室的管理工作属于交叉管理，行政部也在管，人力资源部也在管。但由于责任界限不清，目前管理还存在许多问题。人力资源部计划在 2007 年对办公室管理的力度进一步加强。建议把办公室管理划归人力资源部负责。办公室管理的难点主要是中层管理的模范作用不佳，各部门只注重工作任务的管理，未进行本部门职员的内部办公秩序和纪律遵守的管理。人力资源部 2007 年重点抓好以下几个方面：

（1）考勤管理。不论是谁，只要违反公司考勤规定，人力资源部 2007 年不再有特例和尺度放宽的行为，从部门经理抓起，从担任领导的职员抓起。

（2）办公纪律管理。针对吃零食、扎堆聊天、上网做与工作无关的事项、打游戏、串岗等突出现象重点整治。

（3）办公室的 5S 管理。目前公司办公室的 5S 工作比较薄弱，2007 年，人力资源部将把每个职员的 5S 工作作为绩效评价的项目之一，并每周至少组织一次办公区域的卫生检查和集体清扫、整理。

（4）对工作服的着装、工作卡的佩戴、礼节礼貌的规范，人力资源部都将在日常工作中加强监督检查。

（5）对办公室工作保密制度进行督促。对员工因公、因私会客，员工对自己负责工作文件的保管应用，包括文印室、传真机等可能涉及企业秘密文电的工具使用，人力资源部将协同行政部进行规范管理。

（三）实施目标注意事项

1. 实施内部沟通机制时，应注意所有沟通机制应以发现问题、解决问题为原则，注意操作方式的可行性，不能因设置的沟通方法导致问题。人力资源部应多观察、多聆听、多思考，找出合理有效的沟通方法。对员工的思想工作，应把握原则，不能徇私，不能因个人感情放弃公司利益，不泄露公司秘密。对发现的思想问题能解决的人力资源部负责解决，不能解决的必须及时向相关部门或上级反馈。

271

2. 企业文化塑造不只是文字工作或文体活动。人力资源部在操作中应抓住关键工作，确定工作目的。旨在利用一切可以利用的媒介，团结广大员工，将每个员工的思想和观念统一到公司的精神、宗旨、理念上来。使组织内所有人员共同认同××的价值观，统一全体××人的行为模式是人力资源部做好此项工作的标准。

3. 办公室管理工作必须坚持宽严相济的原则。既要一丝不苟地坚持原则，又要体现公司的人性化管理。不能因办公室管理导致员工的抵触情绪。要虚心听取员工的意见，不断修正工作方法，建立公司和谐、宽容、团结、自觉的办公室气氛。

（四）目标责任人

第一责任人：人力资源部经理

协同责任人：人力资源部所有职员

（五）目标实施需支持与配合的事项和部门

1. 沟通机制的建立需要公司领导和其他部门的通力配合。

2. 企业文化塑造与宣传贯彻是全体××人共同努力的结果。需要公司领导提供支持。

3. 办公室管理在目前条件下需要行政部配合共同做好。2007 年的工作职责划分还需要公司董事会裁定。

十二、2007 年人力资源部工作计划

人力资源部 2007 年工作计划，主要围绕总经理 2007 年工作思路，积极配合总经理完成 2007 年工作计划。做到人与事的科学结合，人与人的紧密配合。

（一）工作重点

人力资源部 2007 年的工作重点：

1. 建立培训制度，加强培训力度，提高员工素质。

2. 建立员工激励机制，解决员工各类需求，提高员工积极性。

（二）工作目标

根据总经理 2007 年的工作思路，制定本部门的工作目标。

1. 员工素质同行领先。

2. 员工待遇改善。

3. 基本管理模式确立。（配合总经理）

4. 服务质量达到良好标准。（配合部门）

5. 人事各项制度完善。

（三）不利因素分析

1. 员工、管理人员流动频繁，人心不稳。

2. 人事招聘、录用、培训、选拔、调配、考核、奖惩、工资福利等制度不健全。

3. 规范化程度不高，工作效率低下，工作风气欠佳，人浮于事。

4. 员工的各项需求没有得到重视。

5. 酒店目标不明确，酒店的发展潜力不清晰。

6. 传统的非积极因素制约酒店的发展。

（四）策略

1. 建立完善的培训制度

（1）确立酒店培训系统。2007 年培训工作的重点是建立适合酒店发展的培训系统，建立部门培训员制度。

（2）开展新员工入职培训。2007 年计划每月 20 日举行新员工入职培训。

（3）建立考核、评估制度。考核合格的员工才能上岗。2007 年计划每季度举行一次。

（4）开展各类竞赛。2007 年计划开展两次酒店业务、技能比赛。

（5）举办各类讲座及知识培训。2007 年计划举行三次业务培训（聘请专业人士），内容包括服务理念讲座、管理理念讲座、营销理念专题讲座。

2007 年计划举行两次知识培训，分别为电脑知识培训和英语知识培训（颁发结业证书）。

（6）举行店内交叉培训。2007 年计划举行一次店内交叉培训，以培养多面手，节约人力资源。

273

（7）脱产培训。2007 年计划在淡季选拔部分员工、管理员脱产培训，进行深造。

（8）接待外来培训。2007 年计划接待外来实习生三批。

（9）强化素质提高培训。2007 年计划举行三次强化素质提高培训。

（10）酒店方针、政策和各项制度的培训。2007 年计划举行三次政策培训。

（11）业务培训。不定期举行由部门培训员负责，人力资源部监督。

2. 开拓丰富的招聘途径

（1）制定岗位标准。2007 年计划在 3 月前制定各岗位的用人标准，严格招聘要求。

（2）增加实习生数量。2007 年计划招收三批实习生。

（3）建立培训基地。建议 2007 年建立培训基地，以培养合格员工。

（4）建立内部人才库。2006 年已经着手此项工作，2007 年建立内部员工人才库。

（5）建立合理、规范、高效的用人制度。2006 年已经制定部分用人方面的制度、规范，如员工招聘、员工辞职、内部提升、员工转正等。2007 年完善并建立酒店标准的用人政策和程序。

3. 建立员工激励机制

（1）确立酒店奖惩制度。2007 年计划在 3 月份前确立酒店奖惩制度。

（2）完成工资改革。2007 年员工激励的首要工作就是完成工资改革。

（3）员工手册的重新制定并实施。2006 年已修订完成员工手册。2007 年实施。

（4）完善酒店福利系统。2007 年计划完善酒店各类假期，改善员工食堂，建立医疗保险，社会保养等福利系统。2007 年计划设立年终奖及节日福利制度（建议）。

（5）员工宿舍的解决。员工宿舍是员工的最大需求，计划在 2007 年初完成此项工作。

（6）完善培养机制。2007 年计划选拔部分优秀员工进行深造，以培养酒店骨干。

（7）完善提升机制。2006 年已确立提升程序。2007 年进一步完善。

（8）完善酒店培训，学习机制。2007 年工作重点，完善酒店培训机制，提供学习机会。

（9）员工工作环境的改善。2007 年将致力于建立管理有序，责任清楚，受尊重，合作愉快，有共同语言的工作环境。

（10）开展团、工委的活动。2006 年团委的工作不尽如人意，员工满意度较低。2007 年人力资源部将配合团委进行各项活动。

4. 营造酒店文化

2006 年已着手营造酒店文化的工作。酒店文化氛围的渲染、员工简报的创立，在员工中形成较好反响。2007 年将致力于酒店文化的建设。

参 考 文 献

1. 杨河清：《劳动经济学》，中国人民大学出版社 2002 年版。

2. 廖三余：《人力资源管理》，清华大学出版社 2006 年版。

3. 杨顺勇、王学敏、查建华：《现代人力资源管理》，复旦大学出版社 2006 年版。

4. 储成祥：《现代企业人力资源管理》，人民邮电出版社 2003 年版。

5. 赵曙明：《人力资源管理研究》，中国人民大学出版社 2001 年版。

6. 颜士梅：《战略人力资源管理》，中国人民大学出版社 2001 年版。

7. 陈秋元：《现代企业管理》，经济科学出版社 2003 年版。

8. 苏东水：《东方管理学》，复旦大学出版社 2005 年版。

9. 张德：《人力资源开发与管理》，清华大学出版社 1995 年版。

10. ［美］James W. Walker 著，吴雯芳译：《人力资源管理战略》，中国人民大学出版社 2001 年版。

11. ［美］Donald E. Klingner, John Nalbandian：《公共部门人力资源管理：系统与战略》，中国人民大学出版社 2001 年版。

12. 赵曙明、刘洪：《人力资源管理》，高等教育出版社 2002 年版。

13. 袁方、姚裕群：《劳动社会学（第二版）》，中国劳动社会保障出版社 2003 年版。

14. 秦志华：《CHO——人力资源总监》，中国人民大学出版社 2003 年版。

15. 谌新民：《选人战略》，南方日报出版社 2003 年版。

16. 汤姆兰伯特著，原毅军译：《核心管理模式》，大连理工大学出版社 1999 年版。

17. 秦志华、洪向华：《总经理》，中国城市出版社 2002 年版。

18. 孙健敏等：《工商管理案例》（人力资源开发与管理卷），中国人民大学出版社 1999 年版。

19. 张一池：《人力资源管理教程》，北京大学出版社 1999 年版。

20. 赵曙明：《人力资源战略与规划》，中国人民大学出版社 2002 年版。

21. 杰费里·格洛：《高管商学院：战略人力资源管理》，中国劳动社会保障出版社 2004 年版。

22. 马新建、时巨涛、孙虹:《信息时代的企业人力资源管理》,科学出版社 2004 年版。

23. 周金泉:《知识经济时代人力资源开发》,经济管理出版社 2004 年版。

24. 张文贤:《人力资源总监——人力资源管理创新》,复旦大学出版社 2005 年版。

25. 林新奇:《国际人力资源管理》,复旦大学出版社 2004 年版。

26. 余建年:《跨文化人力资源管理》,武汉大学出版社 2007 年版。

27. 大卫·胡塞:《人资战略》,中华工商联合出版社 2004 年版。

28. 劳伦斯·克雷曼:《人力资源管理:获取竞争优势的工具》,机械工业出版社 2003 年版。

29. 赵曙明、彼得·J. 道林、丹尼斯·E. 韦尔奇:《跨国公司人力资源管理》,中国人民大学出版社 2001 年版。

30. 杰夫·拉索尔、迈克尔·M. 伯瑞尔:《国际管理学》,中国人民大学出版社 2002 年版。

31. 布拉纳姆:《留住核心员工》,中国劳动社会保障出版社 2003 年版。

32. [美] 加里·德斯勒著,刘昕、吴雯芳译:《人力资源管理》,中国人民大学出版社 2005 年版。

33. 盖勒曼著,孙海龙译:《如何管理动机机器:创建激励型组织》,机械工业出版社 2003 年版。

34. 斯蒂芬·P. 罗宾斯:《管人的真理》,中信出版社 2002 年版。

35. 斯蒂芬·P. 罗宾斯:《组织行为学》,中国人民大学出版社 2004 年版。

36. 康荣平:《大型跨国公司战略新趋势》,经济科学出版社 2001 年版。

37. 吴必达:《成功企业如何管人》,企业管理出版社 2000 年版。

38. 俞文钊:《中国的激励理论及其模式》,华东师范大学出版社 1993 年版。

39. 廖泉文:《人力资源管理》,同济大学出版社 1991 年版。

40. 张国初:《人力资源管理定量测度和评价》,社会科学文献出版社 2000 年版。

41. [美] R. 韦恩·蒙迪、罗伯特·M. 诺埃著,葛新权、郑兆红、王斌等译:《人力资源管理》,经济科学出版社 1998 年版。

42. 姚裕群:《人力资源开发与管理概论》,湖南师范大学出版社 2007 年版。

43. 姚裕群：《人力资源管理》，中国人民大学出版社 2007 年版。

44. 李中斌等：《人力资源管理》，中国社会科学出版社 2006 年版。

45. 王兰云：《人事管理、人力资源管理与战略人力资源管理的比较分析》，《现代管理科学》2004 年第 6 期。

46. 李先昭：《国外人力资源管理模式的比较及对我国的启示》，《现代管理科学》2005 年第 8 期。

47. 张松刚：《结合本土文化构建企业人力资源管理新模式》，《经济视角》2005 年第 7 期。

48. 胡群峰、欧阳玉秀等：《美、日人力资源管理比较及其对我国的借鉴》，《江苏商论》2005 年第 2 期。

49. 臧振春、吴国蔚：《西方发达国家人力资源管理的特点及其启示》，《国际经贸探索》2005 年第 21 期。

50. 王宗军、夏天：《我国企业人力资源战略模式的选择与设计研究》，《华东经济管理》2005 年第 4 期。

51. 孙波：《现代企业人力资源管理与开发探析》，《山西科技》2004 年第 6 期。

52. 陈锋：《中美企业人力资源管理模式的差异性比较研究》，《经济管理》2005 年第 4 期。

53. 边恕：《日本企业人力资源开发策略》，《人力资源开发与管理》2002 年第 7 期。

54. 范水清、王巧兰：《中国企业人力资源管理问题浅探》，《科学管理研究》2002 年第 3 期。

55. 廖泉文：《中、日、美价值观对人力资源管理的影响》，《中国人力资源开发》2000 年第 11 期。

56. 梁菁、李帮义、戴悦：《中国企业在国际化进程中的人力资源管理战略》，《商业研究》2005 年第 19 期。

57. 马璐、胡江娴：《企业成长各阶段人力资源管理战略研究》，《科技进步与对策》2004 年第 2 期。

58. 范慧丽、郑园园：《虚拟企业的人力资源管理战略》，《改革与战略》2003 年第 11 期。

59. 孔伟、刘文昌、边大石：《我国人力资源现状及对策研究》，《商业研究》2003 年第 14 期。

60. 张宏建：《加入 WTO 与我国企业人力资源管理战略的调整》，《广东商学院学报》2003 年第 3 期。

61. 陈娟、廖才英：《当代欧洲人力资源开发和管理理念的启示》，《交通高教研究》2003 年第 2 期。

62. 赵庆梅：《欧洲的人才资源管理》，《环球视野》2001 年第 5 期。

63. 赵曙明、戴万稳：《欧洲人力资源管理研究》，《外国经济与管理》2002 年第 12 期。

64. 葛培波、刘靖：《跨国公司的人才战略》，《商业研究》2004 年第 10 期。

65. 郭婷婷：《跨国公司在中国的人才本土化战略》，《国际经济合作》2000 年第 6 期。

66. 黄义志、林山拓：《当地跨国公司的人力资源管理创新及其启示》，《上海企业》2002 年第 2 期。

67. 郑祖波：《中国古代管理思想的和谐观在跨文化中的应用》，《市场周刊》2003 年第 4 期。